Liebe Leserin, lieber Leser,

es freut mich, dass Sie sich für einen Titel aus der Reihe "Studien 2003" entschieden haben.

Diese Reihe wurde von mir zusammengestellt, um einem breiten Publikum den Bezug von herausragenden wissenschaftlichen Abschlussarbeiten zu ermöglichen. Bei den Abschlussarbeiten handelt sich um hochwertige Diplomarbeiten, Magisterarbeiten, Staatsexamensarbeiten oder Dissertationen mit einer sehr guten Bewertung.

Diese Studien beschäftigen sich mit spezifischen Fragestellungen oder mit aktuellen Themen und geben einen guten Überblick über den Stand der wissenschaftlichen Diskussion und Literatur. Wissenschaft und andere Interessierte können durch diese Reihe Einblick in bisher nur schwer zugängliche Studien nehmen.

Jede der Studien will Sie überzeugen. Damit dies immer wieder gelingt, sind wir auf Ihre Rückmeldung angewiesen. Bitte teilen Sie mir Ihre kritischen und freundlichen Anregungen, Ihre Wünsche und Ideen mit.

Ich freue mich auf den Dialog mit Ihnen.

Björn Bedey
Herausgeber

Diplomica GmbH
Hermannstal 119k
22119 Hamburg

www.diplom.de
agentur@diplom.de

Christoph Gottschalk: Mobbing als mitarbeiter- und organisationsschädigendes Verhalten: Eine betriebswirtschaftliche Analyse der Ursachen und Folgen / Björn Bedey (Hrsg.), Hamburg, Diplomica GmbH 2004
Zugl.: Cottbus/Senftenberg, Fachhochschule Lausitz, Diplom, 2003

ISBN 3-8324-7816-7
© Diplomica GmbH, Hamburg 2004

Bibliografische Information der Deutschen Bibliothek
Die Deutsche Bibliothek verzeichnet diese Publikation in der Deutschen Nationalbibliografie; detaillierte bibliografische Daten sind im Internet über <http://dnb.ddb.de> abrufbar.

Dieses Werk ist urheberrechtlich geschützt. Die dadurch begründeten Rechte, insbesondere die der Übersetzung, des Nachdrucks, des Vortrags, der Entnahme von Abbildungen und Tabellen, der Funksendung, der Mikroverfilmung oder der Vervielfältigung auf anderen Wegen und der Speicherung in Datenverarbeitungsanlagen, bleiben, auch bei nur auszugsweiser Verwertung, vorbehalten. Eine Vervielfältigung dieses Werkes oder von Teilen dieses Werkes ist auch im Einzelfall nur in den Grenzen der gesetzlichen Bestimmungen des Urheberrechtsgesetzes der Bundesrepublik Deutschland in der jeweils geltenden Fassung zulässig. Sie ist grundsätzlich vergütungspflichtig. Zuwiderhandlungen unterliegen den Strafbestimmungen des Urheberrechtes.

Die Wiedergabe von Gebrauchsnamen, Handelsnamen, Warenbezeichnungen usw. in diesem Werk berechtigt auch ohne besondere Kennzeichnung nicht zu der Annahme, daß solche Namen im Sinne der Warenzeichen- und Markenschutz-Gesetzgebung als frei zu betrachten wären und daher von jedermann benutzt werden dürften.

Die Informationen in diesem Werk wurden mit Sorgfalt erarbeitet. Dennoch können Fehler nicht vollständig ausgeschlossen werden, und die Diplomica GmbH, die Autoren oder Übersetzer übernehmen keine juristische Verantwortung oder irgendeine Haftung für evtl. verbliebene fehlerhafte Angaben und deren Folgen.

Christoph Gottschalk

Mobbing als mitarbeiter- und organisationsschädigendes Verhalten

Eine betriebswirtschaftliche Analyse der Ursachen und Folgen

Christoph Gottschalk wurde 1977 in der "Bezirksstadt Cottbus" geboren, heute zweitgrößte Stadt im Land Brandenburg. Von der "Polytechnischen Oberschule" ging's in der Wendezeit zum Gymnasium, wo er sein Abitur ablegte. Die Studienzeit beginnt 1997 mit einem kleinen Umweg über die Architektur zur Betriebswirtschaftslehre, dort Spezialisierung auf Marketing. Wissenschaftliches Interesse entwickelte sich bei ihm insbesondere für die "soft facts" in Unternehmen: Kommunikation, Organisationskultur, Führungsverhalten und Arbeitsorganisation. Aus diesen Schwerpunkten ging schließlich die hier vorliegende Studie und Diplomarbeit hervor. Im Frühjahr 2003 dann Abschluss des Studiums an der Fachhochschule Lausitz als Diplom-Kaufmann mit Auszeichnung. Leidenschaft entfachen bei Christoph Gottschalk der Sport und das Radio. Begeisterter Fußballspieler mit geringen Ambitionen, aber viel Herzblut. Letzteres steckt auch in seiner freiberuflichen Tätigkeit als Radiomoderator. Ganz privat herrscht bei ihm ständige Sehnsucht nach dem Süden und ein latentes Fernweh, das man am besten auf weiten Reisen per Bahn nach Osteuropa vertreibt...

Vorwort

Mobbing in der Schule, Mobbing am Arbeitsplatz - in der jüngsten Zeit ist dieser medienwirksame Begriff wieder in aller Munde und wird dabei aus ganz unterschiedlichen Blickwinkeln diskutiert. Bislang zu kurz gekommen ist die Betrachtung des Themas Mobbing aus betriebswirtschaftlicher Sicht – eine Lücke, die mit dem vorliegenden Buch geschlossen werden soll.

Christoph Gottschalk konzentriert sich auf das Konzept des Strukturellen Mobbing und versucht, dieses weiterzuentwickeln. Dabei macht er deutlich, welchen Einfluss Unternehmenskultur und Unternehmenskommunikation auf Mobbing haben. Dezentrale Organisationsformen wie Teamarbeit, job rotation, enlargement und andere Konzepte der Organisationsentwicklung dienen ihm sowohl als Erklärungsansätze wie auch als Lösungsmöglichkeiten für die Bekämpfung des Mobbing. Konsequenzen des Mobbing im personalwirtschaftlichen Bereich werden vom Autor neu geordnet und aktualisiert. So gelingt es ihm, eine Brücke zwischen dem einstmals rein soziologischen Mobbingbegriff zu den Wirtschaftswissenschaften, insbesondere der Gesamtunternehmensplanung und den "soft facts" des Marketing zu schlagen. Die Analysen von Christoph Gottschalk werden durch die Ergebnisse der ersten repräsentativen Studie Deutschlands zum Mobbing unterstützt, die während der Arbeiten an dieser Studie erschien.

Das vorliegende Buch ist nicht nur wertvoll für diejenigen, die sich beruflich als Verantwortliche in Unternehmen oder als Arbeitswissenschaftler mit dem Thema Mobbing befassen müssen, sondern auch für alle anderen, die Erklärungen für unerhörtes Verhalten in Organisationen finden möchten.

Prof. Dr. Jürgen Tauchnitz

Inhaltsverzeichnis

		Seite
A.	**Einleitung**	1
B.	**Der Begriff ‚Mobbing'**	7
B. 1	Entwicklung des Begriffs ‚Mobbing'	9
B. 2	Definition des Begriffs ‚Mobbing'	10
B. 2.1	Die Definitionen	11
B. 2.2	Abgrenzung zu verwandten Begriffen	13
B. 3	Wissenschaftliche Forschung	14
C.	**Grundlagen: Erscheinungsformen und empirische Ergebnisse**	17
C. 1	Erscheinungsformen	19
C. 1.1	Mobbingarten	19
C. 1.1.1	Horizontale Übergriffe	19
C. 1.1.2	Vertikale Übergriffe	20
C. 1.2	Das System Mobbing: von Opfern, Tätern und ‚Möglichmachern'	20
C. 1.3	Mobbinghandlungen	24
C. 2	Empirische Ergebnisse von Forschungsarbeiten	27
C. 2.1	Verbreitung von Mobbing	29
C. 2.2	Mobbingrisiko	29
C. 2.2.1	Berufsgruppen	29
C. 2.2.2	Branchen	30
C. 2.2.3	Betriebsgrößenklassen	30
C. 2.3	Auftretenshäufigkeit der Mobbinghandlungen	31
C. 2.4	Auftretensdauer des Mobbingprozesses	31
C. 2.5	Inhalt der Mobbinghandlungen	32
C. 2.6	Soziodemographische Merkmale der Mobbing-Beteiligten	34
C. 2.6.1	Geschlecht und Alter	34
C. 2.6.2	Hierarchische Position	35
C. 2.6.3	Status und Tätigkeitsniveau	37
C. 2.7	Anzahl der Mobbing-Beteiligten	37
D.	**Der Mobbingprozess: Verlauf und Folgen**	39
D. 1	Der Verlauf des Mobbingprozesses	41
D. 1.1	Das handlungsorientierte Prozessmodell von BJÖRKQVIST	41
D. 1.2	Das vier- bzw. fünfstufige Phasenmodell von LEYMANN	41
D. 1.3	Alternative Konzeptionen von NEUBERGER	43
D. 1.3.1	Phasen der Veränderung der personenspezifischen Arbeitsverhältnisse	44
D. 1.3.2	Phasen der Veränderung der sozialen Beziehung	44
D. 1.4	Hypothetischer Phasenverlauf nach SCHLAUGAT	45

D. 2 Folgen des Mobbing 47
    D. 2.1 Personale Ebene: der Betroffene und der Täter 47
        D. 2.1.1 Psychische und physische/psychosomatische
                Beeinträchtigungen 47
        D. 2.1.2 Private und familiäre Situation 48
        D. 2.1.3 Einflussvariablen soziale Unterstützung und Alternativen ... 48
        D. 2.1.4 Arbeitsvertragsrechtliche Auswirkungen 49
        D. 2.1.5 Der Täter 49
    D. 2.2 Betriebswirtschaftliche Ebene: die Organisation 50
        D. 2.2.1 Fehlzeiten: Krankenstand und Absentismus 50
        D. 2.2.2 Fluktuation 53
        D. 2.2.3 Produktivität – Änderung des Arbeitsverhaltens 54
        D. 2.2.4 Betriebsklima und Unternehmensimage 61
        D. 2.2.5 Kosten/Betriebsergebnis 62
        D. 2.2.6 Positive Wirkungen 64
    D. 2.3 Volkswirtschaftliche Ebene: die Gesellschaft 65

E. Ursachen und theoretische Erklärungsansätze 67
    E. 1 Ursachen von Mobbing 69
        E. 1.1 Personenbedingte Ursachen: Labbeling- und Attributionstheorie ... 69
            E. 1.1.1 Ursachen im Opfer 69
            E. 1.1.2 Ursachen im Täter 72
        E. 1.2 Ursachen in betrieblichen Bedingungen 74
            E. 1.2.1 Arbeitsorganisation 76
            E. 1.2.2 Aufgabengestaltung der Arbeit 79
            E. 1.2.3 Führungsverhalten 82
            E. 1.2.4 Unternehmenskultur und -kommunikation 88
            E. 1.2.5 Besonderheiten sozialer Beziehungen am Arbeitsplatz 97
        E. 1.3 Gesellschaftliche Ursachen 98
            E. 1.3.1 Sozialisations- und Lerntheorie: Wirtschaftssystem und -lage ... 98
            E. 1.3.2 Werte und Normen 100
        E. 1.4 Rationale ökonomische Ursachen: Rent-seeking in Organisationen 101
            E. 1.4.1 Mobbing als eine Form von Rent-seeking 101
            E. 1.4.2 Mobbing in dezentralen Organisationsformen 103
        E. 1.5 Strukturelles Mobbing 105
        E. 1.6 Sozialpsychologische und gruppendynamische Ursachen 107
            E. 1.6.1 „Survival of the fittest" und „Sündenbocktheorie" 108
            E. 1.6.2 Formelle und informelle Gruppen 109
        E. 1.7 Personalwirtschaftliche Ursachen 110
        E. 1.8 Mikropolitische Ursachen und Spieltheorie 112
        E. 1.9 Psychodynamische Ursachen 115
    E. 2 Theoretische Erklärungsansätze 116
        E. 2.1 Konflikttheoretische Erklärung 116
            E. 2.1.1 Der Konflikt-Begriff 116
            E. 2.1.2 Konflikt-Eskalationsdynamik nach GLASL 119
        E. 2.2 Stresstheoretische Erklärung 121
            E. 2.2.1 Der Stress-Begriff 121
            E. 2.2.2 Das transaktionale Stresskonzept 122

Inhaltsverzeichnis

F. Lösungsmöglichkeiten und rechtliche Grundlagen **125**

    F. 1 Lösungsmöglichkeiten 127

        F. 1.1 Maßnahmen durch das (Personal-)Management 127

            F. 1.1.1 Von der Personalverwaltung zum Human Resource Management (HRM) 128

            F. 1.1.2 Komplexe Gestaltung der Arbeitsaufgaben 130

            F. 1.1.3 Dezentrale Organisationsformen als Lösung 132

            F. 1.1.4 Betriebliche Instrumente und Institutionen zur Intervention 135

        F. 1.2 Außerbetriebliche Maßnahmen 137

        F. 1.3 Individuelle Maßnahmen 138

    F. 2 Rechtliche Grundlagen 139

        F. 2.1 Dimension der Persönlichkeitsrechte, des Straf- und Zivilrechts 139

        F. 2.2 Öffentlich-rechtlicher Arbeitsschutz und Arbeitsrecht 141

G. Fazit und betriebswirtschaftliche Definition **143**

Abbildungs- und Tabellenverzeichnis **149**

Abkürzungsverzeichnis **151**

Literaturverzeichnis **153**

Hinweise **159**

A.

Einleitung

Einleitung

„Ich war wie ein Kamikaze-Flieger. Es hat Tage gegeben, da bin ich in einem derartig fürchterlichen Zustand zur Arbeit gegangen, das hältst du im Kopf nicht aus. Ich wollte nur zeigen, dass ich gut bin, dass ich zuverlässig bin und pünktlich zur Arbeit erscheine, obwohl es mir dreckig ergangen ist."

(Zitat aus NIEDL 1995b, S. 223)

Eine stereotype Reaktion von Bekannten und Freunden erlebte ich während der Arbeit an meinem Diplom-Thema immer wieder: „Mobbing – was hat das denn mit Betriebswirtschaftslehre zu tun?" Nach kürzerer Zeit oder manchmal etwas mehr Minuten des Monologes erhielt ich schließlich allseitig zustimmendes Nicken. Also, welcher Kontext besteht nun zwischen Mobbing und Betriebswirtschaftslehre? Man könnte meinen, Mobbing wäre ein krankhaftes Beziehungsfeld, dem sich allein die Experten aus Psychologie, Medizin und Soziologie zu widmen hätten. Im „betriebswirtschaftlichen Geiste" der Menschen scheint auch im 21. Jahrhundert noch die Vorstellung weit verbreitet, dass wirtschaftliche Produktion und effektives Arbeiten ausnahmslos durch funktionierende und gut geölte Maschinen bedingt ist. Dass aber auch das Human Capital – der Arbeitnehmer – (soziale) Bedingungen vorfinden muss, die über das Vorhandensein eines Arbeitsplatzes (Schraubstock, Schreibtisch) hinausgehen, bleibt ausgeblendet.

Und dennoch handelt es sich bei Mobbing um ein alltägliches Problem, das ein nicht zu vernachlässigender Teil – als Beteiligte oder Betroffene – bereits erlebt hat, sich dessen zum Großteil aber nicht bewusst ist. Rückblickend ist dem Phänomen wohl jeder zum ersten Mal in der Schule begegnet. Einzelne Schulkameraden mussten für „harmlose" Schikanen herhalten, an denen die restliche Gruppe ihre Freude hatte. Was aber passierte langfristig mit den Gequälten? Sie zeigten sich eingeschüchtert, wenige auch aggressiv. Die Schüler mit dem höchsten Krankenstand waren zumeist jene, die ohnehin die Außenseiterrolle bekleideten. Im Unterricht waren sie oft lustlos, unaufmerksam und ihre Leistungen verschlechterten sich. Aus Kindern wurden ängstliche Schul-Pflicht-Besucher mit Abwehrhaltung.

Die Schule mündet schließlich in das Berufsleben: Mobbing am Arbeitsplatz – Anfang bis Mitte der 1990er Jahre waren die Medien gefüllt mit diesem klingenden Modewort. Arbeit nimmt im Leben der Menschen einen immer größeren Stellenwert ein. Das obige Zitat eines Mobbingbetroffenen deutet die betriebswirtschaftliche Signifikanz des Themas Mobbing in Organisationen bzw. Unternehmen bereits an. Die individuellen Folgen (psychische und physische/psychosomatische Erkrankungen) des Mobbing sind hinreichend bekannt. Doch sind mit Kopfschmerzen die Auswirkungen wirklich allein beschrieben? Was auf der einen Seite als menschliches Leid zum Ausdruck kommt, kann sich auf der anderen Seite in ökonomischen Dimensionen niederschlagen. Was für den Schüler die schlechteren Zensuren und eine defensive Lebenseinstellung, ist für den Arbeitnehmer abfallende Leistungsfähigkeit, Motivationsblockaden, erhöhte Fehlzeiten, häufiger Wechsel der Arbeitsstelle... Länger als das Wort Mobbing existieren Begriffe wie „Innere Kündigung" oder „Dienst nach Vorschrift", die allesamt das gleiche ausdrücken: Lustlose, kreativitätsunwillige, kränkelnde, unmotivierte Mitarbeiter belasten das Untenehmen wirtschaftlich. Doch auch das Gebiet Mobbing ist aus betriebswirtschaftlicher Perspektive facettenreicher: Wie der Schüler, der seine gehässigen Kameraden mit Geschenken mildern möchte, so versucht manchmal auch der Arbeiter mit Leistungssteigerung den Mobber umzustimmen.

Von weiteren positiven Effekten für die betriebswirtschaftliche Unternehmung, wie z.B. Einsparungspotentialen, soll in dieser Arbeit berichtet werden.

Weit interessanter bleibt jedoch die Frage, wie es zu Mobbing am Arbeitsplatz kommen kann. Was sind die Ursachen? Für den Schulbereich findet man oft Erklärungen der „unvernünftigen Kinder", die sich aus der Gruppe heraus den Schwächsten zum Ärgern suchen. Doch wie ist es bei erwachsenen, oft hoch gebildeten Arbeitnehmern? Sind auch sie allein den Gesetzen der Gruppendynamik unterlegen? Rekrutieren sich Mobber nur aus der Schar der bösartigen Menschen mit Charakterschwächen des Neids und der Konkurrenz? Oder steckt mehr dahinter? Mittlerweile existiert ein Fundus wissenschaftlicher Werke, die sich ausschließlich mit der Mobbingthematik befassen: Seiten- und kapitelweise ist von Definitionen, Verlauf, Beteiligten, Folgen und rechtlichen Grundlagen die Rede. Hingegen oft auf wenige Zeilen beschränkt, zuweilen auch vollständig ausgeblendet, die Beschäftigung mit möglichen Ursachen. Unverständlich, kann wirksame Prävention, Intervention und Behandlung nur auf Basis von „Verstehen" erfolgen – vom Wissen um den Erreger, der die Krankheit in einer Organisation/Organismus verursacht.

Bei der intensiven Beschäftigung mit dem Thema „Mobbing und Betriebswirtschaft" stieß ich auf Ursachen, die tiefer als im Individuum liegen. Ursachen, die durch eine fehlerhafte Ausgestaltung der betriebswirtschaftlichen Organisation selbst Mobbing bedingen: Elemente der Arbeitsorganisation, der Aufgabengestaltung, der Unternehmenskultur und -kommunikation, das Bild vom arbeitenden Menschen und dem daraus resultierenden Anspruch an das Führungsverhalten. Etwas abstrakter fasst das Konzept des Strukturellen Mobbing („Menschen als Vermittler von Verteilungsmissständen") diese Idee.

Es leitet sich also die Notwendigkeit ab, dass sich die Disziplin Wirtschaftswissenschaft für eine intensive Auseinandersetzung mit Mobbing und seinen Ursachen sowie Folgen interessieren sollte. Zahlreiche Forscher haben wiederholt den Mangel des Auslassens der betriebswirtschaftlichen Perspektive angemerkt. Ich möchte in Ansätzen versuchen, auf dieser weißen Landkarte Markierungen zu setzen. Besondere Beachtung wird dabei die erste Repräsentativstudie für die Bundesrepublik Deutschland (MESCHKUTAT et al. 2002) – die mir wissenschaftliches Arbeiten mit aktuellen empirischen Ergebnissen ermöglichte – finden. Symbolisch, dass es in einem hoch zivilisierten Land tatsächlich bis zum 21. Jahrhundert dauerte, bis repräsentative Zahlen über eine Problematik vorlagen, die Wirtschaftlichkeit von Unternehmen und Organisationen doch erheblich beeinflusst. Betriebswirtschaftlich sinnvolles Handeln sollte sich nicht nur auf apersonale Einflussgrößen für effizienten Einsatz von Ressourcen konzentrieren, sondern auch auf jene, die über deren Verteilung entscheiden bzw. diese im Produktionsprozess bearbeiten: den Arbeitnehmer.

Ebenfalls erst im vergangenen Jahr (August 2002) hat sich die Thematik in einer rechtlichen Regelung („Anti-Mobbing-Gesetz") niedergeschlagen, die ausnahmslos den „Tatbestand Mobbing" behandelt. Auch die Bundesanstalt für Arbeitsschutz und Arbeitsmedizin reagierte mit einer Ausweitung ihres Zielkataloges, der nun die Sicherung des psychischen und sozialen Wohlbefindens der Beschäftigten mit einschließt. Anlass für mich, die Thematik aufzugreifen und Mobbing hinsichtlich betriebswirtschaftlicher Ursachen, Folgen und Lösungsansätze aus Managementsicht zu analysieren.

Der Aufbau der Arbeit folgt diesen Fragestellungen: Kapitel B. stellt den Begriff des ‚Mobbing' näher vor. Beginnend mit der Entwicklung des Begriffs wird die Beteiligung der verschiedenen Wissenschaftsdisziplinen an der Thematik skizziert (B. 1). Im darauffolgenden Punkt wird ein internationaler Überblick über die Definitionen von Mobbing gegeben und Mobbing von verwandten Begriffen abgegrenzt (B. 2). Das Kapitel schließt mit der chronologischen Vorstellung der Bemühungen um Mobbingforschung (B. 3). Kapitel C. stellt die Grundlagen der Mobbingthematik dar. Nach Ausführungen zu den Erscheinungsformen von Mobbing (C. 1) werden die empirischen Ergebnisse von Forschungsarbeiten präsentiert (C. 2). Kapitel D. beschäftigt sich mit dem Verlauf und den Folgen des Mobbingprozesses. Zu Anfang werden Konzeptionen verschiedener Phasenmodelle vorgestellt (D. 1). Anschließend werden die Folgen des Mobbing beschrieben, wobei neben den personalen und gesellschaftlichen Auswirkungen insbesondere die für die Unternehmung betriebswirtschaftlich relevanten Konsequenzen vertiefend behandelt werden (D. 2). Eine ausführliche Analyse und Evaluierung der Ursachen und theoretischen Erklärungsansätze findet sich in Kapitel E. Die umfassende Darstellung im ersten Abschnitt beschränkt sich nicht nur auf betriebsbedingte, personalwirtschaftliche, ökonomische und strukturelle Ursachen, sondern beleuchtet auch andere interdisziplinäre Ansätze (E. 1). Die Ausführungen zu konflikt- und stresstheoretischen Erklärungsansätzen schließen das Kapitel (E. 2). In Kapitel F. werden Lösungsmöglichkeiten und rechtliche Grundlagen erörtert. Der erste Abschnitt fokussiert überwiegend auf mögliche Maßnahmen der Lösung durch das (Personal-)Management (F. 1). Abschließend werden die rechtlichen Grundlagen erläutert und unter anderem das deutsche „Anti-Mobbing-Gesetz" wiedergegeben (F. 2). Kapitel G. beendet die Arbeit mit einem Fazit. Darin sollen die wesentlichen Ergebnisse der vorliegenden Arbeit (insbesondere die Idee des Strukturellen Mobbing) zusammengefasst und eine betriebswirtschaftliche Definition von Mobbing präsentiert werden.

B.

Der Begriff ‚Mobbing'

B. 1 Entwicklung des Begriffs ‚Mobbing'

Der Begriff ‚Mobbing' oder allgemein ‚Mob' (aus dem Englischen) lässt sich auf das lateinische ‚mobile vulgus' für aufgewiegelte Volksmenge (BROCKHAUS 1993) sowie auf das davon abgeleitete englische Verb ‚to mob' zurückführen. Ein Mob ist eine spontane, zu Schandtaten bereite Zusammenrottung (NEUBERGER 1999, S. 2) oder soziale Massengruppierung mit geringem oder völlig fehlendem Organisationsgrad, in denen triebenthemmte, zumeist zerstörerische Verhaltenspotenz vorherrscht (KOLODEJ 1999, S. 19). Das Verb ‚to mob' kann man übersetzen mit (jemand) bedrängen, anpöbeln, attackieren, angreifen; über jemand lärmend herfallen, auf jemand stürzen; sich zusammenrotten (WEIS 1990).

Der Ursprung für die Verwendung des Begriffs Mobbing findet sich in der massenpsychologischen Forschung, einer Teildisziplin der Sozialpsychologie, Anfang des 20. Jahrhunderts. ROSS (1905) bezeichnete den Mob als unterste Stufe der gesellschaftlichen Hierarchie, an deren Spitze die organisierte, strukturierte Gruppe steht. Im wissenschaftlichen Kontext erscheint der Begriff Mobbing erstmals in Aufzeichnungen aus dem Jahr 1958, in denen der österreichische Ethologe Konrad LORENZ den Terminus im Rahmen der vergleichenden Verhaltensforschung unter Tieren verwendet: *„Im Englischen wird die beschriebene Reaktion als ‚Mobbing' bezeichnet, was sehr schön zum Ausdruck bringt, dass eine Menge schwächerer Wesen gemeinsam ein stärkeres bedrängt, wie dies beim Hassen ja tatsächlich der Fall ist... Ein arterhaltender Zweck ist offenbar schon dann erreicht, wenn dem Räuber die Jagd gründlich dadurch verleidet wird, daß hassende Wesen hinter ihm herlaufen oder -schwimmen und seinen Aufenthaltsort lauthals hinausposaunen"* (LORENZ 1991, S. 194). LORENZ charakterisierte mit dem Etikett Mobbing ein Angriffsverhalten einer Gruppe schwächerer Wesen, das deren Schutz diente (z.B. Angriffe einer Gruppe von Gänsen gegen einen Fuchs), gegen ein einzelnes stärkeres Wesen (NIEDL 1995b, S. 12; SCHLAUGAT 1999, S. 4). Interessant scheint hier, dass durchaus dem vermeintlich Stärkeren die Opferrolle zuteil werden kann. In Kapitel E. 1.1.1 wird dargestellt, dass sich diese Rollenverteilung auf das Phänomen „Mobbing am Arbeitsplatz" replizieren lässt: Leistungsfähige und -starke Arbeitnehmer finden sich überdurchschnittlich oft auf der Seite der Mobbingbetroffenen wieder.

Im weiteren Verlauf nutzte der skandinavische Mediziner Peter-Paul HEINEMANN den Begriff für seine Diskussion der Problematik in einer Artikelserie der schwedischen Tageszeitung „Dagens nyheter" und transferierte Mobbing bereits 1969 in den Bereich der Humanbeziehungen (NIEDL 1995b, S. 12). Weite Verbreitung fand diese Bezeichnung allerdings erst mit der Publikation seines Buches „Mobbing – Gruppengewalt unter Kindern und Erwachsenen", in dem er damit aggressives Sozialverhalten unter Kindern, kurz beschrieben mit „all against one", etikettierte (HEINEMANN 1972, S. 10). Mit den Arbeiten des schwedischen Sozialwissenschaftlers Dan OLWEUS (1978) erfuhr der Begriff eine Erweiterung: Abweichend von der bisherigen Verwendung subsumierte OLWEUS sowohl Gruppen- als auch Individualgewalt gegen eine bestimmte Person unter dem Etikett Mobbing. In der wissenschaftlichen Diskussion werden seitdem beide Formen mit demselben Begriff belegt (NIEDL 1995b, S. 13; SCHLAUGAT 1999, S. 5).

Bereits 1976 leitete BRODSKY den Beginn der Diskussion über Mobbing **am Arbeitsplatz** ein: Mit der in den USA veröffentlichten Arbeit „The Harassed Worker" beschreibt BRODSKY systematische Feindseligkeiten am Arbeitsplatz und benutzt den Terminus ‚Harassment' bzw. das englische Verb ‚to harass', was soviel heißt wie ständig belästigen, beunruhigen, quälen, nicht zur Ruhe kommen lassen (WEIS 1990). BRODSKY berichtet über ihre Erfahrungen als Leiterin von Schiedskommissionen (California Workers' Compensation Appeals Board, Nevada Industrial Commission), die sich mit Klagen von Arbeitern beschäftigten und die behaupteten, *„daß sie aufgrund schlechter Behandlung durch Arbeitgeber, Kollegen oder Kunden oder aufgrund exzessiver Leistungsanforderungen krank und arbeitsun-*

fähig wären. In einigen Fällen machten die Klageführer langdauernde, anhaltende oder völlige Arbeitsunfähigkeit geltend" (BRODSKY 1976, S. XI). Ohne explizit von Mobbing zu sprechen, zeigt sich doch an ihrer Definition von ‚harassment behavior' und ihren Ausführungen zu Verlauf, Charakteristika der Beteiligten, den Gegenmaßnahmen etc., dass BRODSKY inhaltlich den selben wissenschaftlichen Terminus untersuchte. SJØTVEIT (1992) gibt an, dass etwa zur gleichen Zeit der norwegische Organisationspsychologe KILE die Thematik unter dem Begriff „Mobbing im Arbeitsleben" aufgreift (NIEDL 1995b, S. 16). In einer deutschen Veröffentlichung behandelt ALTHAUS (1979) das Problem unter der Bezeichnung „Pathologie des sozialen Beziehungsgefüges", wenig später erörtern LÖFFLER/SOFSKY (1986, S. 383) die Thematik unter dem Namen „pathogene Interpersonalität". Neben der fehlenden Kongruenz des damaligen sozialen und politischen Klimas (SCHLAUGAT 1999, S. 5) sind diese wenig publikumswirksamen Ausdrücke sowie das geringere Engagement gegenüber späteren Wissenschaftlern Begründung für die noch fehlende Verbreitung (NEUBERGER 1999, S. 3). Eine Neuregelung des schwedischen Arbeitsmilieugesetzes im Jahre 1976, die das Recht des arbeitenden Menschen sowohl auf physische als auch psychische Gesundheit festschrieb (LEYMANN 1995a; 1996), ermöglichte umfangreiche Forschungsprojekte zu psychosozialen Belastungsfaktoren der Arbeitumwelt. In der Folgezeit befasste sich die Gruppe um Heinz LEYMANN intensiv mit der Erforschung eines schnell eskalierenden Konflikttyps am Arbeitsplatz und belegte ihn mit dem der Schulforschung entliehenen Etikett Mobbing. Aus den von LEYMANN/GUSTAVSSON (1984) acht Jahre später vorgelegten Ergebnissen einer qualitativen Untersuchung über schikanierte Arbeitnehmer in Schweden entwickelte sich in Skandinavien eine breite Mediendiskussion, an der vor allem gewerkschaftliche Organisationen teilnahmen. Folgende wissenschaftliche und populärwissenschaftliche Arbeiten zur Thematik führten zur Ausweitung des Begriffs in der Bevölkerung (NIEDL 1995b).

In den Sprachen existiert für systematische Feindseligkeiten am Arbeitsplatz eine fast unüberschaubare Zahl an Synonymen. Im angelsächsischen Sprachgebrauch findet der Begriff „bullying" vom Verb „to bully" (englisch: einschüchtern, schikanieren, fertigmachen) bzw. vom Substantiv „bully" (englisch: brutaler Kerl, Tyrann) Verwendung. Bullying bezeichnet eine Beziehung, in der eine einzelne Person ein anderes Individuum oder eine Gruppe angreift oder in der eine geführte oder führerlose Gruppe ein anderes Individuum oder eine Gruppe angreift (PIKAS 1989, S. 91). In diesem Sinne beschreibt der Begriff Bullying identisch wie die von OLWEUS festgelegte Version von „Mobbing" sowohl Gruppen- als auch Individualgewalt gegen eine Person oder Gruppe. Im anglo-amerikanischen Kontext haben sich neben der Bezeichnung „bullying" auch Begriffe wie „(sexual) harassment", zu übersetzen mit ständigem (sexuellen) Belästigen, Beunruhigen, Quälen, Aufreiben (WEIS 1990), und „(employee) abuse" (Missbrauch, grausame Behandlung, Beschimpfung, Schämung von Mitarbeitern) durchgesetzt (NIEDL 1995b, S. 11). Während die aufgeführten Termini bereits die mit diesen Verhaltensweisen hervorgerufene physische und psychische Gewalt verdeutlichen, finden sich in journalistischen und populärwissenschaftlichen Veröffentlichungen des deutschsprachigen Raumes des öfteren martialische Formulierungen. So erhält Mobbing spektakuläre Etiketten wie „Grabenkämpfe", „Büro-Terror", „Krieg am Arbeitsplatz" (NIEDL 1995b), „Psychostreß", „Quälorgien" (NEUBERGER 1999, S. 6) und ähnliche Bezeichnungen.

B. 2 Definition des Begriffs „Mobbing"

In der wissenschaftlichen Literatur wird Mobbing am Arbeitsplatz keinesfalls einheitlich definiert. Neben verschiedenen Analysen über Ursprung und Ableitung des Begriffs existiert eine Vielzahl unterschiedlicher Definitionen, die je nach Fachdisziplin des Autors bestimmte Schwerpunkte legen und Aspekte betonen (MESCHKUTAT et al. 2002, S. 18). Hierzu sei die Überlegung von NEUBERGER (1999,

S. 11) erwähnt, dass „... *es keine wahren oder richtigen Definitionen gibt, sondern nur zweckmäßige. Definitionen sind Vorschläge, sich auf eine bestimmte Sichtweise zu verständigen*". Dennoch ist anzumerken, dass der Begriff häufig unangemessen Verwendung findet. So werden oftmals vereinzelte – für die Betroffenen zwar ärgerliche – von der Dimension aber eher kleinere Sticheleien, Auseinandersetzungen und alltägliche Konflikte vorschnell mit dem Etikett Mobbing belegt. Eine genaue Abgrenzung der Bezeichnung ist daher dringend angezeigt (MESCHKUTAT et al. 2002, S. 18).

B. 2.1 Die Definitionen

In Annäherung an diese Problemaspekte sollen an dieser Stelle exemplarisch verschiedene Definitionen vorgestellt sowie Gemeinsamkeiten und Differenzierungen herausgearbeitet werden. Hierbei erfolgt eine Anlehnung an die Dissertation von Klaus NIEDL (1995b, S. 18ff), da dieser u.a. eine umfassende Übersetzung skandinavischer Definitionen bietet.

Eine erste Definition mit operationalen Elementen liefert BRODSKY (1976, S. 2): „*Harassment behavior involves repeated and persistent attempts by one person to torment, wear down, frustrate, or get a reaction from another. It is treatment that persistently provokes, pressures, frightens, intimidates, or otherwise discomforts another person.*" (Übersetzung des Verfassers: „*Belästigendes Verhalten beinhaltet wiederholte und fortdauernde Versuche von einer Person, eine andere zu quälen, zu zermürben, zu frustrieren oder diese zu einer Gegenreaktion zu provozieren. Es ist eine Behandlung, die eine andere Person fortdauernd provoziert, unter Druck setzt, ihr Angst einjagt, sie einschüchtert oder ihr auf andere Weise Unannehmlichkeiten bereitet*"). Neben dem Wiederholungscharakter des feindseligen Verhaltens bietet BRODSKY eine Beschreibung der möglichen Reaktionen des Mobbingbetroffenen, lässt aber Interpretationsraum für den Inhalt der diese Reaktionen erzeugenden Handlungen.

Von LEYMANN liegen verschiedene Varianten der Mobbingdefinition vor, die er seinen empirischen Untersuchungen zugrunde legte. Operational definiert LEYMANN (1993a, S. 272) Mobbing wie folgt: „*Vom Mobbing am Arbeitsplatz spricht man, wenn eine Person von einer oder mehreren 45 operativ beschriebenen Handlungen belästigt wird und zwar mindestens einmal in der Woche während mindestens eines zusammenhängenden halben Jahres (...) Die 45 Handlungen sind dadurch gekennzeichnet, daß hinter ihnen negative Absichten stecken und/oder daß sie als sehr negativ empfunden werden.*" Neben der Häufigkeit („mindestens einmal pro Woche") und der Dauer („mindestens ein halbes Jahr") benennt LEYMANN explizit bestimmte Mobbinghandlungen, die er in seinem Fragebogen LIPT (Leymann Inventory of Psychological Terrorization) in Form von 45 Items konkretisiert. In einer weiteren Definition betont LEYMANN (1995a, S. 17) den dynamischen Charakter: „*Mit Mobbing wird ein Prozess bezeichnet, der mit einem Konflikt anfängt, der aber in der Folge in typischer Form eskaliert und sich verselbständigt...*" Einer früheren Äußerung zufolge schränkt LEYMANN (a.a.O.) Mobbinghandlungen auf feindselige Kommunikationsakte ein und definiert Mobbing als „*negative kommunikative Handlungen, die sich gegen eine oder mehrere Person(en) richten und sehr häufig über längere Zeit auftreten*".

Eine genauere Bezeichnung der Beteiligten findet man in der Definition von MATTHIESEN et al. (1989, S. 765), die unter Mobbing verstehen, „*daß eine oder mehrere Person(en) eines abgegrenzten Bereiches (Arbeitsgemeinschaft) wiederholt und über längere Zeit negativen Reaktionen oder Handlungen durch eine oder mehrere Person(en) desselben Bereiches ausgesetzt ist (sind)*". Die Vorlage der schwedischen Verordnung gegen Mobbing charakterisiert den Terminus im NATIONAL BOARD OF OCCUPATIONAL SAFETY AND HEALTH (1993, S. 3) als soziale Ausgrenzung vom Berufsleben durch feindselige Behandlung (NIEDL 1995b, S. 19) und spricht beim Begriff „*offensive discrimination*" von „*recurrent reprehensible or distinctly negative actions which are directed against individual employees in an offensive manner and can result in those employees being placed outside the workplace community."* (Übersetzung des Verfassers: *"Wiederkehrende, kritikwürdige oder eindeutig negative Handlungen, die in offensiver Art gegen einzelne Mitarbeiter gerichtet sind und dazu führen können, dass diese Mitarbeiter aus der Arbeitsgemeinschaft ausgeschlossen werden"*).

HJELT-BÄCK (1992, S. 4) bereichert ihre Definition um den Aspekt der Machtasymmetrie zuungunsten der Betroffenen und bezeichnet mit „trakassering" (schwedisch: Schikane) *"negative und unrechte Handlungen, die von einem Individuum oder mehreren Individuen gegen ein anderes oder mehrere andere Individuen, welche sich nicht verteidigen können, ausgeführt werden. Die mangelnde Verteidigungsmöglichkeit kann z.b. auf der Stellung des Individuums in der Organisation oder darauf beruhen, daß es sich nicht sozial verteidigen kann (z.b. weil die Widersacher eine Gruppe bilden)"*. In einer sehr komplexen Definition, die den Fokus ebenfalls auf das Ungleichgewicht im Stärkeverhältnis legt, sprechen EINARSEN/RAKNES (1991, S. 10) dann von Mobbing, wenn *"eine oder mehrere Personen häufiger über eine Zeit lang negativen Handlungen (Schikane, Isolation, Kränkungen etc.) von einer anderen oder mehreren anderen Personen ausgesetzt ist/sind. Weiters muß ein Ungleichgewicht in Stärkeverhältnis vorhanden sein, sodaß das Mobbingopfer es schwer hat, sich zu verteidigen. Man spricht nicht von Mobbing, wenn etwa zwei gleich starke Personen einen Konflikt austragen, oder wenn es sich um kleine Konfliktepisoden handelt."*

In der deutschsprachigen Forschung finden sich nur wenige wissenschaftliche Definitionen, von denen stellvertretend lediglich die wichtigsten genannt seien. Die Gesellschaft für psychosozialen Stress und Mobbing e.V. lehnt sich an die Definition ihres Mitbegründers LEYMANN an und entwickelte sie weiter: *"Unter Mobbing wird eine konfliktbelastete Kommunikation am Arbeitsplatz unter Kollegen oder zwischen Vorgesetzten und Untergebenen verstanden, bei der die angegriffene Person unterlegen ist (1) und von einer oder einigen Personen systematisch, oft (2) und während längerer Zeit (3) mit dem Ziel und/oder dem Effekt des Ausstoßes aus dem Arbeitsverhältnis (4) direkt oder indirekt angegriffen wird und dies als Diskriminierung empfindet"* (LEYMANN 1995a, S.18). Dieser Ansatz fasst die wesentlichen Gedanken anderer Definitionen zusammen, unterlässt aber im Gegensatz zu LEYMANN (1993a; 1993b) die exakte Operationalisierung der Häufigkeit und Dauer der Mobbinghandlungen. Aufbauend auf den vorliegenden Beschreibungen des Phänomens formuliert NIEDL (1995b, S. 23) in seiner Arbeit eine eigene Definition: *"Unter Mobbing am Arbeitsplatz werden Handlungen einer Gruppe oder eines Individuums verstanden, denen von einer Person, die diese Handlungen als gegen sie gerichtet wahrnimmt, ein feindseliger, demütigender oder einschüchternder Charakter zugeschrieben wird. Die Handlungen müssen häufig auftreten und über einen längeren Zeitraum andauern. Die betroffene Person muß sich zudem aufgrund wahrgenommener sozialer, ökonomischer, physischer oder psychischer Charakteristika außerstande sehen, sich zu wehren oder dieser Situation zu entkommen."* NIEDL legt besonderes Augenmerk auf den Ansatzpunkt des subjektiven Erlebnisses der Handlungen sowie die schwächere Ausgangsposition des Betroffenen. Einen gänzlich anderen, dennoch wissenschaftlichen Weg beschreitet NEUBERGER (1999) mit seiner Arbeit, der eine mikropolitische Interpretation zugrunde gelegt ist. Seine Definition mit spieltheoretischer Akzentsetzung schreibt beiden beteiligten Mobbing-Parteien Aktivität und Kreativität zu und widerspricht der Annahme des ungleichen Kräfteverhältnisses zwischen „Opfer" und „Täter": *"Jemand spielt einem übel mit und man spielt wohl oder übel mit"* (a.a.O., S. 18).

Alle Definitionsansätze kommen darin überein, dass Mobbing durch sich wiederholende und länger andauernde Handlungen gekennzeichnet ist. Demnach stellt sich Mobbing *"nicht als Singulärakt dar"* (NIEDL 1995b, S. 21). Abweichende Darstellungen gibt es darüber, ob die „negativen Handlungen" als objektiver Tatbestand vorliegen müssen oder eine subjektive Interpretation der betroffenen Person ausreicht. BRODSKY (1976) unterscheidet hier zwischen „subjective harassment", das sich ausschließlich über Betroffenenaussagen definiert und sich auf die individuell sehr unterschiedlichen Wahrnehmungen und Interpretationen Betroffener in einer Situationen bezieht, und „objective harassment", welches sich auf Fremdberichte und damit „objektive" Einschätzungen stützt. Ebenfalls ungeklärt bleibt die Frage, welchen Inhalt Verhaltensweisen zeigen müssen, um als Mobbinghandlungen, als „psychische Gewalt" oder „negative, unrechte, unethische Handlungen" etikettiert zu werden (NIEDL 1995b, S. 21) – hier bleiben die Definitionsansätze bis auf LEYMANNs 45 Items in ihren Aussagen relativ weit. Alle von einer Person als negativ interpretierten Behandlungen könnten somit als Mobbing bewertet werden, so dass die Gefahr besteht, dass der Begriff zu einem Allgemeinplatz verkommt. Nur einige Definitionsversuche heben den Gedanken des ungleichen Positionenverhältnisses zwischen den am Mobbingprozess Beteiligten hervor; NEUBERGER (1999, S. 18) negiert gar eine Asymmetrie in der Kräftekonstellation.

Bereits an dieser Stelle wird deutlich, dass eine wissenschaftliche Behandlung des Themas verlangt, die divergenten Akzentsetzungen der zahlreichen Definitionsversuche zusammenzufassen und zu strukturieren. Ein komplexer und damit seriöser Definitionsansatz sollte die wesentlichen Aspekte (a) **Beteiligte am Mobbingprozess,** (b) **Art der Mobbinghandlungen** („subjektives" versus „objektives" Mobbing"), (c) **Häufigkeit und Dauer der Mobbinghandlungen** (Einführung eines Intensitäts- und Dauerkriteriums für repetitive Handlungen über einen längeren Zeitraum), (d) **Rollenverteilung während des Mobbingprozesses** (Machtasymmetrie, Ungleichgewicht im Stärkeverhältnis) und (e) **Auswirkungen des Mobbing** (individuelle und organisationale Folgen) behandeln (SCHLAUGAT 1999, S. 9). Nicht sinnvoll erscheint es, den „Tatbestand" des Mobbing allein über die Frage der Schuld oder Unschuld (kaum rekonstruierbar), die exakte Länge (auch 2 Monate können existentiell als Mobbing erlebt werden) oder die Frequenz („wöchentliches" Mobbing explizit kaum möglich, da auch der Mobbingtäter einmal für 2 Wochen freigestellt sein kann, z.B. durch Urlaub oder Weiterbildung) auszuschließen. Gelungenere Ansätze sollten den relevanten Aspekt der Ursachen und Folgen (siehe Kapitel D. 2, E. 1 und G.) betonen. Abschließend lässt sich sagen, dass sich eine allgemeingültige Mobbingdefinition nicht finden lässt. Es wurden die derzeit bekanntesten Definitionsansätze vorgestellt, die teilweise äußerst verschiedene Akzentuierungen setzen, aber sich wissenschaftlich fundiert zeigen. Einige Definitionsversuche verbleiben jedoch auf populärwissenschaftlichem Niveau, da sie wichtige Charakteristika ausblenden und große Lücken aufweisen.

B. 2.2   Abgrenzung zu verwandten Begriffen

Es existieren einige Etiketten, die mit dem Terminus Mobbing starke Überschneidungen aufweisen. In der Dissertation von NIEDL (1995b, S. 25ff) erfolgt eine Abgrenzung u.a. zu den verwandten Begriffen ‚sexuelle Belästigung', ‚Diskriminierung' und ‚Gewalt'.

Sexuelle Belästigung kann als eine mögliche Mobbinghandlung selbst aufgefasst und unter Mobbing subsumiert werden, wenn sie als wiederholtes und vom Betroffenen ungewolltes Verhalten auftritt (HOPFGARTNER/ZEICHEN 1988, S. 25). Mobbing kann aber auch als Folge einer bereits ereigneten sexuellen Belästigung auftreten, wenn sich beispielsweise an eine unter Druck erfolgte sexuelle Beziehung Mobbinghandlungen, wie Beleidigungen, Kritik etc., gegen das belästigte Opfer anschließen (NIEDL 1995b).

Diskriminierung kann – folgt man der Rechtsauffassung (Gleichbehandlungsgrundsatz) – durchaus als Teil von Mobbing verstanden werden, wenn ein bestimmter Arbeitnehmer systematisch schlechter behandelt wird als die übrigen Personen in einer Arbeitsgruppe oder Organisation. Im Gegensatz zum weiter gefassten Mobbingbegriff wird Diskriminierung in der Rechtsprechung explizit durch Handlungen charakterisiert, die auf das Vorenthalten von Leistungen und Ansprüchen gegenüber der diskriminierten Person abzielen. In deren Folge entstehen für den Betroffenen direkte Leistungsverluste (Einkommen) oder indirekte Benachteiligungen (schlechtere Beförderungschancen, soziales Ansehen) (a.a.O., S. 26ff). Exponiert als Opfer diskriminierender Verhaltensweisen werden einzelne Personen oder Gruppen gesehen, die aufgrund bestimmter Merkmale, wie ethnische Zugehörigkeit, Religion, Hautfarbe, Geschlecht etc., Stereotypen erfüllen und Ziel von Übergriffen werden, die durch Vorurteile motiviert sind (MARKEFKA 1984, S. 49). Empirisch konnte die Mobbingforschung jedoch bis heute keinen eindeutig signifikanten Zusammenhang zwischen bestimmten Merkmalsgruppen von Beschäftigten und dem Auftreten von Mobbingfällen herstellen (NIEDL 1995b, S. 28; siehe Kapitel E. 1.1.1).

Nach GALTUNG (1975, S. 9) könne dann von **Gewalt** gesprochen werden, *„wenn Menschen so beeinflusst werden, daß ihre aktuelle somatische und geistige Verwirklichung geringer ist als ihre potentielle Verwirklichung"*. Entsprechend der weitgehaltenen Definition GALTUNGs kann Mobbing unter den Gewaltbegriff subsumiert werden. Im Widerspruch hierzu stehen jedoch die Ausführungen der wissenschaftlichen Forschung zum Gebiet „Gewalt am Arbeitsplatz", welches ausschließlich arbeitsplatzexterne Relationen (Kunden, Patienten, Klienten) einschließt. Der Mobbingbegriff beinhaltet dem gegenüber arbeitsplatzinterne Relationen (Vorgesetzte, Kollegen, Untergebene), weshalb die meisten Autoren Gewalt am Arbeitsplatz und Mobbing deutlich voneinander abgrenzen. Außerdem präsentieren sich Gewaltakte überwiegend als Singuläräkte, denen das mobbingtypische Element der Wiederholung und langanhaltenden Dauer fehlt (NIEDL 1995b, S. 29). Andererseits finden sich in der Praxis durchaus Fälle, in denen Vorgesetzte, Kollegen und Untergebene Gewaltaktionen (physische Angriffe, Drohungen) systematisch gegen bestimmte Personen ausüben und somit als Mobbinghandlungen zu betrachten sind. Statistisch betrachtet ist gewalttätiges Mobbing aber selten, was seine Begründung unter anderem in der günstigen Beweislage für die Opfer und den deutlichen gesetzlichen Sanktionierungen gegen Täter im Vergleich zu anderen Mobbinghandlungen finden dürfte.

B. 3   Wissenschaftliche Forschung

Nach einem anfänglichen Forschungsdefizit, insbesondere im deutschsprachigen Raum, wurden in den letzten zehn Jahren die „weißen Flecken" auf der Mobbing-Landkarte weitestgehend ausgefüllt. In den 80er und zu Beginn der 90er Jahre gab es in Deutschland eine Vielzahl von Untersuchungen lediglich zum Thema Stressauslöser am Arbeitsplatz (GREIF et al. 1991; DUNCKEL/ZAPF 1986), die sich z.B. mit Betriebsklima, Stress und Ängsten am Arbeitsplatz sowie Führungsstilen befassten, zu Mobbing selbst aber keine wissenschaftlich abgesicherten Ergebnisse boten. Kleinere, bundesweit nicht repräsentative Studien (DICK/DULZ 1994; KNORZ/ZAPF 1996; SCHLAUGAT 1999) wurden Mitte bis gegen Ende der 90er Jahre in Deutschland veröffentlicht und ermöglichten trotz ihrer relativ schmalen Datenbasis weiterführende theoretische und praktische Erkenntnisse zu Art und Struktur von „deutschem" Mobbing. Seit wenigen Monaten liegt mit „Der Mobbing-Report" von MESCHKUTAT et al. (2002) erstmals explizit für die Bundesrepublik Deutschland eine Repräsentativstudie vor, die in der Schriftenreihe der Bundesanstalt für Arbeitsschutz und Arbeitsmedizin erschienen ist. Bislang hatten sich deutsche Autoren stets auf die empirischen Untersuchungen von NIEDL (1995b) beziehen müssen, der das Phänomen in zwei österreichischen Organisationen untersuchte und damit für die deutschsprachige Forschung die einzigen repräsentativen Ergebnisse bot.

Bereits 1939 berichteten ROETHLISBERGER/DICKSON (1956) in ihrer Studie in den amerikanischen Hawthorne-Werken von wiederholten feindseligen Übergriffen gegen Kollegen, die gegen die Leistungsnormen der Arbeitsgruppe verstoßen hatten und somit als Abweichler wahrgenommen wurden. Den Beginn empirischer Forschungsarbeiten zu Mobbing findet man in Skandinavien und ist auf das Jahr 1990 zu datieren (NIEDL 1995b, S. 33ff). Die US-amerikanische Studie von BRODSKY aus dem

Jahr 1976 stellt hier eine „Pioniertat" dar, untersuchte sie bereits deutlich eher systematische Feindseligkeiten am Arbeitsplatz, benutzte aber für das selbe Phänomen mit „Harassment" ein anderes Etikett.

Im Rahmen seiner vor etwa einem Vierteljahrhundert arbeitspsychologisch ausgerichteten Untersuchungen begegnete LEYMANN immer wieder Fällen, in denen Arbeitnehmer an ihrem Arbeitsplatz systematisch angefeindet und ausgegrenzt wurden. Eine Ergänzung schwedischer Arbeitsschutzgesetze, in denen gesetzlich verankert wurde, *„dass der arbeitende Mensch nicht nur das Recht haben sollte, seine physische Gesundheit am Arbeitsplatz zu erhalten, sondern man sprach ihm auch das Recht zu, psychisch gesund zu bleiben"* (LEYMANN 1996, S. 5), ermöglichte die umfassende Erforschung des Phänomens. In Verbindung mit dieser Ende der 70er Jahre vollzogenen Novellierung des Gesetzes wurde von staatlicher Seite ein Forschungsfond für die psychosoziale Arbeitsmilieuforschung bereitgestellt, die Heinz LEYMANN als Forschungsleiter des schwedischen Reichsinstituts für Arbeitswissenschaften von 1979 bis 1990 durchführte (LEYMANN 1993b). Er untersuchte eine *„...spezielle, neu entdeckte Art der Eskalation von Konflikten am Arbeitsplatz"*, die er später Mobbing nannte (LEYMANN 1996). Zu Beginn der 80er Jahre erstellten LEYMANN und sein Forschungsteam eine Explorationsstudie, deren Ergebnisse sie in einem ersten kurzen Bericht im Jahr 1984 publizierten (LEYMANN/GUSTAVSSON 1984). Ein sprunghafter Anstieg von Untersuchungen konnte zu Beginn der 90er Jahre festgestellt werden, als LEYMANN publikumswirksam die Ergebnisse seiner umfassenden Untersuchungen veröffentlichte. Besonders erwähnenswert ist hier die quantitativ-empirische Repräsentativstudie LEYMANNs von 1991, deren Ergebnisse er mit den Aspekten seiner Explorativstudie verknüpfte und zu dem von ihm genannten „Mobbingkonzept" entwickelte.

Im skandinavischen Raum folgten mehrere wissenschaftliche und populärwissenschaftliche Arbeiten, die eine breite Diskussion in der Bevölkerung auslösten. In Deutschland wurde die Thematik namentlich Ende der 80er Jahre wohl erstmals von MOEBIUS (1988, S. 32ff) journalistisch aufgegriffen, als sie von den Ergebnissen der schwedischen Forschung berichtete. Ein breiter einsetzendes Forschungs- und Medieninteresse setze erst im Rahmen des 1991 in Hamburg stattgefundenen Weltkongresses für Arbeitsschutz ein, auf dem LEYMANN und andere über ihre Forschungs- und Erfahrungsberichte referieren konnten (LEYMANN 1995a, S. 23). Drastisch intensivierte sich der Prozess der wissenschaftlichen, populärwissenschaftlichen und medialen Diskussion in Deutschland, als im Jahr 1993 die Übersetzung von LEYMANNs Buch „Mobbing – Psychoterror am Arbeitsplatz und was man dagegen tun kann" erschien, das die Aspekte seines Mobbingkonzeptes populär erklärte. Es folgten teils anspruchsvolle Diskussionen des Themas aus verschiedenen Perspektiven (NEUBERGER 1995; 1999; DÄUBLER 1995; KOLLMER 1997; 2000; ESSER/WOLMERATH 1997; SCHLAUGAT 1999; KNORZ/ZAPF 1995; ZAPF 1999; WOLMERATH 2001), die allerdings allesamt (u.U. mit Ausnahme von KRÄKEL 1997 und NIEDL 1995a) den Weg einer allgemeinen, betriebswirtschaftlichen Analyse nicht beschreiten. Jenes Fehlen soll mit dieser Arbeit beseitigt werden.

C.

Grundlagen:

Erscheinungsformen

und empirische Ergebnisse

C

C. 1 Erscheinungsformen

C. 1.1 Mobbingarten

Unter Mobbingart versteht man das betriebliche Verhältnis, in dem die beteiligten Parteien eines Mobbingprozesses in einer Organisation aufgrund ihrer hierarchischen Position zueinander stehen. Mitglieder einer Organisation können die hierarchische Position eines ‚Vorgesetzten', eines ‚Untergebenen' oder beide Positionen gleichzeitig einnehmen. Vorgesetzte sind in ihrem betrieblichen Verhältnis zu den Untergebenen legitimiert, organisationale Entscheidungen festzustellen und Weisungen zu erteilen. Die Untergebenen sind entscheidungs- und weisungsgebunden und müssen die Festlegungen des Vorgesetzten umsetzen. Durch neue Konzepte wie Team- oder Gruppenarbeit („Coaching") etc. werden diese starren Prinzipien in der betrieblichen Praxis jedoch zunehmend aufgeweicht (siehe Kapitel E. 1.4.2 und F. 1.1.3). Hierarchisch höher gestellte Organisationsmitglieder erhalten in der Regel bedeutendere materielle (Entgelt- und Vergütungssystem) und immaterielle Anerkennungen (soziales Ansehen) als Untergebene. Im weiteren Sinne bezeichnet man alle Mitglieder einer Organisation als ‚Kollegen', mit denen arbeitsorganisatorisch ein besonders intensives (Dauer, Häufigkeit, Arbeitseinheit) Verhältnis besteht. Im engeren Sinne der Mobbing-Problematik und der Mobbingart wird jedoch der Terminus ‚Kollegen' als eine Beziehung unter hierarchisch gleichgestellten Organisationsmitgliedern definiert (NIEDL 1995b).

LEYMANN (1993b, S. 35ff) unterscheidet fünf typische Mobbingarten:
1. Übergriffe von Kollegen
2. Übergriffe von Untergebenen gegen einen Vorgesetzten
3. Übergriffe eines Vorgesetzten gegen Untergebene
4. ‚Rechthabereien'
5. ‚systembedingte' Unterdrückung.

NEUBERGER (1999, S. 66ff) greift die Klassifizierung LEYMANNs in mehreren Punkten an. Dem relevantesten Kritikpunkt schließt sich der Verfasser an, in dem NEUBERGER anführt, dass in den *„zwei letzten Situationstypen"* plötzlich der Analysestandpunkt gewechselt wird. Mit ‚Rechthaberei' wird ein Zustand bezeichnet, *„in dem ein Mensch sich unter keinen Umständen unterkriegen lassen will und seine elementaren Rechte mit aller Kraft verteidigt"* (LEYMANN 1993b, S. 49) und damit wohl eher auf ein fortgeschrittenes Stadium im Mobbingprozess hinweist als auf ein weiteres hierarchisches Verhältnis zwischen Mobbingtäter und -opfer. Auch bei der ‚systembedingten Unterdrückung', die LEYMANN als unnachsichtige und unsensible Anwendung bürokratischer Verfahren gegenüber Mobbingopfern definiert, ist der logische Kontext zu den ersten drei Klassifizierungen nicht ersichtlich.
Folgend wird vom Verfasser eine andere Klassifizierung der Mobbingarten vorgeschlagen. In einer möglichen dritten Klasse der „Strukturellen Übergriffe" könnten Aspekte der „systembedingten Unterdrückung" von LEYMANNs fünftem Punkt wiederzufinden sein.

C. 1.1.1 Horizontale Übergriffe

Als horizontale Übergriffe bezeichnet man Mobbing, das unter hierarchisch gleichgestellten Personen (Kollegen) stattfindet (NIEDL 1995b, S. 51). Vielfach findet auch der Begriff „horizontales Mobbing" Verwendung. Überwiegend ist davon auszugehen, dass die Mobbing-Beteiligten der selben Arbeitseinheit (Organisation, Abteilung, Arbeitsgruppe) angehören und demnach arbeitsorganisatorisch viele Schnittmengen und soziale Kontakte entstehen. Mobbingzustände in einer Arbeitsgruppe werden unter anderem sozialpsychologisch interpretiert (Anpassung an Gruppennormen, Gruppendynamik, Konkurrenzdenken), können aber auch auf arbeitsorganisatorische Defizite oder persönliche Antipathien zurückgeführt werden. Auf Ursachen von Mobbing wird in Kapitel E. 1 detaillierter eingegangen.

C. 1.1.2 Vertikale Übergriffe

Eine Form des vertikalen Mobbing wird ‚**Bossing**' genannt. Darunter werden Übergriffe vom Vorgesetzten gegen Untergebene verstanden („top-down"). In mehreren Untersuchungen (MESCHKUTAT et al. 2002, S. 65) wurde festgestellt, dass Vorgesetzte zu einem großen Anteil an Mobbing mitbeteiligt sind und in vielen Fällen Vorgesetzte und Kollegen eine Einheit bilden, um andere Arbeitnehmer zu schikanieren oder zu disziplinieren. Bossing zeichnet sich häufig durch unangemessene, willkürliche oder überzogene Machtausübung aus. Diese Mobbingform ist für die Betroffenen von besonderer Intensität, da sie sehr oft mit Existenzängsten, Gefühlen der Machtlosigkeit (KOLODEJ 1999, S. 25) und bei Gegenwehr mit hohen Sanktionierungsrisiken durch den Vorgesetzten einhergeht. Bevorzugte Mobbinghandlungen gegen Untergebene schöpfen dieses Machtpotential aus und äußern sich beispielsweise durch ständige Arbeitskontrolle, Unter- oder Überforderung, Kompetenzbeschneidungen und häufige Änderungen der Arbeitsinhalte oder Zuweisung von sinnlosen, kränkenden oder gesundheitsgefährdenden Arbeitsaufgaben. Vorgesetzten bietet sich zudem die Möglichkeit, systematische Feindseligkeiten als organisational nachvollziehbare Maßnahmen und somit scheinbar sachliche Erfordernisse darzustellen, was die Interventionsalternativen Betroffener zusätzlich reduziert (ZUSCHLAG 1994, S. 57).

Die zweite Möglichkeit des vertikalen Mobbing wird als ‚**Staffing**' bezeichnet. Hierzu zählen systematische Schikanen, die Untergebene gegen ihren Vorgesetzten ausführen. Aufgrund der Machtasymmetrie zugunsten des Vorgesetzten spielt diese Mobbingform aber eine untergeordnete Rolle: *„Diese Fälle sind nur sehr selten. Und meistens scheinen die Vorgesetzten den Krieg zu gewinnen"* (LEYMANN 1993b, S. 40). In seinen empirischen Studien sind LEYMANN (a.a.O., S. 39) nur zwei Kategorien von Staffing-Übergriffen begegnet. In der ersten Kategorie kann es zu Mobbing kommen, wenn der Arbeitgeber einen Vorgesetzten implementiert, der aus verschiedenen Motiven (Nichtbeachtung des Mitsprache- oder Vorschlagsrechts, Konkurrenzdenken) von den Untergebenen (Arbeitsgruppe, Abteilung) nicht akzeptiert wird. Das Mobbing äußert sich dann nicht gegenüber dem Arbeitgeber, sondern richtet sich gegen den neueingestellten Vorgesetzten. Neueinstellungen können aber auch dann zur Zielscheibe von Mobbinghandlungen werden, wenn diese aufgrund fehlender fachlicher oder sozialer Kompetenz keine Akzeptanz bei den Untergebenen erreichen können und/oder durch mangelhaftes Führungsverhalten die Arbeitsgruppe befürchtet, gesetzte Leistungsnormen nicht erfüllen zu können. Die andere Kategorie beschreibt Mobbing, in der der Vorgesetzte von den Mitarbeitern feindselig behandelt wird, da dessen Führungsstil selbst als ungerecht, kränkend oder autoritär empfunden wird.

C. 1.2 Das System Mobbing: von Opfern, Tätern und ‚Möglichmachern'

Mobbingprozesse sind durch eine interpersonale Dynamik charakterisiert, denen man nicht oder selten einfache kausale Ursache-Wirkungs-Zusammenhänge zuschreiben kann. Eine vorschnelle Verurteilung und Etikettierung der Beteiligten in Täter und Opfer ist daher für eine konstruktive Auseinandersetzung mit dem System Mobbing wenig förderlich (KOLODEJ 1999, S. 69). So vertritt auch WALTER (1993, S. 37) die Auffassung von der Mobbingdynamik, in der zwischen Tätern und Opfern wechselseitige Rückkopplungen stattfinden: *„Ohne Zweifel ist es so, daß die **Opfer** unter anderen Bedingungen nicht zu Opfern geworden wären. Erst im Laufe eines Mobbingprozesses nehmen sie die **Opferrolle** an. Sie sind genauso wie die Täter an dem Mobbingkonflikt beteiligt."*

LEYMANN (1993a; 1993b) ist als pointierter Vertreter der opferzentrierten These – in der zum Opfer jeder Mensch werden kann, wenn er von anderen feindselig behandelt wird, unterliegt und sich in diesem Kampf aufreibt – von einigen Wissenschaftlern derb kritisiert worden. So definiert er das Opfer als *„die Person im Konflikt, die infolge von psychischer Gewalt ihre psychischen Möglichkeiten verliert, schwere Lebenssituationen zu bewältigen, und die herausgeworfen wird oder riskiert, vom Arbeitsmarkt* *eliminiert zu werden"* (LEYMANN/NIEDL 1994, S. 62). LEYMANN/NIEDL schränken damit zwar ein, dass zu Beginn des Mobbingprozesses eine Verteilung der Opfer- und Täterrolle nicht möglich ist, setzen aber die Folgen der einseitigen oder gegenseitigen Übergriffe als alleiniges Definitionskriterium für „das Opfer" fest. Da mit der Etikettierung in „Opfer" und „Täter" auch moralische Schuldzuweisungen verbunden sind, erscheint als monotones Mittel diese retrospektive Festlegung der Rollen unzulänglich. Deshalb sollte der Begriff ‚Opfer' in wissenschaftlichen Abhandlungen vorsichtige Verwendung finden und eher zur Terminologie des „Mobbingbetroffenen" übergegangen werden. In seiner Arbeit betont NEUBERGER (1999, S. 45) die wechselseitige Bezogenheit der Rollen und betrachtet Mobbing als Interaktion, in der es zur Täter-Opfer-Verschränkung kommt. Seine aufschlussreiche Herleitung zu einem „System Mobbing" wird hier kurz vorgestellt.

NEUBERGER (1999, S. 46) bemängelt an vielen der zu Beginn zitierten Mobbingdefinitionen (insbesondere LEYMANN (1993b)), dass diese das Opfer in den Mittelpunkt stellen und als Ziel von Mobbinghandlungen einer oder mehrerer anderer Personen sehen:

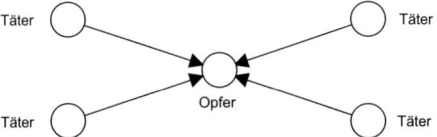

Vielmehr dürfe man das Opfer nicht länger als wehrlosen Adressaten von Feindseligkeiten behandeln, sondern ihm seinen Status als aktive Person zurückverleihen, da *„das Opfer auch Täter ist, weil es weder passiv, noch interesse- und machtlos ist"* (NEUBERGER 1999, S. 46). Unter der Berücksichtigung, dass das sogenannte Opfer durch seine Personalität und Aktivität auch Täter ist, kommt NEUBERGER (a.a.O.) zu einer dezentrierten Darstellung der Situation:

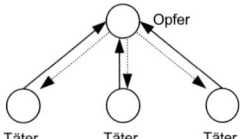

In dieser Betrachtungsweise NEUBERGERs führen beide Parteien Handlungen aus, die sie selbst wechselseitig als eigene „Re-Aktion" auf vorausgegangene Angriffe, verbale Attacken, Störungen, Unbelehrbarkeiten oder Kooperationsverweigerungen wahrnehmen; dennoch bleibt auch dieser Ansatz statisch (a.a.O., S. 47). In einem weiteren Schema von NEUBERGER stellt sich die Mobbingbeziehung als Teil einer umfassenderen organisationalen Konstellation dar, von der sie Stabilität oder Instabilität erhält:

**Abbildung 1: Die internen und externen Akteure im System Mobbing
(verändert nach NEUBERGER 1999, S. 47)**

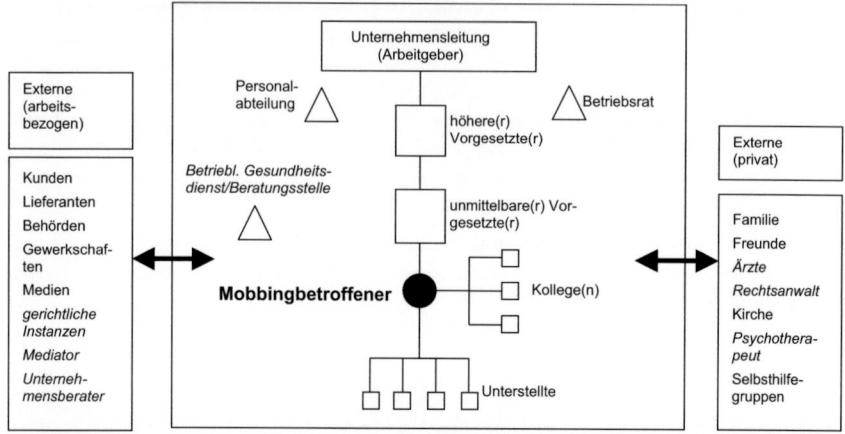

Die Übersicht NEUBERGERs (Abbildung 1) ist vom Verfasser um weitere interne und externe Akteure *(kursiv)* ergänzt worden, da sich deren Bedeutungsgehalt für den Mobbingprozess insbesondere in klinischen Studien erwiesen hat (LEYMANN 1993a; 1993b; 1995a).

Die bislang statische Konstellation wird in einem weiteren Schritt durch einen dynamisierten Ansatz ersetzt, indem NEUBERGER den chronologischen Verlauf der Handlungen einbezieht. Dabei sind die (Mobbing-)Handlungen in einer Sequenz angeordnet, folgen aufeinander und lösen im Domino-Effekt einander aus:

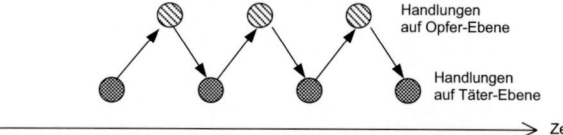

Mit dieser Darstellung illustriert NEUBERGER (1999, S. 47), welche Bedeutung der Interpunktion einer Ereignisfolge innewohnt: Je nachdem an welcher Stelle bzw. zu welchem Zeitpunkt man interpunktiert und die Aktionen „beginnen" lässt, erfolgt auch die Schuld- und Verantwortungszuschreibung. Wer die erste Handlung setzt, wird demzufolge immer als Täter etikettiert, und die Gegenseite „re-agiert" lediglich. NEUBERGER (a.a.O., S. 48) schlussfolgert, *„dass bei längerandauernder Inter-Aktion die Verursachungsfrage nur noch rhetorischen Wert hat, weil sich das Wechselspiel von Aktion und Reaktion längst verselbständigt hat, sodass man nahezu beliebig interpunktieren kann"*. In dieser spiraligen Eskalation werfen sich die Streitparteien die Verwechslung von Ursache und Wirkung gegenseitig vor. Entscheidend über die Schuld-Attribution ist dann die Kenntnis über Anamnese-Informationen: Wer um die Vorgeschichte nichts weiß, beurteilt die Reaktion womöglich als eigentliche (Primär-)Aktion und identifiziert das sich verteidigende Opfer als Verursacher. Um diesen dynamischen Gesamtprozess unterbrechen zu können, wären Anti-Mobbinghandlungen im eigentlichen Sinn dann Handlungen, *„die aus dem Teufelskreis von Aktion-Reaktion heraustreten, z.B. Versöhnungsrituale, Dritte-Partei-Friedensschließung (Mediation) oder nichtaggressive Handlungen..."* (a.a.O.). Zusätzlich muss auf die Relevanz der Feedback-Beziehungen hingewiesen werden: Das vorausgegangene Handeln der einen Partei erzeugt in der physischen und sozialen Umwelt Veränderungen, die wiederum als „objektive

Faktoren" die handelnde Person unmittelbar, das heißt ohne erneute Re-Aktion der anderen Partei, beeinflussen (a.a.O., S. 50).

Die alternative Punktion des Mobbing-Geschehens soll aber nicht die wertende Aussage treffen, dass zwischen Tätern und Opfern kein Unterschied bezüglich der Anteile von Schuld und Verantwortung liegt. Definitorisch grenzt sich der Mobbingbegriff gegenüber alltäglichen, unsystematischen Streitigkeiten klar in seinem repetitiven und langandauernden Charakteristikum der Übergriffe ab. Solch eine dauerhafte Situation kann nur durch Existenz einer ausgeprägten strukturellen Machtasymmetrie anhalten, zumal in einer betriebswirtschaftlich orientierten Organisation Sanktionierungsmechanismen implementiert sein müssten, um unternehmensschädigendes Verhalten zu ahnden. Doch ebenso wie die Möglichkeiten aktiver Gegenwehr des Mobbingbetroffenen reduziert sind, bleiben die Interventionsversuche Dritter weit unter den organisationalen Potentialen.

Neben den Betroffenen und den Tätern ist hier also die Gruppe der „Möglichmacher" angesprochen, die sich im unmittelbaren „Einzugsgebiet" aufhalten. Diese Möglichmacher rekrutieren sich aus dem Pool der internen Akteure des Systems Mobbing (siehe Abbildung 1), greifen selbst aber weder in nonverbaler noch verbaler Form aktiv ein, betrachten sich als am Prozess unbeteiligt und lehnen jede Verantwortungsübernahme für das Geschehen ab. In den Abteilungen von Betrieben, in denen sich Mobbing entwickelt, fehlt eine gemeinsame, anerkannte Grenzlinie, die Mobbing als inakzeptabel in Arbeitsgruppen kennzeichnet. Oft herrscht bei Möglichmachern wie bei Tätern Gedankenlosigkeit und Nachlässigkeit vor (RESCH 1994, S. 139). Laut den Fallgeschichten ist beim Mobbing – analog zur Altruismus-Forschung (BIERHOFF 1980) – die Hilfsbereitschaft äußerst gering: *„Auch hier gibt es eine schweigende und inaktive Mehrheit. Gerade wenn es viele sind, die einen Vorgang beobachten, entlasten sie sich gegenseitig von der Verantwortung einzugreifen: wenn die anderen (auch) nichts tun, wird es wohl mit rechten Dingen zugehen"* (NEUBERGER 1999, S. 59). Doch äquivalent der Täter-Opfer-Verschränkung gilt auch für die Möglichmacher, dass alles Verhalten in einer zwischenpersönlichen Situation Mitteilungscharakter besitzt („metakommunikatives Axiom"), so *„daß man, wie immer man es auch versuchen mag, nicht nicht kommunizieren kann. Handeln oder Nichthandeln, Worte oder Schweigen haben alle Mitteilungscharakter: Sie beeinflussen andere, und diese anderen können ihrerseits nicht nicht auf diese Kommunikation reagieren und kommunizieren damit selbst. Es muß betont werden, daß Nichtbeachtung oder Schweigen seitens des anderen dem eben Gesagten nicht widerspricht"* (WATZLAWICK et al. 1990, S. 51). Selbst die bloße Wahrnehmung zweier Individuen voneinander ist bereits Kommunikation, jede oder keine Reaktion ist eine kommunikative Stellungnahme: Man kann nicht nicht handeln.

Ein mögliches Motiv der Möglichmacher, KOLODEJ (1999, S. 70) spricht in diesem Zusammenhang von „Mitläufern", nicht zu intervenieren, ist die Befürchtung, selbst zum Mobbingbetroffenen zu werden. LEYMANN (1993b, S. 61) fokussiert auf den Teil der Vorgesetzten unter den Möglichmachern und unterstreicht deren besondere Relevanz für den Mobbingprozess: *„Man kann also behaupten, daß ein Konflikt zu Mobbing und Psychoterror werden kann, weil er sich eben dazu entwickeln darf. Dieses Sich-nicht-darum-Kümmern könnte sich nach weiteren Forschungen sehr wohl als wichtigster Grund für die Entstehung von Mobbing herausstellen. Die, die zuschauen, dürften mitschuldig sein, sie sind dann die Möglichmacher."* Nach LEYMANN (a.a.O., S. 146) steht die Arbeitsleitung in besonderer Verantwortung, denn amoralische Zustände entwickeln sich dort zügellos, wo kein Eingriff erfolgt: *„...in hierarchisch aufgebauten Organisationen wirkt sich jede Nichtaktivität [...] als ‚Zulassung' aus".*

In der LEYMANNschen Sichtweise von Möglichmachern besteht die Gefahr, die Verursachungsthematik von Mobbing zu monokausalisieren. Sicherlich ist fehlerhaftes Führungsverhalten und ein unangemessener Führungsstil eine Ursache für oder bereits für sich Mobbing, aber eben nur eine Ursache unter vielen, wie Arbeitsorganisation, gruppendynamische Aspekte, gesellschaftliche Bedingungen etc. (siehe Kapitel E. 1). Da sich die Möglichmacher allerdings nicht nur aus der Schar von Unternehmensleitung, Vorgesetzten, Betriebsrat etc. speist, sei angemerkt, dass die passiven Mitläufer wie Kollegen, Untergebene gewiss nicht kausal für den Mobbingprozess verantwortlich zu machen sind, dessen Fortbestehen aber mitbedingen und ermöglichen und so sich eine Teilschuld an den Eskalationsfolgen attribuieren lassen müssen.

C. 1.3   Mobbinghandlungen

Die Analyse der verschiedenen Mobbingdefinitionen macht deutlich, dass der Inhalt der vorkommenden Handlungen als konstitutiv für das Vorliegen von Mobbing betrachtet wird. Im folgenden wird dargestellt, welche empirische Daten bisher zur Klassifizierung von Mobbinghandlungen ermittelt worden sind. Anfang der 80er Jahre eruierte LEYMANN (1993b, S. 21ff) in ca. 300 Interviews insgesamt 45 Handlungen, die er in fünf Kategorien einteilte und die Bestandteil des zweiten Teils des LIPT sind.

Abbildung 2: Die 45 Handlungen – was die "Mobber" tun (LEYMANN 1993b, S. 33ff)

Angriffe auf die Möglichkeiten, sich mitzuteilen
1. Der Vorgesetzte schränkt die Möglichkeiten ein, sich zu äußern.
2. Man wird ständig unterbrochen.
3. Kollegen schränken die Möglichkeiten ein, sich zu äußern.
4. Anschreien oder lautes Schimpfen.
5. Ständige Kritik an der Arbeit.
6. Ständige Kritik am Privatleben.
7. Telefonterror.
8. Mündliche Drohungen.
9. Schriftliche Drohungen.
10. Kontaktverweigerung durch abwertende Blicke oder Gesten.
11. Kontaktverweigerung durch Andeutungen, ohne daß man etwas direkt ausspricht.
Angriffe auf die sozialen Beziehungen
12. Man spricht nicht mehr mit dem/der Betroffenen.
13. Man lässt sich nicht ansprechen.
14. Versetzung in einen Raum weitab von Kollegen.
15. Den Arbeitskollegen/innen wird verboten, den/die Betroffene anzusprechen.
16. Man wird „wie Luft" behandelt.
Auswirkungen auf das soziale Ansehen
17. Hinter dem Rücken des Betroffenen wird schlecht über ihn gesprochen.
18. Man verbreitet Gerüchte.
19. Man macht jemanden lächerlich.
20. Man verdächtigt jemanden, psychisch krank zu sein.
21. Man will jemanden zu einer psychiatrischen Untersuchung zwingen.
22. Man macht sich über eine Behinderung lustig.
23. Man imitiert den Gang, die Stimme oder Gesten, um jemanden lächerlich zu machen.
24. Man greift die politische oder religiöse Einstellung an.
25. Man macht sich über das Privatleben lustig.
26. Man macht sich über die Nationalität lustig.
27. Man zwingt jemanden, Arbeiten auszuführen, die das Selbstbewusstsein verletzen.
28. Man beurteilt den Arbeitseinsatz in falscher und kränkender Weise.
29. Man stellt die Entscheidungen des/der Betroffenen in Frage.
30. Man ruft ihm/ihr obszöne Schimpfworte oder andere entwürdigende Ausdrücke nach.
31. Sexuelle Annäherungen oder verbale sexuelle Angebote.

Angriffe auf die Qualität der Berufs- und Lebenssituation
32. Man weist dem Betroffenen keine Arbeitsaufgaben zu.
33. Man nimmt ihm jede Beschäftigung am Arbeitsplatz, so daß er sich nicht einmal selbst Aufgaben ausdenken kann.
34. Man gibt ihm sinnlose Arbeitsaufgaben.
35. Man gibt ihm Aufgaben weit unter seinem eigentlichen Können.
36. Man gibt ihm ständig neue Aufgaben.
37. Man gibt ihm „kränkende" Aufgaben.
38. Man gibt dem Betroffenen Arbeitsaufgaben, die seine Qualifikation übersteigen, um ihn zu diskreditieren.
Angriffe auf die Gesundheit
39. Zwang zu gesundheitsschädlichen Arbeiten.
40. Androhung körperlicher Gewalt.
41. Anwendung leichter Gewalt, zum Beispiel um jemandem einen „Denkzettel" zu verpassen.
42. Körperliche Misshandlung.
43. Man verursacht Kosten für den/die Betroffene, um ihm/ihr zu schaden.
44. Man richtet physischen Schaden im Heim oder am Arbeitsplatz des/der Betroffenen an.
45. Sexuelle Handgreiflichkeiten.

LEYMANN (1993b) beansprucht mit dieser Darstellung (Abbildung 2) den Komplettheitsanspruch aller möglichen Mobbinghandlungen. Eine fehlerhafte Annahme, denn andere empirische Befunde zeugen von weit mehr als 45 bzw. anderen Mobbinghandlungen (NIEDL 1995b; KNORZ/ZAPF 1996). Die ersten drei Kategorien beziehen sich auf Differenzierungen kommunikativer Inhalte und Formen, die anderen beiden thematisieren die Qualität der übertragenen **Arbeits**aufgaben (nicht ein Item bezieht sich direkt auf die Lebenssituation) und die körperliche Unversehrtheit. Bereits bei oberflächlicher Betrachtung erscheinen systematische Mängel: So gehören die nicht unmittelbar gesundheitsrelevanten Items 43 und 44 eher in die 4. Kategorie (NEUBERGER 1999, S. 29), die damit nicht nur Aspekte der Arbeits-, sondern auch der Lebenssituation erhalten würde. Es zeigt sich die Notwendigkeit einer gründlichen statistischen Analyse empirischer Antwortverteilungen, die eine Einteilung von Mobbinghandlungen systematisch begründet.

Im Zuge seiner empirischen Untersuchungen hat sich NIEDL (1995b) dieser Aufgabe angenommen und mittels datenreduzierender Analyse (Faktorenanalyse) die 45 Handlungen aus dem LIPT nach systematischen Gesichtspunkten gruppiert. Die vollständige Faktorenlösung ergab 9 Faktoren, wobei der Faktor 9 lediglich aus einem Item und der Faktor 8 aus zwei Items besteht. Aufgrund der Existenz dieser Einzelrestfaktoren entschied sich NIEDL für eine reduzierte Lösung, bei der sieben Dimensionen von Mobbinghandlungen aufgestellt wurden (a.a.O., S. 94ff):

1. **Aktive Angriffe auf die persönliche Integrität**
2. **Ausgrenzungen**
3. **Direkte/indirekte Kritik**
4. **Sanktion durch Arbeitsaufgabe**
5. **Drohungen**
6. **Sexuelle Übergriffe**
7. **Angriffe auf die Privatsphäre**

Keinerlei Stabilität beweist einzig die LIPT-Gruppe „Auswirkungen auf das soziale Ansehen"; andere Gruppen zerfallen in mehrere Blöcke oder werden von NIEDL (a.a.O., S. 98) umbenannt. Insgesamt zeigt sich die Strukturierung der 45 Items bei NIEDL plausibler, so dass bei zukünftiger Verwendung des LIPT die durch Faktorenanalyse ermittelten Gruppierungen die klassische Einteilung LEYMANNs ersetzen könnten. Allerdings stellen sich die empirischen Ergebnisse noch uneinheitlich dar; so ermittelte die Forschungsgruppe um ZAPF et al. (1996) faktorenanalytisch sieben Cluster zusammengehöriger Mobbinghandlungen, die zwar ähnlich aber nicht identisch aufgebaut sind.

Neben diesen trockenen statistischen Analysen empirischer Antwortverteilungen bietet sich die Möglichkeit, die Vielzahl praktizierter Mobbinghandlungen durch theoretisch, konzeptionell oder logisch fundierte Strukturierungen zu ordnen. BARON/NEUMANN (1996, S. 164) teilen Aggressionen am Arbeitsplatz nach einem hierarchisierten logischen Ordnungssystem ein: Dabei unterscheiden sie in erster Ebene sprachliche und körperliche Aggressionen, die sich beide passiv oder aktiv äußern können (zweite Ebene). In dritter Abstraktionsebene ist jede passive oder aktive Form der Aggression an die Zielperson entweder direkt oder indirekt gerichtet. Entsprechend ihrem Hierarchie-Baum seien folgend einige Mobbinghandlungen beispielhaft systematisiert.

Aggressionen am Arbeitsplatz:
(a) sprachlich passiv
- direkt: jemandem die „Schweigebehandlung" verpassen.
- indirekt: Informationen, die die Zielperson benötigt, nicht weitergeben.

(b) sprachlich aktiv
- direkt: Beleidigungen, anschreien, brüllen.
- indirekt: Gerüchte über die Zielperson verbreiten.

(c) körperlich passiv
- direkt: absichtlich einen Raum verlassen, wenn die Zielperson eintritt.
- indirekt: andere Personen veranlassen, Handlungen zu verzögern,
  die für die Zielperson wichtig sind.

(d) körperlich aktiv
- direkt: körperliche Angriffe.
- indirekt: Diebstahl oder Zerstörung von Eigentum der Zielperson.

Als alternatives konzeptionelles Einteilungsraster bietet NEUBERGER (1999, S. 29) MASLOWs Bedürfnispyramide an, bei der zwischen fünf Grundbedürfnissen unterschieden wird:

1. **basale Existenzbedürfnisse** (z.B. Gesundheit, Unversehrtheit, Nahrung, Schlafen etc.)
2. **Sicherheitsbedürfnisse** (Existenzsicherung, Daseinsvorsorge, Schutz etc.)
3. **soziale Bedürfnisse** (Zugehörigkeit, Kontakt, Beziehung etc.)
4. **Ich-Bedürfnisse** (Ansehen, Respekt, Geltung, Anerkennung etc.)
5. **Selbstverwirklichungsbedürfnisse** (Wachstum, Entfaltung, Würde etc.)

Mobbinghandlungen aus den ersten drei LIPT-Kategorien (Items 1 bis 31) wären dann Angriffe auf die „sozialen Bedürfnisse" und teilweise auf die „Ich-Bedürfnisse", die LIPT-Kategorie „Angriffe auf die Gesundheit" (Items 39 bis 45) entspräche Attacken auf die „basalen Existenzbedürfnisse". Die Facette der Mobbinghandlungen jeder Kategorie würde indirekt bzw. sekundär eine verminderte oder unmögliche Erfüllung der „Bedürfnisse nach Selbstverwirklichung" erzeugen.

Eine weitere heuristische Möglichkeit wäre es, statt von personalen Bedürfnissen auszugehen, die situativen Bedingungen zu betonen und beispielsweise mit dem Konzept der 16 HERZBERGschen Motivatoren und Hygiene-Faktoren zu verbinden. Dieses betriebswirtschaftlich genährte Konzept würde Mobbinghandlungen danach strukturieren, in welchen situativen Feldern die schikanösen Benachteiligungen stattfinden. Demnach gäbe es Angriffe auf die Motivatoren, wie Vorwärtskommen, Leistungserfolg, Arbeitsinhalt, Anerkennung, Verantwortungsübertragung und Entfaltungsmöglichkeiten, sowie Angriffe auf die situativen Felder der Hygiene-Faktoren, wie Entgelt, interpersonelle Beziehungen zu Kollegen/Vorgesetzten/Untergebenen, Führungsstil oder -technik, Führungspolitik und Personalleitung, Arbeitsplatzsicherheit, Status(-symbole), Arbeitsbedingungen und soziales Umfeld (Privatleben) (NEUBERGER 1999).

Aus dem angelsächsischen Raum erhält man eine andere, personalwirtschaftlich orientierte Einteilung der Mobbinghandlungen bei BASSMAN (1992, S. 7ff), die sich vor allem auf Elemente fehlerhaften

Managements und Führungsverhaltens fokussiert und insgesamt neun Gruppierungen bildet (alle aus dem Englischen übersetzt, der Verfasser):

1. **Disrespect and devaluing the individual**
   (Herabwürdigung und Entwertung der Person)
2. **Overwork and devaluation of personal life**
   (Arbeitsüberlastung und Entwertung des Privatlebens)
3. **Harassment through micromanagement**
   (Schikane durch Pedanterie)
4. **Overevaluation and manipulating information**
   (inadäquate (Über-)Bewertung von Mitarbeitern und Manipulation von Informationen)
5. **Management by threat and intimidation**
   (mit Drohung und Einschüchterung führen)
6. **Stealing credit and taking unfair advantage**
   (sich mit fremden Federn schmücken und unfair bevorteilen)
7. **Preventing access to opportunities**
   (Wahrnehmung von Chancen verweigern)
8. **Downgrading an employee's capabilities to justify downsizing**
   (die Fähigkeiten einer Arbeitskraft 'runtermachen', um deren Entlassung zu rechtfertigen)
9. **Impulsive and destructive behavior**
   (impulsives und destruktives Verhalten).

NEUBERGER (1999, S. 19) unterteilt die Mobbinghandlungen weiterhin nach den Angriffsbereichen, auf die sie zielen:

1. **personal:** *Entwertung* (Herabwürdigung, Ver- und Missachtung, Desorganisation),
2. **interpersonal:** *Ausgrenzung* (Ausschluss, Ausstoßung, Isolation, Verfeindung),
3. **apersonal:** *Zerstörung* (oder Entzug) der Arbeitsgrundlagen (ziellos, sinnlos, erfolglos, wertlos und unter unzumutbaren Bedingungen arbeiten müssen).

In den empirischen Studien treten am häufigsten indirekte Aggressionen und subtile Feindseligkeiten auf, die sich im allgemeinen als verbale oder nonverbale Kommunikationsakte äußern. Von den Betroffenen werden diese Mobbinghandlungen als verletzend empfunden, da sie selbstwertmindernd, ausgrenzend oder imageschädigend wirken. Gegenüber Dritten besteht oft das Problem, diese Akte aufgrund ihrer inhaltlichen Nähe zu alltäglichen Vorkommnissen als „vollwertige" Mobbinghandlungen darzustellen. Jüngste Studien zeigen, entsprechend der Annahme im Prozessmodell von BJÖRKQVIST (1992), dass in den verschiedenen Mobbingphasen unterschiedliche Mobbingaktivitäten aus dem angereicherten Pool gewählt werden. Dies zeigt ebenfalls eine Parallele zum Eskalationsmodell von GLASL (1980), in dem von Stufe zu Stufe die „Qualität" und der Inhalt der Konflikthandlungen variiert.

C. 2 Empirische Ergebnisse von Forschungsarbeiten

Empirische Untersuchungen zum Phänomen Mobbing am Arbeitsplatz basieren zumeist auf einer Definition des Begriffs, nach der die Antworten der Probanden aus dem Sample hinsichtlich des Vorliegens oder Nicht-Vorliegens des Untersuchungsgegenstandes eingeschätzt werden. NEUBERGER (1999, S. 38) verweist hier auf den Umstand, dass Mobbing weniger als „Ja-Nein-Angelegenheit", sondern vielmehr als Kontinuum angenommen werden sollte. So zeigt sich unter anderem in der Krankenhausstudie von NIEDL (1995b, S. 121), dass der Unterschied zwischen Gemobbten und Nichtgemobbten nicht so deutlich wie erwartet ausfällt. Nichtgemobbte berichten immerhin durchschnittlich 5,5 Mobbinghandlungen in den letzten 12 Monaten, während die Gemobbten insgesamt 14,9 verschiedene Handlungen aus dem Mobbing-Pool erlebten. Alternativ könnten zwischen den Extrempolen „kein Mobbing" und „extremes Mobbing" Grade der Mobbing-Intensitäten definiert werden, die sich aus Kombinationen von Inhalten, Schweregraden, Häufigkeiten und Dauerangaben zusammensetzen (NEUBERGER 1999,

S. 38). LEYMANN (1993a; 1993b) als Vertreter der Ja-Nein-Definitionsstrategie grenzt das Vorliegen von Mobbing durch drei Kriterien exakt ab: Qualität der Handlungen (mindestens eine aus den vorgegebenen 45 des LIPT), Dauer (mindestens 6 Monate) und Häufigkeit (mindestens einmal wöchentlich).

Während in den ersten Jahren der Mobbingforschung überwiegend qualitative Verfahren in Form von explorativen Interviews verwendet wurden, wurden diese später zumeist in Kombination und dann gänzlich von Fragebogenverfahren als quantitatives Verfahren abgelöst. Diese Entwicklung wird angesichts der Komplexität des Themas und des noch vorherrschenden Theoriedefizits kritisiert (NIEDL 1995b, S. 170). Als Fragebogen dominiert der „Leymann Inventory of Psychological Terror (LIPT)" (LEYMANN 1993c) sowie dessen abgeänderte Varianten (z.b. HJELT-BÄCK 1992) die standardisierten Instrumente. Wie bereits angedeutet, ist der theoretische Rahmen des LIPT jedoch wenig ausgearbeitet: Insbesondere NEUBERGER (1999, S. 25-44) hat LEYMANNs Erhebungsmethode systematische Schwächen nachgewiesen; NIEDL (1995b, S. 85ff) zeigt, dass der LIPT durch statistische Methoden unbegründet ist. Allgemein bemängeln viele (theoretische) Wissenschaftler (NEUBERGER 1994; 1999) die Anwendung retrospektiver Querschnittsuntersuchungen und fordern den häufigeren Einsatz von langfristigen, prospektiven Längsschnittuntersuchungen, bei denen nicht posthum ein Geschehen aufbereitet wird, sondern der Prozess des Untersuchungsgegenstandes von Beginn bis zum Ende begleitet wird, und damit kausale Zusammenhänge objektiv durch Dritte beurteilt werden können. Zur Umsetzung in die Praxis scheint diese Forderung aber wenig geeignet, da ein Mobbingprozess als solcher erst in den späten Phasen bzw. nach Ablauf einer bestimmten Periode von alltäglichen Konflikten differenziert werden kann (NIEDL 1995b).

Erstmals liegen mit „Der Mobbing-Report" von MESCHKUTAT et al. (2002) Ergebnisse einer repräsentativen Studie zum Phänomen Mobbing am Arbeitsplatz für die Bundesrepublik Deutschland vor. Analysiert wurden sowohl Daten zum Ausmaß als auch zur Struktur von Mobbingfällen. Wie erwähnt, stammten bislang die meisten repräsentativen Erhebungen aus dem skandinavischen Raum, während für den deutschsprachigen Raum mit NIEDL (1995b) lediglich eine repräsentative Forschungsarbeit ermittelt werden konnte. In all den Jahrzehnten konnte die deutsche Mobbingforschung über die Mobbing-Problematik in der Bundesrepublik nur Vermutungen anstellen und übertrug die schwedischen oder österreichischen Ergebnisse auf Organisationen und Unternehmen hierzulande, obwohl häufig auf kulturabhängige Differenzen im Mobbing und damit verbundene Unzulänglichkeiten hingewiesen wurde (NIEDL 1995b, S. 98; ZAPF 1999, S. 10). Dem aktuellen, geänderten Stand Rechung tragend, werden in diesem Kapitel die bisherigen internationalen Mobbing-Ergebnisse mit den Resultaten von MESCHKUTAT et al. (2002) für die Bundesrepublik Deutschland in Zusammenhang gestellt. Dabei wird der Schwerpunkt der Darstellung auf der aktuellen deutschen Repräsentativstudie liegen. Ein direkter Vergleich einzelner Resultate gestaltet sich aufgrund der als Basis dienenden uneinheitlichen Mobbingdefinitionen jedoch schwierig.

MESCHKUTAT et al. (a.a.O.) wählten für ihre Untersuchung ein zweistufiges Forschungsdesign mit einer Kombination aus qualitativer und quantitativer Methodik. In der ersten Stufe wurde durch eine Repräsentativerhebung u.a. festgestellt, wie hoch der aktuelle Mobbinganteil unter den Beschäftigten in der BRD ist. Diese telefonische Befragung fand in der Zeit von November 2000 bis Januar 2001 statt, wobei insgesamt 4396 Interviews realisiert wurden. Die ermittelten 535 Mobbingbetroffenen mussten mit einem personenbezogenen Faktor gewichtet werden, so dass die Zahl der Mobbingfälle auf 495 Einheiten zurückfällt. Die zweite Befragungsstufe wurde so konzipiert, dass vertiefende Erkenntnisse über den Mobbingprozess und strukturelle, betriebliche und soziale Zusammenhänge gewonnen werden konnten. Dazu nutzte man einen standardisierten Fragebogen, von dem den Forschern bis zum August 2001 insgesamt 1317 empirisch verwertbare Exemplare zugingen (a.a.O., S. 9ff).

C. 2.1 Verbreitung von Mobbing

Die telefonische Befragung basiert auf der Mobbingdefinition von MESCHKUTAT et al. (2002, S. 19): *„Unter Mobbing ist zu verstehen, dass jemand am Arbeitsplatz häufig über einen längeren Zeitraum schikaniert, drangsaliert oder benachteiligt und ausgegrenzt wird. – Sind Sie derzeit oder waren Sie schon einmal in diesem Sinne von Mobbing betroffen?"* Die Untersuchung ergibt Ende 2000 eine aktuelle Mobbingquote in der erwerbstätigen Bevölkerung von 2,7%. MESCHKUTAT et al. (a.a.O., S. 24) rechnen hoch, dass bei einer Gesamtzahl von 38,988 Millionen Erwerbstätigen in der BRD (Stand Dezember 2000; Quelle: Statistisches Bundesamt, Wiesbaden) sich damit eine absolute Zahl von 1,053 Millionen Mobbingbetroffenen ergibt. Für 2000 kann ermittelt werden, dass insgesamt 5,5% der erwerbstätigen Bevölkerung im Laufe des gesamten Jahres von Mobbing betroffen waren. Werden zur aktuellen Mobbingquote von 2,7% auch die Befragten hinzugezählt, die in der Vergangenheit am Arbeitsplatz gemobbt wurden, so resultiert eine gesamte Mobbingbetroffenheitsquote der erwerbsfähigen Bevölkerung von 11,3%.

Gemessen an den bisherigen Resultaten der europäischen Mobbingforschung ist die Mobbingquote von 2,7% bzw. 5,5% weder auffällig hoch noch besonders niedrig. Andere Wissenschaftler ermittelten ausgehend von eigenen Definitionen und mittels anderer Fragebögen ein Ausmaß der Mobbingbetroffenheit in der Population von 1,0 bis 16,9% (NIEDL 1995b, S. 45). Besonders hohe Werte lieferten nicht repräsentative Untersuchungen, die Mobbing in bestimmten Organisationen (Krankenhaus, Gesundheits- und Behinderteneinrichtungen etc.) erhoben. Eine für unselbständig Erwerbstätige repräsentative landesweite Befragung im Jahr 1990, die LEYMANN (1993b, S. 84ff) in Schweden durchführte, ergab, dass sich 3,5% der Probanden in einer Mobbingphase befanden. Die durchschnittliche Expositionszeit in der landesweiten Befragung betrug 1 - 1,25 Jahre. Bei Annahme einer mittleren Lebensarbeitszeit von 30 Jahren berechnete LEYMANN ein Expositionsrisiko von 1:4: *„Jede vierte Person dürfte somit Gefahr laufen, zumindest einmal während ihres Berufslebens ein halbes Jahr lang ein Mobbingopfer zu sein"* (LEYMANN 1993a, S. 274).

C. 2.2 Mobbingrisiko

Durch Studien, die sich ausschließlich auf ausgewählte Arbeitsbereiche (z.B. Krankenhäuser), spektakuläre Fälle (z.B. Polizistinnen) oder Branchen (z.B. Gesundheits- und Sozialwesen) konzentrierten, entwickelte sich der Eindruck, dass einige Berufsgruppen und Branchen von Mobbing besonders stark betroffen sind. Von besonderem Interesse ist deshalb die Verteilung des Mobbingrisikos nach diesen beiden Ordnungskriterien. MESCHKUTAT et al. (2002, S. 29) entwickelten den „Mobbing-Risiko-Faktor (MRF)", der sich als Quotient ermittelt:

$$MRF = \frac{\text{Anteil der Mobbingfälle einer Berufsgruppe/Branche an der Gesamtheit der Mobbingfälle}}{\text{Anteil der Beschäftigten einer Berufsgruppe/Branche an allen Erwerbstätigen laut Mikrozensus (1998)}}$$

C. 2.2.1 Berufsgruppen

Das größte Mobbingrisiko mit einem MRF von 2,8 tragen die sozialen Berufe, wie Sozialarbeiter, Erzieher etc. Exakt doppelt so hoch wie der Durchschnitt ist das Mobbingrisiko von Verkaufspersonal, Fachleuten aus Banken, Bausparkassen und Versicherungen; mit einem MRF von 1,8 ist das Risiko bei Technikern ähnlich. Bei erstgenannten dürfte insbesondere der hohe Arbeitsdruck (Vertriebsaspekt und Eigenverantwortlichkeit) eine bedeutende Rolle spielen. Die übrigen Gesundheitsberufe (MRF=1,6) sind ebenfalls überdurchschnittlich betroffen. Unterdurchschnittliche Mobbingrisiken fanden MESCHKUTAT et al. (a.a.O., S. 32) bei Groß- und Einzelhandelskaufleuten, Ein- und Verkaufsfachleuten (0,5),

Reinigungs- und Entsorgungsberufen (0,5), Berufen des Landverkehrs (0,3) und landwirtschaftlichen Berufen (0,1).
LEYMANN (1993b, S. 86) konnte in seiner Studie keine signifikanten Unterschiede feststellen. Im Vergleich zur Sampleverteilung zeigten sich in Berufen der Verwaltung (etwa 1:1,5), Dienstleistung, Ausbildung/Information erhöhte Betroffenheitswerte; in den Funktionen Marketing, Produktion, Pflege und Forschung/Konstruktion war dieser Anteil geringer. In einigen nicht repräsentativen skandinavischen Untersuchungen und in NIEDLs (1995b) Studie zeigte sich eine besonders hohe Verbreitung von Mobbing bei sozialen Berufen, Berufen aus dem Gesundheitswesen und Universitätsangestellten (zwischen 8,4% bis 16,9%).

C. 2.2.2 Branchen

Ein 2,2-faches Mobbingrisiko als der Durchschnitt aller Branchen weist das Verlagsgewerbe, Druckgewerbe, Vervielfältigung von bespielten Ton-, Bild- und Datenträgern auf. Erhöhte Werte wurden auch beim Holzgewerbe (2,1), Kreditgewerbe (2,0), Herstellung von Geräten der Elektrizitätserzeugung und -verteilung (1,8) sowie beim Gesundheits-, Veterinär- und Sozialwesen (1,4) ermittelt. Unterdurchschnittliches Risiko, von Mobbing betroffen zu sein, entfällt auf den Einzelhandel (0,8) sowie die Landwirtschaft und gewerbliche Jagd (0,6). Ein Vergleich der Risikofaktoren von Berufsgruppen und Branchen zeigt nur teilweise Parallelen, was darauf zurückzuführen ist, dass Berufe bestimmter Branchen stark ausdifferenziert sind, und so resultierende geringe Fallzahlen einer Berufsgruppe auf den MRF der Branche wenig Auswirkung haben (MESCHKUTAT et al. 2002, S. 35).

EINARSEN/RAKNES (1991, S. 51, S. 103) fanden für Norwegen keine signifikanten Unterschiede bezüglich einer verschiedenen Mobbingbetroffenheit zwischen öffentlichem und privatem Sektor; LEYMANN (1993b, S. 86) ermittelte hingegen höhere Zahlen für öffentliche Behörden und multinationale Konzerne. Einige Studien (NIEDL 1995b; VARTIA 1996; PAPAIOANNOU/SJÖBLOM 1992, S. 17) berichten hohe Zahlen im Gesundheits- und Pflegebereich. Weiters fand LEYMANN (1993b, S. 86) eine Überrepräsentation für das Bildungswesen; Produktion und Handel waren hingegen unterrepräsentiert. Die überwiegende Zahl der Studien kommt zum Resultat, dass Mobbing im Produktionsbereich seltener vorkommt und eher ein Problem der Angestellten, Beamten und Führungskräfte ist (ZAPF 1999, S. 9). Im schwedischen öffentlichen Dienst war die Mobbingrate etwa ein Prozent höher als der Durchschnitt von 3,5% (LEYMANN 1993a). Auch EINARSEN/SKOGSTAD (1996) fanden für wöchentliches Mobbing überdurchschnittlich hohe Mobbingraten bei Angestellten (3,9%). Bestätigende Aussagen zur Branchen-Betroffenheit bietet ZAPF (1999, S. 9), der die Gießener, Bielefelder, Konstanzer und DAG-Studie zusammenfasst. Relativ einheitlich zeigt sich eine deutliche Überrepräsentation von Mobbingopfern im Gesundheits- (im Verhältnis 7:1), im Erziehungsbereich (3:1), in der öffentlichen Verwaltung (3,5:1) sowie im Kreditgewerbe. Geringe Werte verzeichnet ZAPF u.a. im Bereich Verkehr und Handel, Gaststättengewerbe, im Baugewerbe sowie in der Landwirtschaft.

C. 2.2.3 Betriebsgrößenklassen

Die Auswertung von MESCHKUTAT et al. (2002, S. 25) erbrachte keinerlei statistische Signifikanzen hinsichtlich der Verteilung der Mobbingbetroffenheit auf die verschiedenen Betriebsgrößenklassen. Das Vorkommen von Mobbing zieht sich quer durch alle Betriebsgrößen – von kleinen Unternehmen mit bis zu zwanzig Beschäftigten bis hin zu Großunternehmen mit mehr als 500 Beschäftigten. Dennoch zeigte sich für beispielsweise landwirtschaftliche Berufe, in denen die Betriebsgrößen häufiger als der Durchschnitt klein sind (Familienbetriebe) und sich der berufliche Alltag als „singuläres" Arbeiten darstellt (Winzer, Landwirte), der niedrigste Mobbing-Risiko-Faktor der gesamten Untersuchung mit 0,1.
Andere empirische Untersuchungen, die sich mit dem Zusammenhang von Mobbing und Betriebsgrößenklassen beschäftigen, sind dem Verfasser nicht bekannt.

C. 2.3 Auftretenshäufigkeit der Mobbinghandlungen

Allein das Vorkommen feindseliger Handlungen ist noch kein Beweis für das Vorliegen eines Mobbingfalls. Schikanöse Übergriffe werden erst dann zu Mobbing, wenn sie regelmäßig auftreten und über einen längeren Zeitraum vorkommen (siehe Kapitel B. 2.1).

Abbildung 3: Häufigkeit der Mobbinghandlungen (MESCHKUTAT et al. 2002, S. 49)

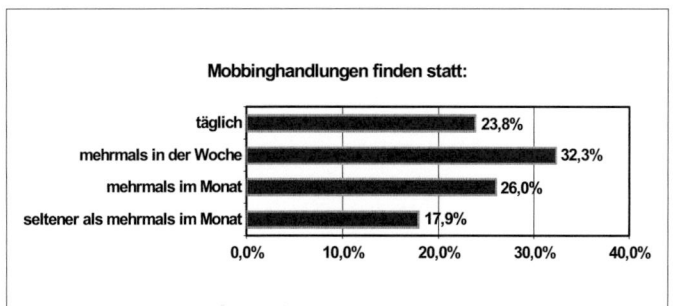

Abbildung 3 zeigt, dass annähernd jeder vierte Betroffene täglich und knapp jeder Dritte mehrmals in der Woche gemobbt wird. In Konsequenz bedeutet dies, dass in mehr als der Hälfte aller Mobbingfälle (56,1%) häufig bis sehr häufig eine der Mobbinghandlungen stattfindet. Betroffene, die täglich oder mehrmals in der Woche Mobbing ausgesetzt sind, erleben überdurchschnittlich die gesamte Bandbreite aller Mobbinghandlungen (MESCHKUTAT et al. 2002, S. 50). Beschäftigte mit dem Status des Beamten oder mit beruflicher Tätigkeit auf hohem Niveau sehen sich stärker mit „seltener als mehrmals im Monat" stattfindenden Mobbingaktivitäten konfrontiert (a.a.O., S. 60ff).

Vergleichende Aussagen mit anderen Studien sind kaum möglich, da sie nur den Anteil an der Gesamtpopulation angeben. Bei der repräsentativen Erhebung LEYMANNs (1991) ermittelte der Verfasser Häufigkeiten, die analog den Anteil am Mobbingbetroffenen-Sample wiedergeben: 16,5% täglich, 40,0% fast täglich und 53,5% wöchentlich mindestens eine Mobbinghandlung. Fälle mit lediglich mindestens einer wöchentlichen Schikane existieren demnach dreimal häufiger als jene des täglichen Mobbing und bilden in der schwedischen Repräsentativerhebung die relative Mehrheit (Daten der LEYMANN-Studie aus: NEUBERGER 1999, S. 70). Absolut gemessen treten feindselige Handlungen jedoch mehrheitlich in hochfrequenter Häufigkeit auf.

C. 2.4 Auftretensdauer des Mobbingprozesses

Die Dauer der Handlungen zu bestimmen gestaltet sich problematisch, da es aufgrund des teilweise sehr subtilen Mobbingprozesses schwierig ist, den exakten Beginn dieses Prozesses festzustellen (NIEDL 1995b, S. 47). Im Durchschnitt beträgt der Zeitraum, in dem Gemobbte einer oder mehrerer Mobbinghandlungen ausgesetzt waren, bei den abgeschlossenen Fällen 16,4 Monate.

Abbildung 4: Dauer des Mobbingprozesses (MESCHKUTAT et al. 2002, S. 52)

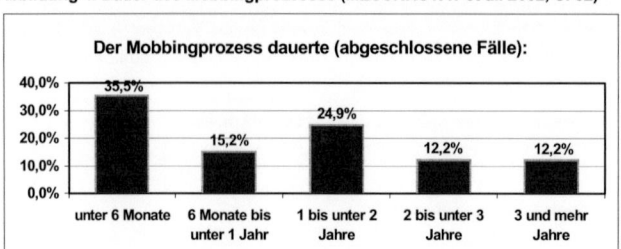

Relativ betrachtet, ist somit die Gruppe der Personen (35,5%), die „nur" sechs Monate mit Mobbinghandlungen konfrontiert waren, die größte. Unter einem Jahr dauern mehr als die Hälfte (50,7%) aller Mobbingprozesse. Demnach ist eine typische Mobbingdauer kürzer als 12 Monate. Allerdings befindet sich fast jeder Achte (12,2%) auch nach über 3 Jahren noch im Mobbingzustand (Abbildung 4). Bei einer kürzeren Mobbingdauer (unter 6 Monate, 6 Monate bis unter 1 Jahr) dominieren vor allem Mobbinghandlungen mit arbeitsbezogenem Kontext: Falsche Bewertung und ungerechte Kritik an der Arbeit, Behindern der Arbeit, Verweigerung wichtiger Informationen etc.; unterdurchschnittlich ist die Kommunikationsebene (Sticheleien, Beleidigungen, Gerüchte) betroffen. Bei der Gruppe, die drei Jahre und mehr Mobbing erlebt, spielen sich feindselige Handlungen überdurchschnittlich auf der kommunikativen Ebene ab (MESCHKUTAT et al. 2002, S. 57). Hinsichtlich der Anzahl der Mobber finden sich große Gruppen mit sechs und mehr attackierenden Personen am stärksten in Prozessen, die drei Jahre und länger andauern. Einzelmobber konzentrieren sich vor allem im Rahmen kürzerer Prozesse (unter 6 Monate, 6 Monate bis unter 1 Jahr) auf systematische Schikanen (a.a.O., S. 58ff).

Vergleichende Aussagen mit anderen Erhebungen sind auch hier schwerlich möglich, da sie ebenfalls nur den Anteil an der Gesamtpopulation und nicht den Anteil an den Mobbingbetroffenen ausweisen. LEYMANN (1993b, S. 84ff) ermittelte in seiner Repräsentativstudie eine „durchschnittliche Belastungszeit" von 1,0 bis 1,25 Jahren. Für die verschiedenen Belastungszeiträume berechnete der Verfasser folgende Verteilungen in der schwedischen Erhebung: Einer kürzeren Mobbingdauer war mit 18,8% (6 Monate bis unter 1 Jahr) und 22,4% (1 bis unter 2 Jahre) weniger als jeder zweite Betroffene ausgesetzt, fast ein Drittel (31,8%) mussten 2 bis 5 Jahre und 27,0% mehr als 5 Jahre unter Mobbing leiden. Insgesamt scheint im Gegensatz zu MESCHKUTATs Studie ein Übergewicht vor allem längerer Mobbingdauern (mehr als 2 Jahre) charakteristisch. NIEDL (1995b, S. 116ff) verglich die Auftretensdauer von Mobbinghandlungen zwischen den Gruppen „Gemobbte" und „Nichtgemobbte", dabei ergaben sich hochsignifikante Unterschiede für Mobbinghandlungen aus den Kategorien Kritik, Sanktionen und Ausgrenzung. Ein hoher Anteil aus dem Pool aller Mobbinghandlungen stellte sich als langandauernde Belastung (über 5 Jahre, 2 bis 5 Jahre) dar, dabei insbesondere kommunikative Feindseligkeiten gefolgt von Sanktionen (a.a.O., S. 113).

C. 2.5 Inhalt der Mobbinghandlungen

Bei der Auswertung der genannten Handlungen lassen sich folgende Inhalte erkennen: Mit dem Verbreiten von „Gerüchten, Unwahrheiten" (61,8%) wird am häufigsten eine Mobbinghandlung genannt, die negative Konsequenzen für das soziale Ansehen einer Person hat. An zweitem Rang ist die Mobbinghandlung „falsche Bewertung der Arbeitsleistung" (57,2%) zu finden, welche die Arbeit im engeren Sinne betrifft und die Kompetenzen und Fähigkeiten sowie die Leistungs- und Einsatzbereitschaft des Betroffenen in Frage stellt. Mit 55,9% sehen sich am dritthäufigsten Mobbingbetroffene Angriffen durch häufige Sticheleien und Hänseleien ausgesetzt. Im unmittelbaren Arbeitskontext stehen auch Mobbingaktivitäten wie: Vorenthaltung von Informationen (51,9%), Kritik an der Arbeit (48,1%), jemanden als unfähig darstellen (38,1%), Hindernisse bei Arbeitsdurchführung (26,5%) sowie Arbeitsentzug (18,1%) (Abbildung 5). Damit ergeben sich negative Konsequenzen nicht nur für das fachliche, sondern auch für das soziale Ansehen einer Person. Soziale Isolation und Ausgrenzung erfolgen bei den bereits aufgeführten Mobbinghandlungen eher subtil bzw. indirekt als Nachwirkungen. Die beruflich wenig etablierte Gruppe der unter 25-Jährigen wird überdurchschnittlich fachlich diskreditiert (falsche Bewertung der Arbeitsleistung, Kritik an der Arbeit, als unfähig dargestellt), während die Gruppe der älteren Arbeitnehmer (55 Jahre und älter) insbesondere durch Arbeitsentzug schikaniert wird (MESCHKUTAT et al. 2002, S. 42ff).

Abbildung 5: Inhalte der Mobbinghandlungen gestaffelt nach Häufigkeit des Auftretens (MESCHKUTAT et al. 2002, S. 39)

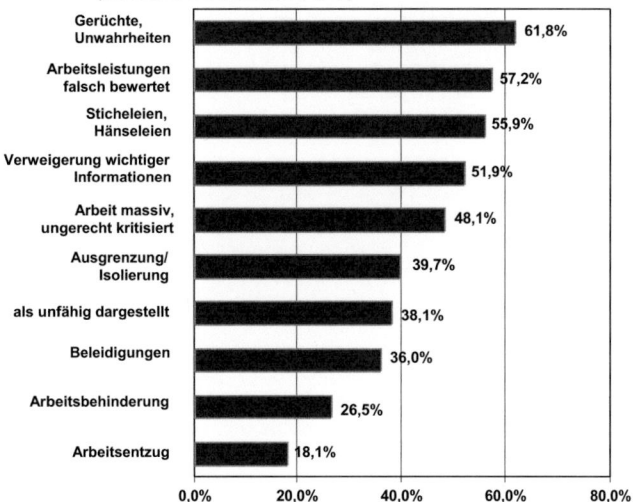

LEYMANN/TALLGRENs (1990, S. 11) Auswertungen zufolge gibt es bei der Wahl der Mobbinghandlungen geschlechtsspezifische Unterschiede. Demnach bevorzugen Männer mehr Aktivitäten der Isolation und ziehen damit „psychologisch gesehen, passive Handlungen vor, sie werden weniger oft gehässig. Frauen bevorzugen aktive Handlungen, die das Ansehen verletzen" wie beispielsweise üble Nachrede, Spott etc. (LEYMANN 1993b, S. 89). BJÖRKQVIST (1992, S. 16) spricht von der Strategie „sozialer Manipulation" bei Frauen und der „rationalen Strategie" bei Männern.

Bei NIEDL (1995b, S. 113ff) wurden die Betroffenen überdurchschnittlich durch Mobbinghandlungen aus dem Bereich der Kommunikation, des sozialen Ansehens, der Desinformation und durch Sanktionen belastet. Die Mehrzahl der Ergebnisse anderer Studien (EINARSEN/RAKNES 1991, S. 46; VARTIA 1991, S. 132; BJÖRKQVIST 1992, S. 15; DICK/DULZ 1994, S. 4) unterstützen die Aussagen der deutschsprachigen Forschungen. In Bezug auf die Inhalte der wahrgenommenen Feindseligkeiten belegen vorwiegend Akte indirekter Aggressionen den vorderen Rang. Formen direkter Aggression wie beispielsweise Androhung von Gewalt, physische Misshandlungen, Verpassen eines „Denkzettels" etc., wenngleich vorhanden, spielen eine untergeordnete Rolle. Feindselige Verhaltensweisen, deren Inhalte sich auf bestimmte gesellschaftliche Gruppen beziehen (z.B. rassistische Bemerkungen, sexuelle Belästigungen), wurden nur zu einem geringen Anteil von den Befragten angegeben (EINAR-SEN/RAKNES 1991).

C. 2.6 Soziodemographische Merkmale der Mobbing-Beteiligten

C. 2.6.1 Geschlecht und Alter

(a) Mobbingbetroffene

Abbildung 6: Mobbingquote differenziert nach Geschlecht (MESCHKUTAT et al. 2002, S. 26)

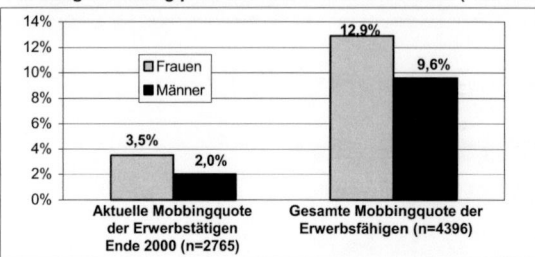

Hinsichtlich des **Geschlechts** ist das aktuelle Mobbingrisiko von erwerbstätigen Frauen mit 3,5% um 75% höher als das von erwerbstätigen Männern. Für die Bevölkerung im erwerbsfähigen Alter ergibt sich für das gesamte Jahr 2000 mit einer Betroffenheitsquote von 12,9% der Frauen gegenüber 9,6% der Männer ein ähnliches Verhältnis (Abbildung 6). Für Frauen im Alter von 15 bis 65 Jahren zeigt sich somit ein um 34% höheres Gesamtrisiko, im Beruf unter Mobbing zu leiden.

Die überwiegende Mehrzahl der skandinavischen Untersuchungen (EINARSEN/RAKNES 1991; PAPAIOANNOU/SJÖBLOM 1992; VARTIA 1991; LEYMANN 1991) sieht hinsichtlich der Mobbingbetroffenheit keinen signifikanten Unterschied zwischen Männern und Frauen. Trotz widersprüchlicher Aussagen (die eine erhöhte Betroffenheit unter Frauen postulieren) in zahlreichen Publikationen, sind bis jetzt vorliegende wissenschaftliche Erhebungen von einer vergleichbaren Betroffenheitsquote beider Geschlechter ausgegangen (NIEDL 1995b, S. 47). Die neue Repräsentativstudie von MESCHKUTAT et al. (2002, S. 26) stützt allerdings die Vermutung eines signifikanten Geschlechterunterschiedes.

Abbildung 7: Mobbingquote differenziert nach Alter (MESCHKUTAT et al. 2002, S. 28)

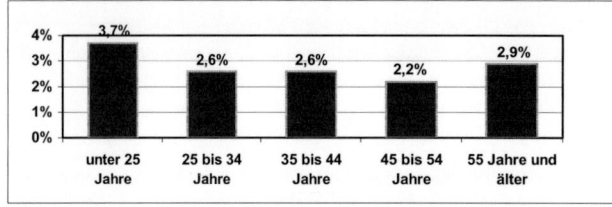

Beim **Alter** sind von erhöhtem Mobbingrisiko mit 3,7% gegenüber dem Durchschnitt von 2,7% vor allem die unter 25-Jährigen betroffen, die geringste Quote findet sich in der Altersgruppe 45 bis 54 Jahre (2,2%) (Abbildung 7).

Während BJÖRKQVIST (1992, S. 15) und LEYMANN (1991: zitiert in NIEDL 1995b, S. 47) von nicht signifikanten Unterschieden bezüglich der Betroffenheit der Altersgruppen berichten, konnten EINARSEN/RAKNES (1991, S. 49ff) einen signifikanten Zusammenhang zwischen steigendem Alter und erhöhter Mobbingbetroffenheit konstatieren. Mehrheitlich ermittelte die wissenschaftliche Forschung keinen bedeutenden oder einheitlichen Kontext (NIEDL 1995b) zwischen Alter und Mobbingrisiko.

(b) Mobbingtäter

In 59,3% der Fälle wurden die Betroffenen hauptsächlich vom **Geschlecht** „Mann" gemobbt, und in 40,7% war hauptsächlich eine Frau als Täterin identifizierbar (MESCHKUTAT et al. 2002, S. 69).

Tabelle 1: Geschlechterverteilung von Tätern und Opfern beim Mobbing (nach MESCHKUTAT et al. 2002, S. 69)

Mobbingtäter	Mobbingbetroffene	
	Männer	Frauen
Männer	81,7%	42,9%
Frauen	18,3%	57,1%

Für Männer ist die Wahrscheinlichkeit annähernd fünf mal so groß, von einem männlichen Hauptmobber (81,7%) attackiert zu werden als von einem weiblichen „Hauptmobber" (18,3%). Für Frauen besteht ein etwas größeres Risiko, von Frauen angegriffen zu werden (57,1%) als von einem Mann (42,9%) (Tabelle 1).

Auch LEYMANN (1993b, S. 87) fand in seiner Repräsentativstudie, dass tendenziell Männer insbesondere durch Männer gefährdet sind, Frauen aber durch Frauen und Männer. NIEDL (1995b, S. 109) berichtet für die Untersuchungseinheit Krankenhaus, dass insbesondere Männer und Frauen eine Tätergemeinschaft bildeten (60,5%), wohingegen im Forschungsinstitut vor allem männliche Beschäftigte (72,7%) als Widersacher wahrgenommen wurden. Die Datenbasis hinsichtlich der Geschlechterrolle der am Mobbingprozess Beteiligten ist quantitativ eingeschränkt, und zudem sind einige Ergebnisse widersprüchlich. So fanden BJÖRKQVIST et al. (1994, S. 7) und LEYMANN/TALLGREN (1990, S. 16) in ihren Erhebungen keine signifikanten Belege für einen Zusammenhang zwischen den Geschlechtern der Mobbingtäter und -betroffenen.

Abbildung 8: Anteil der Mobber-Altersgruppen an Gesamtheit der Mobber (nach MESCHKUTAT et al. 2002, S. 71)

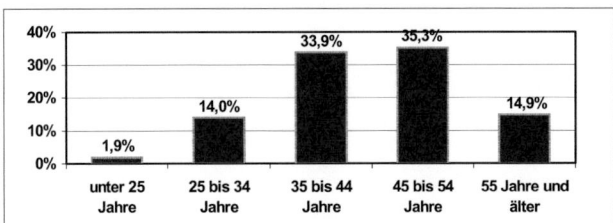

Abbildung 8 zum **Alter** zeigt, dass Mobbing in deutlich geringerem Maße von den jüngeren Beschäftigten (1,9% und 14,0%) und der ältesten Altersgruppe (14,9%) ausgeht. Die Mehrheit der Mobbingakteure stellen die mittleren Altersgruppen: In mehr als zwei Drittel aller Fälle lag das Alter zwischen 35 und 44 Jahren (33,9%) bzw. 45 und 54 Jahren (35,3%). Jede Altersgruppe weist tendenziell ein relativ hohes Risiko auf, durch gleichaltrige oder im Vergleich ältere Beschäftigte angegriffen zu werden.

Mangels weiterer Ergebnisse in der wissenschaftlichen Literatur zum Alter der Mobbingtäter kann der Verfasser keine vergleichende Aussage treffen. Allerdings dürften sich nicht entgegengesetzt andere Werte zeigen, da Mobbing häufig unter Ausnutzung von Machtasymmetrien stattfindet, die überwiegend nur für im Unternehmen etablierte, nicht jüngere Beschäftigte nutzbar sind.

C. 2.6.2 Hierarchische Position

Systematische Feindseligkeiten können potentiell von allen Hierarchieebenen ausgehen und auch jede der Hierarchieebenen treffen (siehe Kapitel C. 1.1). Fast alle vorliegenden Stichproben aus dem deutschsprachigen Raum (KNORZ/ZAPF 1996; ZAPF et al. 1996; NIEDL 1995b) vermuten, dass Mobbing in hohem Maße durch Vorgesetzte erfolgt oder dass Vorgesetzte gemeinsam mit anderen Organisationsmitgliedern, z.B. Kollegen der Betroffenen, beteiligt sind (MESCHKUTAT et al. 2002, S. 64).

(a) **Mobbingbetroffene**
Zum Mobbingrisiko in Abhängigkeit von der hierarchischen Position des Mobbingbetroffenen machen MESCHKUTAT et al. (2002) keinerlei Angaben. Auch in allen anderen bekannten Forschungsarbeiten werden, nach Kenntnisstand des Verfassers, nur die hierarchischen Stufen der Mobbingtäter differenziert. Lediglich NIEDL (1995b, S. 111) unterscheidet in seinen beiden Samples die Position der Betroffenen nach Hierarchieebenen. Sowohl in der Untersuchungseinheit Krankenhaus als auch im Forschungsinstitut sind „Vorgesetzte" wesentlich seltener (Anteil an Mobbingbetroffenen unter 20%) dem Mobbing ausgesetzt als „kein Vorgesetzter" (Betroffenen-Anteil über 80%). Relativiert wird diese Aussage durch die absolut geringere Anzahl von Vorgesetzten in der Mitarbeiterschaft.

(b) **Mobbingtäter**
Abbildung 9 verdeutlicht, dass in etwas mehr als der Hälfte der Mobbingfälle (51,0%) systematische Schikanen ausschließlich von Vorgesetzten (38,2%) ausgehen bzw. unter ihrer Mitwirkung mit Kollegen (12,8%) stattfinden. Kumuliert man jedoch alle Mobbingfälle, in denen Kollegen allein agieren oder beteiligt sind, so erhält man eine Quote von 55,2%, die sogar geringfügig höher ist als die Quote mit Vorgesetztenbeteiligung. Das Risiko, von einem Vorgesetzten angegriffen zu werden, ist damit annähernd so groß, wie das Risiko, von Kollegen gemobbt zu werden. Ins Verhältnis gesetzt, dass die Anzahl der Vorgesetzten jedoch deutlich unter der der Kollegen anzusetzen ist, zeigt sich die enorme Brisanz dieses Ergebnisses. Bei der Wahl der Mobbinghandlungen wird deutlich, dass die Attacken der Vorgesetzten sich hauptsächlich auf die Arbeitsebene beziehen. Feindseligkeiten auf der sozialen Ebene gehen eher vom einzeln mobbenden Kollegen aus; Sticheleien und Hänseleien bzw. Beleidigungen bedienen sich hierarchisch niedriger gestellte Personen (MESCHKUTAT et al. 2002, S. 67).

Abbildung 9: Hierarchische Position der Mobber (bereinigt um Mehrfachnennungen)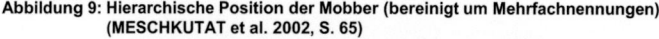
(MESCHKUTAT et al. 2002, S. 65)

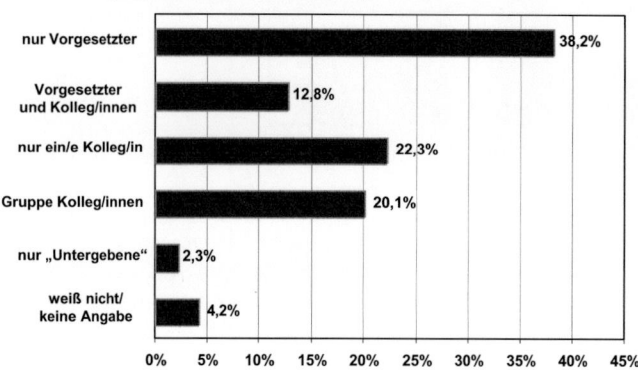

LEYMANNs (1991: zitiert in NIEDL 1995b, S. 112) Repräsentativstudie berichtet am häufigsten von Mobbing zwischen ranggleichen Kollegen (44,0%), in zweiter Linie geht Mobbing von Vorgesetzten (37,0%) aus, in 10% der Fälle von beiden Gruppen und selten (9,0%) von Untergebenen. Auch LEYMANN ermittelte also wie MESCHKUTAT et al. (2002) eine etwas höhere Wahrscheinlichkeit, von Kollegen (54,0%) attackiert zu werden als von Vorgesetzten (47,0%). Weitere in Skandinavien durchgeführte Erhebungen lassen ebenfalls den eindeutigen Trend erkennen, dass in erster Linie Kollegen derselben hierarchischen Stufe als Mobber wahrgenommen werden (LEYMANN/TALLGREN 1990, S. 15; VARTIA 1991, S. 133). Die Untersuchungsergebnisse von BJÖRKQVIST et al. (1994, S. 7), NIEDL (1995b, S. 111) und KNORZ/ZAPF (1995, S. 30) deuten jedoch daraufhin, dass Mobbing möglicherweise mehr von Vorgesetzten als von Kollegen betrieben wird. Die letztgenannten Forscher ermittelten für Mobbingfälle unter Beteiligung von Vorgesetzten sogar Ergebnisse von rund 74% bzw. 82%. Viele weitere Stichproben zeigen in über 50% der Fälle eine Beteiligung der Vorgesetzten am Mobbing (ZAPF 1999). In den Stichproben aus dem deutschsprachigen Raum „sind es sogar fast immer über 70% (da Mobbing teilweise durch Kollegen, Vorgesetzte oder Untergebene gleichzeitig erfolgt, ergeben sich in der Summe über 100%)" (a.a.O., S. 10). Vorgesetzte sind in diesen Studien genauso häufig beteiligt wie die Arbeitskollegen, obwohl sie zahlenmäßig weit weniger sind. Zusammenfassend kann aufgrund der Mehrheit der repräsentativen Belege festgestellt werden, dass tendenziell das Risiko geringfügig höher ist, von hierarchisch gleichrangigen Personen gemobbt zu werden. Vorgesetzte sind wegen ihrer geringen Organisationsmitglieder-Anzahl allerdings als Mobbingtäter überrepräsentiert.

C. 2.6.3 Status und Tätigkeitsniveau

Nach bisherigen Untersuchungen stellt sich Mobbing eher als Problem von Angestellten und Beamten dar und tritt im Produktionsbereich seltener auf (ZAPF 1999, S. 9). Bei MESCHKUTAT et al. (2002, S. 36) zeigt sich eine überraschend hohe Quote bei den Arbeitern (3,3%). Ein besonderes Risiko, von Mobbing betroffen zu sein, haben Auszubildende mit einer, als der Gesamtdurchschnitt deutlich höheren Quote von 4,4%. Diese Daten stützen die Beobachtung des Mobbingrisikos nach Alter, wonach die jüngste Altersgruppe die höchste Betroffenheitsquote aufweist. Bei einer langfristigen Betrachtung scheinen Angestellte und Beamte gefährdeter. MESCHKUTAT et al. (a.a.O., S. 37) vermuten für diese Entwicklung den Faktor, dass in der Vergangenheit für Angestellte und Beamte belastende Umstrukturierungen und Privatisierungen im öffentlichen Dienst durchgeführt wurden.

Differenziert nach niedrigem (z.B. einfacher Beamtendienst, einfache Beschäftigte mit Kurzzeitausbildung), mittlerem (z.B. mittlerer Beamtendienst, ausgebildete Fachkräfte) und hohem Tätigkeitsniveau (z.B. gehobener Beamtendienst, leitende Fach- und Führungskräfte) konnten MESCHKUTAT et al. (a.a.O.) keine Unterschiede im Mobbingrisiko ermitteln.

C. 2.7 Anzahl der Mobbing-Beteiligten

Nach MESCHKUTAT et al. (2002, S. 66) findet Mobbing, das lediglich von einer Einzelperson (nur Vorgesetzter, nur ein Kollege) ausgeht, mit 60,5% wesentlich häufiger als Mobbing durch Gruppen (Kollegen, Vorgesetzter und Kollegen) mit 32,9% statt (Abbildung 9; siehe Kapitel C. 2.6.2).

In der Mehrzahl aller schwedischen Studien stellte sich hingegen Mobbing als Gruppenphänomen dar: In erster Linie nannten die Befragten eine Anzahl von 2 bis 4 Personen, gefolgt von Einzelpersonen und einer größeren Gruppe von mehr als 4 Personen (LEYMANN/TALLGREN 1990, S. 19). Auch in LEYMANNs Repräsentativstudie werden Angreifer aus kleinen Gruppen von 2 bis 4 Personen (43%) am häufigsten genannt, gefolgt von einzelnen Personen (34,2%) (LEYMANN 1991: zitiert in NIEDL 1995b, S. 109). In der Untersuchung von KNORZ/ZAPF (1995, S. 30) geht in 62% der Fälle Mobbing von Gruppen mit 2 oder mehr Personen aus. Eine ganze Arbeitsgruppe ist nur in Ausnahmefällen beteiligt (LEYMANN 1993b, S. 88). Ähnliche Ergebnisse liefert NIEDLs (1995, S. 108) Erhebung im Krankenhaus: In der Mehrzahl tritt eine kleine Gruppe von 2 bis 4 Personen auf (52,4%), die ganze Abteilung allerdings nur in 3,7 % der Fälle. Eine andere Situation ergibt sich im Forschungsinstitut: Dort werden vor allem Einzelpersonen (54,5%) als Angreifer wahrgenommen. Im direkten Vergleich lassen die Daten keine durchgängigen Muster erkennen. Vielmehr liefern die Zahlen den empirischen Beleg, dass Mobbing nur bedingt als „Meuteverhalten" betrachtet werden kann und tendenziell Mobbing durch große Gruppen (gesamte Abteilung) eine geringere Bedeutung hat.

D.

Der Mobbingprozess:

Verlauf und Folgen

D. 1 Der Verlauf des Mobbingprozesses

Mobbing wird von verschiedenen Autoren als ein dynamisches Phänomen verstanden, das subtil einsetzt und dessen Elemente sich chronifizieren können (NIEDL 1995b). Im Verlauf des Mobbing entwickelt sich zwischen den beteiligten Parteien eine dynamisierende Abfolge von Aktion und Reaktion – „*Attacke und Gegenwehr*" (NEUBERGER 1995, S. 12) – die, isoliert betrachtet, für Externe nicht nachvollziehbare, existentielle Verhaltensmuster auf ansteigenden Niveaus bei den Involvierten hervorrufen. In Kapitel E. 2.1.2 wird auf diese Eskalationsdynamik eines Konfliktes nach GLASL (1980) näher eingegangen. Mit einigen theoretischen Prozessmodellen lassen sich chronologisch gegliederte Merkmale identifizieren, die einen typischen Mobbingverlauf in Phasen beschreiben.

D. 1.1 Das handlungsorientierte Prozessmodell von BJÖRKQVIST

BJÖRKQVIST (1992) entwickelte ein dreistufiges Prozessmodell mit handlungsorientierter Sichtweise. In der ersten Phase beginnt Mobbing mit indirekten Methoden, die schwer zu bemerken sind (z.b. ständiges Unterbrechen, Andeutungen etc.) und zu einer zunehmenden Entwertung der Person führen. Für die bestehende Lage wird die Persönlichkeit der ausgewählten Person verantwortlich gemacht. Die zweite Phase setzt ein, wenn das Opfer im Vergleich zu den übrigen Beschäftigten bereits als minderwertig betrachtet wird. Ohne Schuldgefühle ist es nun möglich, Handlungsformen direkter Aggressionen anzuwenden (z.b. Isolation der betroffenen Person von der Arbeitsgruppe etc.). Die dritte Phase wird durch extreme Formen direkter Gewalt dominiert. Der betreffenden Person wird beispielsweise unterstellt, psychisch krank zu sein, Details aus dem Privatleben werden als Druckmittel verwendet, und es erfolgen physische Angriffe (a.a.O., S. 15ff).

D. 1.2 Das vier- bzw. fünfstufige Phasenmodell von LEYMANN

Abbildung 10: Phasen des Mobbingverlaufs nach LEYMANN (1993b, S. 59)

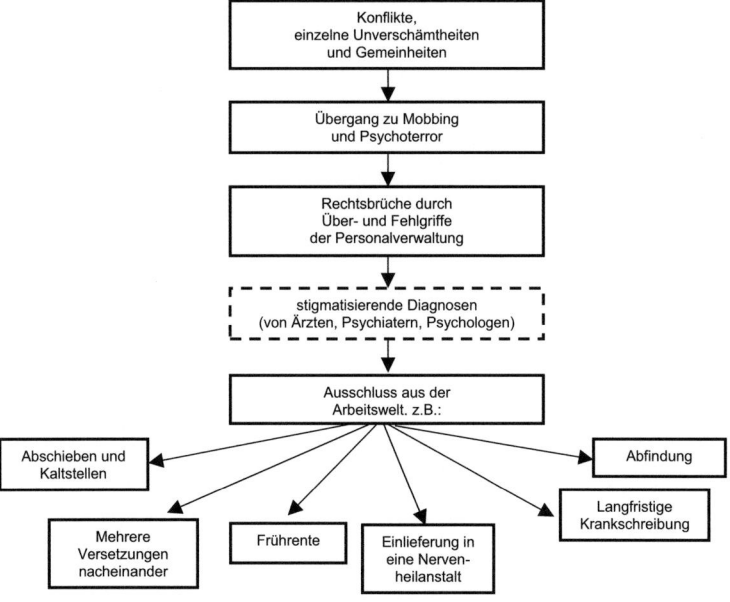

LEYMANN (1993b, S. 59; 1995c, S. 46) präsentiert ein vier- bzw. fünfstufiges Prozessmodell, in welchem er von einem stereotypen Verlaufsmuster ausgeht (Abbildung 10):

Phase 1 „The Original Critical Incident"
Die zeitlich kurz verlaufende „Auslösephase" entsteht aus der Interaktion verschiedener Faktoren. In der Mehrzahl der Fälle sind dies Konflikte mit Arbeitsplatzbezug, die aufgrund mangelnder Handlungskompetenz des Managements eskalieren. Nach Definition LEYMANNs (1993b) ist dem Mobbing im engeren Sinne immer ein ungenügend ausgetragener Konflikt als Auslöser vorgeschaltet. Daraus erwachsen erste Schuldzuweisungen, und es finden vereinzelte persönliche Angriffe gegen eine bestimmte Person statt (MESCHKUTAT et al. 2002, S. 53).

Phase 2 „Mobbing and Stigmatizing"
Über die Auslösephase entwickelt sich relativ schnell die eigentliche Mobbingphase, in der feindliche, aggressive Handlungen mit unterschiedlichen Inhalten konsequent und systematisch (mindestens wöchentlich) über einen längeren Zeitraum (mindestens 6 Monate zusammenhängend) aufrechterhalten werden. Der ungelöste Konflikt tritt in den Hintergrund; Ziel aller Handlungen ist es, jemanden zu bestrafen und zu isolieren. Die Beteiligten polarisieren sich in eine „Opfer-" und „Täterrolle", das Selbstwertgefühl der gemobbten Person nimmt ab, wodurch sich letztlich die physische und psychische Konstitution des Betroffenen zunehmend verschlechtert. LEYMANN (1993b) ermittelte eine durchschnittliche Expositionszeit zwischen 1 bis 1,25 Jahren.

Phase 3 „Personnel Administration and Management"
Die Entwicklung eskaliert, so dass die Vorgesetzten, Führungskräfte anderer Abteilungen und die Personalverwaltung auf das Geschehen am Arbeitsplatz aufmerksam werden und das Mobbing zum „offiziellen" Fall wird. Das Management versucht die Klärung der Situation, übernimmt in vielen Fällen aber die Vorurteile der übrigen Beteiligten, was zu einer weiteren Stigmatisierung des Betroffenen führt – die gemobbte Person gilt zunehmend als „problematisch". Nicht selten kommt es zu Rechtsbeugungen zuungunsten des Mobbingbetroffenen durch arbeitsrechtliche Maßnahmen. Bis zu 2 Jahre dauert es, bis Arbeitgeber oder Gewerkschaften etwas unternehmen (a.a.O., S. 75), insgesamt kann die dritte Phase zwischen 2 bis 6 Jahre dauern (NEUBERGER 1999, S. 81).

Phase 4 „Stigmatisierende Diagnosen"
In neuen Veröffentlichungen stellt LEYMANN (1995c; 1996) sein Verlaufsmodell mit fünf Phasen vor, indem zwischen der dritten und vierten Phase jene der „ärztlichen und psychologischen Fehldiagnosen" eingefügt ist. Aufgrund unzureichenden Wissens und mangelnder Erfahrungen fehldiagnostizieren Ärzte, Psychiater, Psychologen etc. das Befinden der Betroffenen als Paranoia, manische Depressionen oder Persönlichkeitsstörung und stigmatisieren die Gemobbten weiter. Diese Diagnosen wirken schuldzuschreibend und verstärken das Leid der Patienten (LEYMANN 1995c, S. 46).

Phase 5 „Expulsion"
Die fünfte und letzte Phase markiert das Endstadium mit der Ausstoßung der betroffenen Person aus ihrem gewohnten Arbeitsleben: Frühverrentung, häufige Versetzungen, Langfristkrankenstände, Kaltstellen auf unterfordernden Positionen, Kündigungen etc. Für die Gemobbten ist der Mobbingprozess damit aber nicht abgeschlossen, da sie noch langfristig an den Folgen des Geschehens physisch und psychisch leiden (a.a.O.).

Die Entstehung von Mythen über das Opfer
Parallel zur Identifizierung der Phasen des Mobbingverlaufs stellte LEYMANN (1993b, S. 76ff) in den Berichten seiner Probanden weitere stereotype Auffälligkeiten im Verhalten der beteiligten Umgebung fest. Veränderungen im Verhalten des Opfers gehen demnach mit schuldzuweisenden Meinungsver-

änderungen über den Mobbingbetroffenen einher. Diese gewandelte Meinungsbildung Dritter bezeichnet LEYMANN als „Mythenbildung" und interpretiert es attributionspsychologisch: „Man bildet sich eine Meinung über einen Menschen dadurch, daß man beobachtet, **was** er tut. Man kümmert sich dabei jedoch weniger darum, **warum** er es tut" (a.a.O., S. 77). Demnach setzen Kollegen und Vorgesetzte das Verhalten der Gemobbten nicht in Verbindung zu den stattgefundenen Mobbinghandlungen, sondern beurteilen kontextfrei ausschließlich das sichtbare Verhalten und stigmatisieren damit den Betroffenen – ohne das Ursache-Wirkungs-Prinzip zu beachten.

MESCHKUTAT et al. (2002, S. 53ff) teilen den Mobbingprozess wie LEYMANN in vier Phasen ein (ohne Phase 4 „Stigmatisierende Diagnosen") und betonen, dass es nicht zwingend ist, dass jeder Mobbingbetroffene alle angeführten Phasen durchläuft. Demnach können Phasen übersprungen werden und/oder der Mobbingprozess wird unterbrochen oder gestoppt. Mehr als ein Viertel der Befragten ihrer Repräsentativstudie gibt an, die Auslösephase bzw. einen Anfangskonflikt nicht wahrgenommen zu haben. Die zweite Phase des Mobbing im engeren Sinn durchschreiten mit 89,3% die meisten Gemobbten; immerhin jeder Zehnte konnte die Situation für sich lösen oder befand sich bereits auf einer anderen Stufe. Die Phase der arbeitsrechtlichen Sanktionen mit teilweise Rechtsbeugungen erleben fast zwei Drittel der Befragten. Bedeutsam ist, dass mit 59,0% weit mehr als die Hälfte aller Gemobbten, deren Mobbingprozess abgeschlossen ist, die vierte Stufe mit dem Ausschluss aus dem Arbeitsleben erreichen.

Bei der durchschnittlichen Dauer ermittelten MESCHKUTAT et al. (a.a.O., S. 55) für die erste Phase 9,1 Monate, für die zweite Phase 12,7 Monate, für die dritte Phase 8,6 Monate und für die vierte Phase 7,2 Monate. Außerdem geben MESCHKUTAT et al. (2002) an, in welcher Phase das Mobbing beendet werden konnte. Nur etwa jeder hundertste Mobbingfall konnte in der ersten Phase gestoppt werden. Mit ca. 60% gibt der weitaus größte Teil an, dass erst in der vierten Phase der Mobbingprozess zum „Stillstand" kam.

Auch KNORZ/ZAPF (1996) überprüften in ihrer, jedoch nicht repräsentativen Studie LEYMANNs Prozessmodell auf seine Gültigkeit und stellten fest, dass es keine streng gesetzmäßige Eskalation bis hin zur Ausstoßung geben muss: *„Mobbing kann offensichtlich auch auftreten, ohne daß es einen unzureichend bearbeiteten Konflikt gegeben hat. Häufig werden einzelne Phasen übersprungen und die Phase 2 und 3 sind nicht voneinander abzugrenzen, wenn Mobbing von Vorgesetzten ausgeht. Auch der unidirektionale Verlauf zunehmender Verschlimmerung konnte nicht immer festgestellt werden. Mobbingsituationen können sich auch wieder verbessern oder ganz abgestellt werden, ohne daß es immer zu einem Ausschluß aus der Arbeitswelt kommen muß"* (a.a.O., S. 18).

D. 1.3 Alternative Konzeptionen von NEUBERGER

Insbesondere NEUBERGER (1999, S. 79ff) übt an der Unidirektionalität und der einschichtigen Struktur von LEYMANNs Ablaufschema Kritik. Aus den Unzulänglichkeiten des LEYMANNschen Modells heraus entwickelte NEUBERGER drei Prozessmodelle, die aus differenzierten Analyseperspektiven Verlaufsbetrachtungen anstellen: 1. Veränderung der Person, 2. Veränderung der Beziehungen der Person zu den Arbeits- und Lebensverhältnissen und 3. Veränderung der sozialen Beziehungsstruktur. Die beiden letztgenannten Modelle sollen im folgenden vorgestellt werden, da sie besondere personalwirtschaftliche Relevanz besitzen. Das Fünf-Phasen-Modell von LEYMANN bildet aus dem Blickwinkel NEUBERGERs (a.a.O., S. 88) demnach einen Ansatz, der die Teilbereiche der Veränderungen von Sozialbeziehungen und Arbeitsverhältnissen kombiniert.

D. 1.3.1 Phasen der Veränderung der personenspezifischen Arbeitsverhältnisse

Abbildung 11: Phasen der Veränderung personenspezifischer Arbeitsverhältnisse (NEUBERGER 1999, S. 90)

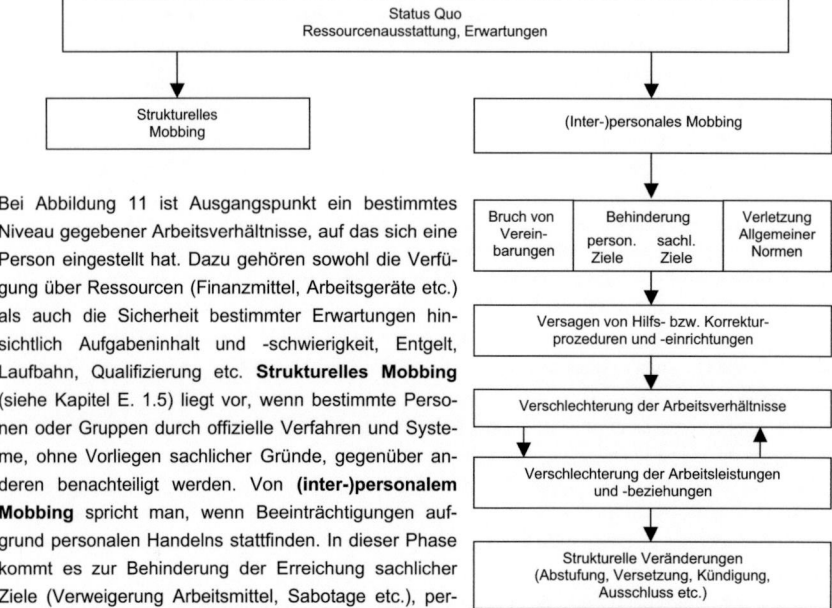

Bei Abbildung 11 ist Ausgangspunkt ein bestimmtes Niveau gegebener Arbeitsverhältnisse, auf das sich eine Person eingestellt hat. Dazu gehören sowohl die Verfügung über Ressourcen (Finanzmittel, Arbeitsgeräte etc.) als auch die Sicherheit bestimmter Erwartungen hinsichtlich Aufgabeninhalt und -schwierigkeit, Entgelt, Laufbahn, Qualifizierung etc. **Strukturelles Mobbing** (siehe Kapitel E. 1.5) liegt vor, wenn bestimmte Personen oder Gruppen durch offizielle Verfahren und Systeme, ohne Vorliegen sachlicher Gründe, gegenüber anderen benachteiligt werden. Von **(inter-)personalem Mobbing** spricht man, wenn Beeinträchtigungen aufgrund personalen Handelns stattfinden. In dieser Phase kommt es zur Behinderung der Erreichung sachlicher Ziele (Verweigerung Arbeitsmittel, Sabotage etc.), persönlicher Ziele (Verweigerung Qualifizierung/Aufstieg) oder zum Bruch individueller Vereinbarungen (Arbeitsinhalte, Kooperationspartner, Laufbahnperspektiven etc.) sowie Verletzung allgemeiner Gewohnheiten, Normen und Werte. Auf der nächsten Eskalationsstufe bleibt der Protest gegen diese Beeinträchtigungen erfolglos, weil die vorgesehenen Verfahren (z.B. Beschwerdeordnung, Klärungsgespräche) versagen oder zuständige Institutionen (z.B. Betriebsrat, Personalabteilung) einseitig Partei ergreifen. Die Verschlechterung der Arbeitsverhältnisse manifestiert sich, und es kommt zum Teufelskreis: Ungünstige Bedingungen beeinträchtigen Leistungen und Arbeitsbeziehungen und führen als „self-fulfilling prophecy" zur Rechtfertigung der ursprünglichen Anschuldigungen. Das Ende dieses zirkulären Prozesses setzen die strukturellen Veränderungen. Durch offizielle Konsequenzen, wie Abstufung, Versetzung, Kündigung, Entzug von Ressourcen etc., wird der personifizierte Konflikt versachlicht, häufig jedoch unter objektiver Verschlechterung der Bedingungen für Leistung und Entwicklung (NEUBERGER 1999, S. 88ff).

D. 1.3.2 Phasen der Veränderung der sozialen Beziehung

In diesem Modell wird Mobbing als Beziehungsstörung, insbesondere in der Arbeitsgruppe, untersucht (a.a.O., S. 89).

Phase 0 „Ausgangslage": Es existiert eine ‚normale' Beziehungssituation, in der die Beteiligten unauffällig miteinander agieren.

Phase 1 „Herausbildung von Täter-Opfer-Rollen": Mobbing wird als feindselige Attacke auf ein Opfer definiert, wodurch sich die Täter-Opfer-Beziehung von der Matrix der sonstigen Beziehungen in der Organisation abhebt.

Phase 2 „Satellitenbildung und Polarisierung": Die konfrontative Konstellation wirkt sich zunehmend auf die Arbeitsgruppe aus, deren neutrale Mitglieder gedrängt werden, Position zu beziehen. Die Organisationsmitglieder rücken näher zu den Polen, entwickeln sich zu Satelliten von Opfer oder Täter und identifizieren sich mit der jeweiligen Leitfigur.

Phase 3 „Spaltung der Gruppe": In der dritten Phase bilden sich Lager, sogenannte Schicksalsgemeinschaften mit hoher Binnenkohäsion, die sich deutlich voneinander abgrenzen. Das soziale System in der Unternehmung ist gespalten.

Phase 4 „Expansion und Externalisierung": Der Konflikt expandiert ins System hinein und über Systemgrenzen hinaus, so dass nicht mehr nur Gruppeninterne beteiligt sind. Betriebliche Stellen (Betriebsrat, Personalabteilung) nehmen am Konflikt ebenso teil wie außerbetriebliche Stellen (Rechtsberater, Gewerkschaften, Kunden) und Privatpersonen (Partner, Familienmitglieder).

Phase 5 „Formalisierung und Objektivierung": Der bislang informelle Konflikt wird objektiviert und formalisiert. Er erhält den Status eines „offiziellen Falls" mit Schriftverkehr, Dokumenten, Behandlung in offiziellen Gremien, Beschwerden beim Betriebsrat oder Arbeitgeber, Klagen beim Arbeitsgericht, Strafanzeigen etc. Offizielle Stellen versuchen, die Angelegenheit prinzipiell (vorschriftengemäß), sachlich (neutral, objektiv) sowie endgültig zu bearbeiten.

Phase 6 „Entscheidung und neue Ordnung": In der sechsten Phase dieses Profilierungs-, Expansions- und Formalisierungsprozesses wird durch die angerufenen oder eigeninitiativ tätig gewordenen Stellen eine offizielle Entscheidung verkündet. Diese Beschlüsse werden exekutiert, beispielsweise Entfernung und Ersatz von Opfer und/oder Täter, organisatorische Änderungen, Berichtspflichten, Schadensersatzverpflichtungen etc., und damit eine neue Ordnung implementiert.

D. 1.4 Hypothetischer Phasenverlauf nach SCHLAUGAT

Auf Basis des Konflikteskalationsansatzes von GLASL (1992) und des transaktionalen Stressmodells von LAZARUS/LAUNIER (1981) entwickelte SCHLAUGAT (1999, S. 63) einen hypothetischen Phasenverlauf, der den komplexen Verlauf von Mobbing aus Betroffenensicht abbildet.

Dem Modell liegen fünf Thesen zugrunde:
1. **Aktives Menschenbild** hinsichtlich der Mobbingbetroffenen als aktiv Handelnde,
2. **Nicht-fatalistischer Verlauf** der Mobbingphasen,
3. Mobbing als ein dynamisches, **transaktionales Prozessgeschehen** mit komplizierten Rückkopplungen,
4. Mobbingprozess als **steigende treppenartige Schrittfunktion** und
5. Im Mobbingverlauf Entfernung von der **Sach- zur Beziehungsebene**.

Aus Gründen der Übersichtlichkeit stellt Abbildung 12 nur ein Element des Prozessmodells von SCHLAUGAT (1999) dar; der Mobbingprozess kann sich aus einer Abfolge von $n=1$ bis $n=\infty$ Elementen zusammensetzen. Das Mobbinggeschehen wird durch Faktoren aus der gesellschaftlichen Ebene (z.B. Rezession, Arbeitslosenquote), der apersonalen Ebene der Organisation (Mobbing als Outplacement-Strategie), der interpersonalen Ebene der Arbeitsgruppe (die beiden letztgenannten bilden allgemein die „Arbeitssituation"; z.B. hohes Arbeitsaufkommen bei extremem Zeitdruck) und der personalen Ebene der Beteiligten ausgelöst, aufrecht erhalten und/oder beeinflusst.

Abbildung 12: Element des hypothetischen Prozessmodells (verändert nach SCHLAUGAT 1999, S. 66ff)

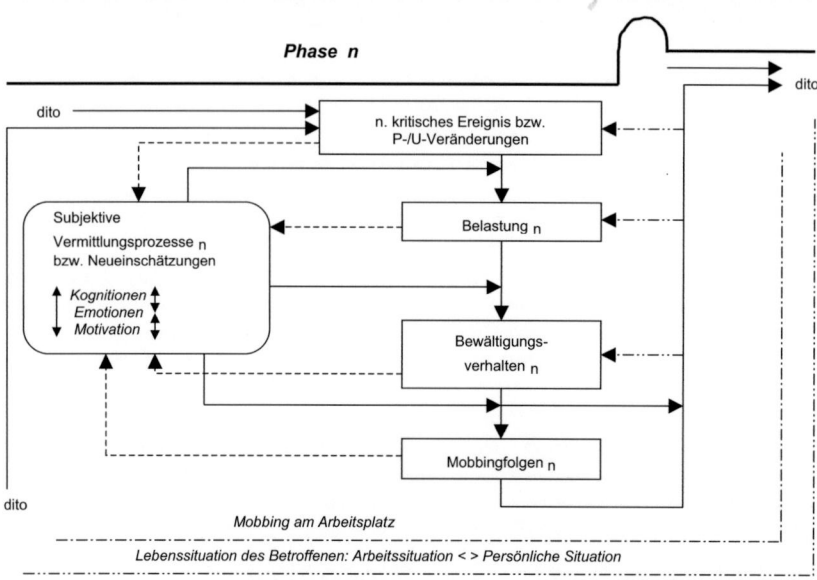

Mit dem bewussten Erleben belastender Handlungen, einem sogenannten „kritischen Ereignis", beginnt der Mobbingprozess. In dieser ersten Phase gibt es vermutlich kaum eine Unterscheidung zum alltäglichen Konflikt- und Stressgeschehen. Das kritische Ereignis löst über subjektive Vermittlungsprozesse (= Wahrnehmungs- und Bewertungsprozesse) das Erleben einer Belastung aus, die zur Planung und Durchführung bestimmter Bewältigungsversuche führt. Diese kognitiven Vorgänge (Situationswahrnehmung, gedankliche Verarbeitung, Kontrollversuche) sind eng mit Emotionen und Motivation verbunden. Die betroffene Person bewertet das Ereignis als stressend, erlebt eine Bedrohung oder Belastung, schätzt ihre Bewältigungsfähigkeiten und -möglichkeiten ein und plant in Abhängigkeit davon sowie von ihren Zielen die Bewältigung der Situation. Entsprechend der Angemessenheit des durchgeführten Bewältigungsverhaltens treten bei der Person subjektiv vermittelt bestimmte Mobbingfolgen auf. Neben den Personenveränderungen können aufgrund der eigenen Handlungen, aber auch unabhängig davon, Veränderungen der Situation eintreten, die den Betroffenen zur Neueinschätzung veranlassen. Dieser Prozess der Bewertung und versuchten Bewältigung setzt sich beim steten Vorliegen bedrohlicher Ereignisse wahrscheinlich auf Dauer fort.

Jedes kritische Ereignis bedeutet eine neue Phase, der ein Wendepunkt vorgeschaltet ist: Es erfolgt der Sprung auf die nächst höhere Intensitätsstufe der Auseinandersetzung mit einer spezifischen Qualität des Mobbingprozesses. Im Sinne der Phänomenbeschreibung kann erst tatsächlich von Mobbing gesprochen werden, wenn eine weit fortgeschrittene Phase erreicht ist: wiederholtes, häufiges, lang andauerndes Auftreten von als bedrohlich erlebten Handlungen und ständiges Scheitern eigener Bewältigungsversuche. Denkbar ist jedoch nicht nur die Intensivierung des Prozesses über verschiedene Stufen bis zur Resignation des Betroffenen, sondern auch die zeitweilige Stabilisierung, Abschwächung und/oder Beendigung des Prozesses zu jedem möglichen Zeitpunkt (a.a.O., S. 68ff).

D. 2 Folgen des Mobbing

D. 2.1 Personale Ebene: der Betroffene und der Täter

Unumstritten ist, dass Mobbing umfassende Konsequenzen für die Gesundheit, die berufliche und private Situation der Betroffenen nach sich zieht (MESCHKUTAT et al. 2002, S. 76ff). Die Folgen von Mobbing können sogar die Existenz der Betroffenen bedrohen: schwere Erkrankungen, zwangsweise Versetzungen, Kündigung, Arbeitslosigkeit, Erwerbsunfähigkeit etc. (a.a.O., S. 78). Oft ist eine Rehabilitation von diesen Auswirkungen nicht mehr möglich. LEYMANN (1995c, S. 51) fordert, diese Entwicklung arbeitsrechtlich als Arbeitsunfähigkeit zu beurteilen und Mobbing als „psychosozialen Arbeitsunfall" und „psychosoziale Berufserkrankung" anzuerkennen.

D. 2.1.1 Psychische und physische/psychosomatische Beeinträchtigungen

Klinische Erfahrungen in Zusammenarbeit mit Dr. Michael Becker führten LEYMANN (1995c, S. 42) zu der Annahme, dass mit wenigen Ausnahmen Mobbingopfer an PTSD (post-traumatic stress disorder), der sogenannten posttraumatischen Stressbelastung, erkranken. Nach dem psychiatrischen Diagnosehandbuch der Weltgesundheitsorganisation WHO (ICD-10, 1992) und den Richtlinien der amerikanischen Gesellschaft für Psychiatrie (DSM-III-R, 1987) ergibt sich folgende Definition:
„*(A) das Vorkommen eines psychischen Traumas; (B) eine gedankliche Inanspruchnahme mentaler Kräfte [...]; (C) vergleiche Versuche des/der Betroffenen, von diesen Gedanken loszukommen [...]; (D) eine Kette von mentalen und psychosomatischen Stresssymptomen. Und (E): Dieses Problemgebilde muß mindestens einen Monat lang bestanden haben*" (LEYMANN 1995c, S. 44). Im Grunde handelt es sich bei PTSD um eine sehr starke Angstreaktion auf destruktive soziale Umstände („sozialer Stress") hin. Tabelle 2 zeigt den Krankheitsverlauf von Mobbingopfern in Phasen, den LEYMANN (a.a.O., S. 47ff) eruierte.

Tabelle 2: Krankheitsverlauf von Mobbingbetroffenen (nach LEYMANN 1995c, S. 47ff)

Phasen	Gesundheitlicher Zustand
1. Beginn des Mobbing	Psychosomatische Symptome des Unwohlseins, typische Stresssymptome (Magen-/Darmprobleme, Kopfschmerzen, leichtere Depressionen, Schlafstörungen, Rückenschmerzen, Aggression, Gereiztheit etc.).
2. nach ca. einem halben Jahr Mobbing	Behandlungsbedürftige posttraumatische Belastungsstörungen. Möglicherweise erstes Auftreten bedeutender physischer Beeinträchtigungen und psychosomatischer Folgeerkrankungen: Herz- und Kreislauferkrankungen, Migräne, Krebserkrankungen, Schwächung des Immunsystems etc.
3. nach ca. 1 bis 2 Jahren:	Vertiefung und Ausbreitung mentaler und psychosomatischer Symptome. Belastung weiterer Lebensbereiche. Ausweitung des Syndroms zu einer „Generellen Angststörung (GAD)".
4. nach ca. 2 bis 4 Jahren	Psychische Beschwerden nehmen chronischen Verlauf an. Sie entwickeln sich entweder zu einer ausgeprägten chronischen Depression oder zur Obsession (querulantische Rechthaberei, Hypersensitivität). Nach zweijähriger Dauer dieser Persönlichkeitsveränderung wird nach ICD-10 (1992) die Diagnose „andauernde Persönlichkeitsveränderung nach Extrembelastungen" gestellt.

BRODSKY (1976, S. 43ff) präsentiert ein reaktionsorientiertes Phasenmodell der Folgen: Die erste Phase ist durch Konfusion, Schock und Gefühle charakterisiert. Neben physischen und/oder somatischen Reaktionen (Zittern, Schmerz, Stechen etc.) treten auch psychische Beschwerden auf. Als soziale Reaktion zeigt sich Rückzugverhalten gegenüber der Familie und Freunden. In der zweiten Phase („random behavior") sind die Personen stark traumatisiert und bemühen sich um Rückkehr zum Normalzustand. Bei der Suche nach Lösungen steigen die sozialen Interaktionen mit professionellen Helfern. In der dritten Phase bilden sich verschiedene Personen-Cluster, die teils in der 2. Phase verbleiben, depressive Reaktionen zeigen oder gegen den ungerechten Zustand ankämpfen (obsessiver Charakter).

Einhergehend mit psychischen Befindensbeeinträchtigungen und mit Bestehen einer schwer zu bewältigenden Lebenslage wie Mobbing, ist auch kritisches Gesundheitsverhalten (Drogen-, Alkohol- und Medikamentenkonsum; veränderte Essensgewohnheiten) (NIEDL 1995b, S. 210ff; KNORZ/ZAPF 1996, S. 19) und eine erhöhte Gefährdung zu Suizidverhalten (als finale Zuspitzung der Persönlichkeitsveränderung) bei den Betroffenen beobachtet worden (LEYMANN 1993b, S. 121ff; LEYMANN 1995d, S. 182; LEYMANN/GUSTAFSSON 1996).

In der deutschen Repräsentativstudie wirkte sich das Mobbing bei 86,6% der Betroffenen auf das physische und psychische Wohlbefinden aus. Insgesamt wurden 43,9% der Befragten, deren Fall abgeschlossen ist, in Folge des Mobbing krank. Jeder fünfte Mobbingbetroffene erkrankte länger als 6 Wochen (MESCHKUTAT et al. 2002, S. 79). Unter gesundheitlichen Folgen haben signifikant häufiger Frauen sowie die jüngsten (unter 25 Jahre) und ältesten Betroffenen (55 Jahre und älter) zu leiden (a.a.O., S. 81ff).

D. 2.1.2 Private und familiäre Situation

Die Ergebnisse skandinavischer (LEYMANN 1993a) und deutschsprachiger Forschungsarbeiten (NIEDL 1995b, S. 124) belegen übereinstimmend, dass Mobbingbetroffene deutlich stärker psychisch, psychosomatisch und physisch beeinträchtigt sind als Nicht-Betroffene (KNORZ/ZAPF 1996) und sich dieser Umstand sowohl auf die berufliche als auch private Situation der Betroffenen auswirkt.

Körperliche und psychische Beschwerden bestimmen nicht nur die Kommunikation und Interaktion am Arbeitsplatz, sondern wirken sich auch auf die private und familiäre Umgebung des Betroffenen aus. Aggressivität und Gereiztheit können vermehrt zu Streit und Konflikt mit Familienmitgliedern und Freunden führen (MESCHKUTAT et al. 2002, S. 89). Antriebslosigkeit und Depression verringern die sozialen Aktivitäten der Mobbingbetroffenen, sie isolieren sich sozial und werden zunehmend von der Umgebung als „problematische Persönlichkeiten" wahrgenommen (LEYMANN 1993b). Physische und psychosomatische Erkrankungen verhindern Aktivitäten und belasten durch notwendige Arztbesuche das Zeitbudget von Arbeitnehmern, was familiär wiederum negative Konsequenzen erzeugt. Das Familienleben wird monothematisch von „Mobbing" dominiert (MESCHKUTAT et al. 2002, S. 90), Existenzängste der Betroffenen übertragen sich auf die sozialen Interaktionspartner. Kommt es in Folge von Mobbing zum Arbeitsplatzverlust, können Familie und Freunde von sich anschließenden finanziellen Schwierigkeiten tangiert werden (ZUSCHLAG 1994, S. 96). Besonders unzufrieden sind Mobbingbetroffene mit dem Lebensbereich „Haushalt", gefolgt von „gesamtes Leben" und „Arbeit". Der größte Veränderungswunsch besteht jedoch in Bezug auf die Arbeitssituation (NIEDL 1995b, S. 143).

D. 2.1.3 Einflussvariablen soziale Unterstützung und Alternativen

Die Reaktionen auf Belastungssituationen beim Mobbingbetroffenen können durch die Unterstützung des sozialen Umfelds („social support") und durch die Variable Handlungsspielraum beeinflusst werden. Je nach Grad des erlebten „social support" und den potentiellen Handlungsalternativen entwickeln sich bei der betroffenen Person unterschiedliche Ausprägungsintensitäten psychischer und psychosomatischer Beeinträchtigungen.

So kann das soziale Umfeld am Arbeitsplatz in Form von Kollegen und Vorgesetzten als unterstützend wirken (EINARSEN/RAKNES 1991, S. 84; NIEDL 1995b). Soziale Unterstützung wird vor allem außerhalb des Betriebes von Partnern, Familienangehörigen sowie Freunden der Betroffenen geleistet. Sie helfen dabei, Reaktionen abzuschwächen und Maßnahmen zu ergreifen (NIEDL 1995b, S. 221).

Der Handlungsspielraum, der den Mobbingbetroffenen zur Verfügung steht, wirkt sich ebenfalls entscheidend auf die wahrgenommene Bedrohungsintensität einer Situation aus. Ist die Person davon überzeugt, Kontrolle über die derzeitige Situation zu erhalten oder sieht sie Verbesserungsmöglichkeiten, so zeigen sich abgeschwächte Stresssymptome. Wahrgenommene Alternativen, wie z.B. Arbeitsplatzwechsel oder finanzielle Sicherheiten, beeinflussen direkt oder indirekt das Bewältigungsvermögen und Bewältigungsverhalten der Betroffenen (a.a.O., S. 219).

D. 2.1.4 Arbeitsvertragsrechtliche Auswirkungen

Die erheblichen psychischen und physischen Erkrankungen können bei Arbeitnehmern in der Folge zu langfristiger **Berufs- oder Arbeitsunfähigkeit** führen. So geben MESCHKUTAT et al. 2002 (S. 78) an, dass 6,9% der Mobbingbetroffenen erwerbsunfähig oder frühverrentet wurden. SCHWERTFEGER (1992, S. 45) berichtet, dass 1990 bereits 13,8% aller Frührentenzugänge aufgrund seelischer Probleme bzw. psychischer Erkrankungen erfolgten. Im Zeitraum von sieben Jahren entspricht das einer Zunahme von 60%.

Außerdem zeigen die empirischen Ergebnisse, dass Mobbingbetroffenen in erhöhtem Maße durch Fehlbeurteilungen bzw. Rechtsübergriffe gekündigt wird (LEYMANN 1993b) oder sie sich selbst aufgrund des hohen seelischen Leidensdruck zur Eigenkündigung entschließen (MESCHKUTAT et al. 2002, S. 78ff, S. 103; KNORZ/ZAPF 1996, S. 19). Nicht selten fügt sich an diesen Entschluss die **Arbeitslosigkeit** an, da die Betroffenen durch ihre psychischen und physischen Probleme in ihrer Leistungsfähigkeit eingeschränkt und daher bei der Arbeitssuche benachteiligt sind. Schwierig stellt sich für die Betroffenen auch die Bewerbung als solches dar, oft ist ihnen der Stempel der „unehrenhaften Entlassung" aufgedrückt, oder sie haben mit mangelhaften Beurteilungen und ungerecht verfassten Arbeitszeugnissen zu kämpfen (NIEDL 1995b, S. 220; LEYMANN 1993b, S. 68). Von den Befragten der Studie MESCHKUTATs et al. (2002, S. 80) waren ca. 12% aktuell arbeitslos, weitere 13,5% waren in Folge des Mobbing zu einem früheren Zeitpunkt arbeitslos geworden. Fast jeder dritte Mobbingbetroffene ließ sich im Unternehmen freiwillig versetzen, 22,5% kündigten aufgrund der unerträglichen Belastung ihrerseits das Arbeitsverhältnis. In 14,8% der Fälle wurde den Mobbingbetroffenen durch den Arbeitgeber gekündigt, weitere **arbeitsrechtliche Sanktionen** gegen die Betroffenen waren Abmahnungen (25,2%) und Kündigungsdrohungen (21,9%) (a.a.O., S. 79ff). Insbesondere die Gruppe der 45- bis 54-Jährigen ist von arbeitsrechtlichen Sanktionen und Arbeitslosigkeit betroffen. Unter 25-Jährige wechseln sehr oft freiwillig den Arbeitsplatz im Betrieb (a.a.O., S. 81ff).

Sekundär können sich durch Arbeitslosigkeit, Arbeits- oder Berufsunfähigkeit für die Mobbingbetroffenen in der Folgezeit weitere finanzielle und soziale Missstände ergeben.

D. 2.1.5 Der Täter

Da der Mobbingtäter sich zu seinem schikanierenden Verhalten und zur konfliktträchtigen Situation „freiwillig" entschließt und zumeist auch eine Machtasymmetrie zu seinen Gunsten herrscht, sind nicht die elementaren gesundheitlichen Folgen wie bei den Mobbingbetroffenen zu erwarten. Dennoch ist es möglich, dass auch die „Täter" im Laufe des Mobbingprozesses leiden, da sie den Gegenmaßnahmen des Opfers und möglichen Sanktionen durch den Arbeitgeber, Kollegen und der Gesellschaft ausgesetzt sind oder diese potentiell zu erwarten haben. Durch die schwere Beweislage der Mobbinghandlungen haben die Mobbingtäter jedoch selten mit arbeitsvertragsrechtlichen Schritten zu rechnen: Lediglich ganze 11,1% der Mobbingbetroffenen gaben an, dass die Mobber im Betrieb versetzt wurden; noch seltener wurden als Reaktion auf das Mobbing Kündigungen gegen die Täter ausgesprochen (8,2%) (a.a.O., S. 91).

Zu rechtlichen Grundlagen gegen Mobbingtäter siehe Kapitel F. 2.

D. 2.2 Betriebswirtschaftliche Ebene: die Organisation

Wie die Analyse personalwirtschaftlicher Ziele zeigt, existieren zwei grundsätzliche Kategorien von Zielen: Ökonomische Ziele sind mit der Erfüllung sachlicher Organisationszwecke verbunden (z.B. termingerechte Bereitstellung von Mitarbeitern, Gewinnmaximierung, Kostendeckung etc.), und die Personalwirtschaft trägt mit Erfüllung dieser Ziele zur ökonomischen Effizienz der Organisation bei. Soziale Ziele hingegen bergen unternehmensrelevante Erwartungen, Bedürfnisse, Interessen und Forderungen von Mitarbeitern, wie z.B. Arbeitsplatzsicherheit, gute Bezahlung, Entwicklungsmöglichkeit etc. Soziale und ökonomische Ziele können in den Beziehungen Zielkomplementarität, Zielindifferenz oder Zielkonkurrenz zueinander stehen. Auszugehen ist jedoch von einer Basiskomplementarität, da es in der Mehrzahl der Fälle einer Erfüllung beider Zielkategorien bedarf. Ökonomische und soziale Effizienz bedingen sich gegenseitig, um ein angestrebtes Ergebnis zu erreichen. Die durch Mobbing verursachten Beeinträchtigungen sozialer Ziele sind somit großteils mit relevanten Beeinträchtigungen ökonomischer Ziele verbunden (NIEDL 1995b, S. 143ff).

Erwerbswirtschaftliche Unternehmen unterliegen den Gesetzen des Marktes, die Gewinnspanne wird von den auftretenden Kosten beeinflusst, wobei die Personalkosten in der Mehrzahl einen beträchtlichen Teil einnehmen. *„In Zeiten der Internationalisierung, der weltweiten Vernetzung und immer kürzer werdender Produktlebenszyklen hängt es in starkem Ausmaß vom Können und Willen der Beschäftigten ab, welchen Erfolg ein Unternehmen hat. Der Mensch als ‚Humankapital' wird zum Mittelpunkt"* (NIEDL 1995a, S. 58). Im deutschsprachigen Raum sind Unternehmen, die sich wie ABB Asea Brown Boveri, Ciba-Geigy oder Schering bewusst mit der Thematik Mobbing auseinandersetzen, jedoch die Ausnahme (a.a.O., S. 56).

Aus betriebswirtschaftlicher Perspektive verursacht Mobbing für die Organisation hohe personalwirtschaftliche Kosten aufgrund krankheitsbedingter Ausfallzeiten, Fluktuationsraten etc. (SCHLAUGAT 1999, S. 32). Ebenfalls zu verzeichnen sind Produktivitätseinbußen, die nicht nur in der schlechteren gesundheitlichen Konstitution der Arbeitnehmer begründet sind, sondern ihre Ursachen in durch Mobbing entstehenden Defiziten der Leistungsmotivation besitzen (MESCHKUTAT et al. 2002, S. 77). Mobbing kann dem Unternehmen aber auch „nutzen" und positive Effekte bergen: So sind beispielsweise kurzfristige Leistungssteigerungen gemobbter Arbeitnehmer beobachtet worden (NIEDL 1995a, S. 61ff).

D. 2.2.1 Fehlzeiten: Krankenstand und Absentismus

Aufgrund der psychischen und physischen Beschwerden, die mit Mobbing verbunden sind, kommt es bei den betroffenen Personen zu erhöhten Fehlzeiten (Krankenstand) im Betrieb. Fehlzeiten, das heißt das zeitlich befristete Fernbleiben von der Arbeit, kann aber auch eine negative Bewertung oder Einstellung von Personen ihrer Arbeit gegenüber widerspiegeln (SCHMIDT/DAUME 1996, S. 181). Diese als nicht krankheitsbedingter Absentismus bezeichnete Verhaltensweise ist als eine Form des Rückzugs („withdrawal behavior") aus unbefriedigt erlebten Arbeitsbedingungen zu betrachten. In diesem Sinne wird Absentismus als motivational bedingter, durch das Individuum entscheidbarer Entschluss zur Arbeitsabwesenheit definiert (ZIEGLER et al. 1996, S. 204), der seine Ursachen nach dem „Rückzug-Modell" in fehlender Arbeitszufriedenheit und geringem Zugehörigkeitsgefühl zur Organisation („organizational commitment") hat. Soziale Bedingungen (z.B. das Betriebsklima, wahrgenommenes Verhalten von Vorgesetzten und Kollegen) und Merkmale der Tätigkeit (z.B. Verantwortung für die eigene Arbeit, Handlungs- und Entscheidungsspielräume) sind in diesem Zusammenhang entscheidende Aspekte, die jedoch beim Mobbing behindert, genommen und bewusst neutralisiert werden. SCHMIDT (1996, S. 54) ermittelte, dass Abwesenheits- und Fluktuationsverhalten von ein und derselben Dimension des Vorgesetztenverhaltens am stärksten beeinflusst wird: Der Bereitschaft, den Mitarbeitern Mitbestimmungs- und Beteiligungsmöglichkeiten (Zugänglichkeit gegenüber Änderungsvorschlägen der Mitarbeiter, gemeinsame Festlegung der Aufgaben und Arbeitsgebiete, wichtige Entscheidungen mit vorheriger Rücksprache) einzuräumen. Motivational bedingte Fehlzeiten sind also für ein Unternehmen ein vermeidbares Problem, da sie Folge von gestörten Sozialbeziehungen, Konflikten, belastenden Arbeitsbedingungen etc. sind und auf die Notwendigkeit von Verbesserungsmaßnahmen hinweisen (NIEDER 1992, S. 3).

Absentismus ist einerseits ein Problem praktischer Unternehmensführung, andererseits beschäftigt es seit langem die arbeits- und organisationspsychologische Forschung. Im Medizinischen Modell werden belastende, krank machende Arbeitsbedingungen für Absentismus verantwortlich gemacht und verdeutlicht, dass psychosoziale Gründe mit körperlichen Zuständen interagieren können. Psychosozial gibt es eine beträchtliche Bandbreite, in der ein physischer Zustand als mehr oder weniger legitimer Grund für Abwesenheit gesehen werden kann und eine vollständig subjektive Entscheidung über „gewollte" Arbeitsunfähigkeit gefällt wird (ZIEGLER et al. 1996, S. 207). Zufriedene, nichtgemobbte Mitarbeiter besitzen auch bei widrigen Ereignissen (z.B. Witterung) eine höhere Anwesenheitsmotivation (KLEINBECK/WEGGE 1996, S. 164).

Im Abweichenden Verhaltensmodell der Arbeits- und Organisationspsychologie werden Persönlichkeitsaspekte (mangelnde Verantwortung, Ausnutzung von Vorteilen) thematisiert sowie die Verletzung von Regeln und Ausnutzung des Betriebs als Ursache für Fehlzeiten angesprochen (ZIEGLER et al. 1996, S. 204). Der Versuch, das System durch Verletzung seiner Regeln zu unterlaufen, gilt als nicht legitimes Verhalten. In den meisten Organisationen sind daher Überwachungssysteme sowie der Einsatz von Belohnung und Bestrafung als Kontrollmittel implementiert (a.a.O., S. 205), die allerdings selbst wieder als Mobbing erlebt werden können und möglicherweise weitere Fehlzeiten erzeugen.

Aufgrund einer starken Zunahme der allgemeinen Arbeitsbelastungen und einer erheblichen Verschlechterung des Betriebsklimas ermittelten KLEINBECK/WEGGE (1996, S. 168) einen Anstieg der Fehlzeiten von durchschnittlich 16,9 auf 26,4 Fehltage. Die Mitarbeiter selbst rechtfertigten ihre Abwesenheit als „gerechten" Ausgleich für Mehrbelastungen und von Vorgesetzten ungelöste Konflikte.
WELLER et al. (2000) berichten in ihrer explorativen Studie hochsignifikante negative Zusammenhänge zwischen Arbeitszufriedenheit und Absentismus sowie signifikante negative Beziehungen zwischen Mobbing und Arbeitszufriedenheit. Damit ist der Einfluss von Mobbing über die Arbeitszufriedenheit auf den Absentismus wissenschaftlich bewiesen. Kooperatives Führungsverhalten, Partizipation an Entscheidungsprozessen und das Bestimmen gemeinsamer Zielsetzung tragen zu mehr Arbeitszufriedenheit und damit weniger Absentismus von Mitarbeitern bei (a.a.O., S. 226). Weitere bestimmende Arbeitsplatzmerkmale zur Arbeitszufriedenheit sind Ganzheitlichkeit der Tätigkeit, Feedback durch den Vorgesetzten und soziale Unterstützung seitens der Kollegen; negativ hingegen zeigen sich Gesundheitsrisiken, Zeitdruck bei Ausübung der Tätigkeit und Monotonie von Arbeitsabläufen (a.a.O., S. 229). Mobbinghandlungen (Belästigungen, Schikanen, Einschüchterungen, Diskriminierungen) sind somit mitarbeiter- und organisationsschädigende Verhaltensweisen (a.a.O., S. 226).

Einflussfaktoren mit negativen Auswirkungen auf die Motivationslage von Mitarbeitern (z.B. schlechtes Arbeitsklima, Mobbing) können einerseits Absentismus vom Arbeitsplatz und andererseits zeitgleich ein Absinken der Arbeitszufriedenheit bewirken. Da die vorhandenen Probleme durch Abwesenheit tendenziell aber eher verstärkt als gelöst werden, wirkt sich der Absentismus wiederum negativ auf die Arbeitszufriedenheit aus (a.a.O., S. 229).

Durch alle Fehlzeiten kommt es in Unternehmen zu Störungen im Arbeitsablauf, zu Belastungen von anwesenden Mitarbeitern durch zusätzliche Aufgaben (erhebliche Verringerung der Leistung und Motivation) und nicht zuletzt zu Mehrkosten (ZIEGLER et al. 1996, S. 204). Bei längerfristigen Ausfällen sind die Kosten für die Suche und Einstellung von Ersatzkräften zu berücksichtigen. Zudem ergeben sich Produktivitätseinbußen, wenn als Folge der Umbesetzungen oder des Einsatzes von noch ungeübten Mitarbeitern Qualitätsminderungen auftreten oder Konventionalstrafen aufgrund der Nichteinhaltung von Lieferterminen gezahlt werden müssen (EISSING 1991). Da die empirischen Daten zeigen, dass vor allem auch leistungsfähige und -willige Mitarbeiter gemobbt werden, wird eine weitere ökonomische Konsequenz deutlich: Insbesondere Arbeitnehmer mit hohem Leistungspotential können – aufgrund der erlittenen Mobbingfolgen – von ihren Unternehmen als ausgelastetes, effizientes Humankapital nicht genutzt werden.

LEYMANN (1993a; 1993b) berichtet Schätzungen, wonach 5 bis 10% aller Mobbingopfer in Form von langfristiger Krankschreibung, Frührente, Kündigung, Abfindung etc. aus der Arbeitswelt ausgeschlossen werden. Bei KNORZ/ZAPF (1996) reagierten 24% der Betroffenen mit häufigem Fehlen am Arbeitsplatz, weitere 24% ließen sich langfristig krankschreiben. Bei MESCHKUTAT et al. (2002, S. 79) geben 43,9% der Befragten an, durch Mobbing vorübergehend arbeitsunfähig gewesen zu sein. In einer norwegischen Studie wiesen weibliche Arbeitnehmer ohne Mobbingerlebnis durchschnittlich 9,2 Krankenstandstage auf im Vergleich zu 23,14 Tagen bei der Gruppe der gemobbten Frauen. Insgesamt gaben 2,8% der befragten Arbeitnehmer an, dass sie mehrmals aufgrund von Mobbing dem Arbeitsplatz ferngeblieben waren (EINARSEN/RAKNES 1991, S. 44). Weitere Studien berichten einen Zusammenhang zwischen Mobbingbetroffenheit und häufigen Kurzzeit- und Langzeitkrankenständen (MATTHIESEN et al., S. 769; TOOHEY 1991, S. 166; THYLEFORS 1987, S. 141). Nach den Untersuchungen von ZAPF et al. (1999, S. 20), in der die Gießener, Konstanzer und DAG-Studie zusammengefasst sind, reagierten 27% auf Mobbing mit langfristigen Fehlzeiten. Als persönliche Bewältigungsform geben 4,8% der Betroffenen in der deutschen Repräsentativstudie die Krankschreibung an (MESCHKUTAT et al. 2002, S. 101). Die Erhebungen zeigen, dass die Zahl der Krankheitstage erheblich ist und überwiegend mit langfristiger Krankheitsdauer zu rechnen ist. EINARSEN et al. (1994) schätzen, dass 1% der Absentismusrate durch Mobbing bedingt ist.

Drastische Steigerungsraten verzeichnet der BKK (Bundesverband der Betriebskrankenkassen) bei mobbing-spezifischen Krankheiten: Waren 1980 noch 0,64 Arbeitsunfähigkeitstage pro Pflichtmitglied durch psychische Krankheiten (Neurosen, Persönlichkeitsstörungen und andere psychotische Erkrankungen) bedingt, so waren es 1990 bereits 0,94 Tage. Seit 1990 bis zum heutigen Zeitpunkt hat sich die Zahl psychisch bedingter Krankschreibungen nochmals verdoppelt, dem BKK zufolge liegen die Ursachen in wachsendem beruflichen Stress und Angst vor Verlust des Arbeitsplatzes (BKK 2002). Der aktuelle DAK-Gesundheitsreport 2002 macht ähnliche Angaben. Demnach haben im Zeitraum von 1997 bis 2001 die Krankheitstage wegen psychischer Erkrankungen von 67 auf 101 Tage pro 100 Versicherungsmitglieder zugenommen. Ein starkes Wachstum um 70 bis 90% ist besonders bei den jüngeren, mobbinggefährdeten Mitgliedern zu verzeichnen. Insgesamt entfallen knapp 20,8% aller Krankheitstage auf mobbingtypische psychische Erkrankungen und Verhaltensstörungen, Krankheiten des Verdauungssystems sowie des Kreislaufsystems (DAK 2002, S. 7). Im Zusammenhang mit Arbeitsunfähigkeiten aufgrund psychischer Erkrankungen sollte dem Mobbing mehr Aufmerksamkeit gewidmet werden, betriebliche Gesundheitsförderung müsse verstärkt spezielle Angebote für Betroffene sowie zur Prävention einbeziehen (DAK 2002, S. 86).

NEUBERGER (1999, S. 97) warnt, den Fehlzeiten allein Mobbing als Verursacher monokausal zuzurechnen. Eine ähnliche Meinung vertreten KLEINBECK/WEGGE (1996, S. 163) und WELLER et al. (2000, S. 230), wonach man Mobbing als Ursache für Fehlzeiten ernst nehmen, aber nicht überschätzen sollte, da Mobbing insgesamt betrachtet nur für einen sehr geringen Teil der Fehlzeiten verantwortlich sei.

D. 2.2.2 Fluktuation

Fluktuation bezeichnet den Wechsel der Arbeitsstelle über die jeweiligen Betriebs- und Organisationsgrenzen hinaus (SCHMIDT/DAUME 1996) und *„bedeutet Ausscheiden und Neueinstellen von Mitarbeitern infolge von Pensionierung, Krankheit, Arbeitsunfähigkeit oder sonstiger Umstände"* (SOHM 1995, S. 85). Wie der Absentismus ist die Fluktuation ein Indikator für unbefriedigende Arbeitsbedingungen und stellt als Verhaltensweise eine Form des Rückzugs dar (SCHMIDT/DAUME 1996, S. 181). Auch in der Fluktuation bildet sich in der Regel ein willkürliches Verhalten der Person ab, das von motivationspsychologischen Variablen (z.b. Motivierungspotential der Arbeitsinhalte) mitbestimmt ist. Fluktuation kann als ein Rückzug aus solchen Arbeitsbedingungen betrachtet werden, in denen Arbeitsaufgaben und -bedingungen mit den Motivausprägungen der Person nicht vereinbar sind (KLEINBECK/WEGGE 1996, S. 170). Mobbingbetroffene reagieren überdurchschnittlich oft mit Eigenkündigungen auf die feindseligen Schikanen (MESCHKUTAT et al. 2002), die eben diese Motivierungspotentiale behindern oder vollständig verhindern.

Personen mit motivational weniger anregenden Aufgaben wechseln häufiger die Arbeitsstelle und den Betrieb als Personen, die diese Merkmale in ihrer Arbeit hoch ausgeprägt sehen (SCHMIDT/DAUME 1993). Wichtig zu erwähnen, dass Personen mit hohem Entfaltungsbedürfnis deutlich häufiger zu Fluktuationsverhalten neigen als Mitarbeiter, deren Bedürfnis einfachere und strukturiertere Arbeitsaufgaben entsprechen (SCHMIDT/DAUME 1996, S. 187). Werden diese Mitarbeiter mit komplexen Aufgaben und größeren Entscheidungs- und Handlungsspielräumen konfrontiert, so „bewältigen" sie diese inkompatiblen Anforderungen eher mit kurzen Abwesenheiten von der Arbeit. In der Vergrößerung von Motivierungspotentialen und der Schaffung von Handlungsspielräumen liegt deshalb nicht die Lösung aller Probleme, sondern eine differentielle und individuelle Arbeitsgestaltung könnte eine verbesserte Passung von Person-Arbeits-Bezügen leisten (a.a.O., S. 188). In der Fluktuationsstudie von BAILLOD/SEMMER (1994) erweist sich die Skala „Zufriedenheit mit dem Führungsklima" (Mitbestimmung, betriebliche Informationspolitik) als der wirksamste Einflussfaktor aus der Gesamtheit aller Arbeitszufriedenheitsfacetten.

Aus der Vorstellung von Fehlzeiten und Fluktuation als Formen des Rückzugs lassen sich ganz unterschiedliche Vorhersagen über die Richtung der Beziehung zwischen beiden Verhaltensweisen ableiten. In ihrem progredienten Rückzugsmodell nehmen HERZBERG et al. (1957) an, dass der endgültige Bruch mit der Organisation in Form des freiwilligen Ausscheidens den zunächst schwächeren Rückzugsmanifestationen, wie erhöhten Fehlzeiten, nachfolgt. Auch HILL/TRIST (1953) interpretieren Fehlzeiten und Fluktuation als Rückzugsalternativen mit negativer Korrelation. SCHMIDT/DAUME (1996, S. 185) hingegen ermittelten eine signifikant positive Korrelation. Allerdings dürften Fluktuationsentscheidungen weniger leicht zu treffen und im Verhalten durchsetzbar sein, als die Entscheidung der Arbeit zeitlich befristet fernzubleiben.

RAYNER (1997) gibt in seiner Studie an, dass 27% der Mobbingbetroffenen ihren Arbeitsplatz kündigten. In weiteren deutschen Untersuchungen (Gießener, Konstanzer und DAG-Stichprobe) entschieden sich immerhin 15% zur Eigenkündigung (ZAPF 1999, S. 20). Als Bewältigungsstrategie ermittelten KNORZ/ZAPF (1996, S. 19) bei 14% der Mobbingbetroffenen die Kündigung auf eigenen Wunsch. In der deutschen Repräsentativerhebung wechselte knapp jeder dritte Gemobbte freiwillig den Arbeitsplatz im Betrieb, fast jeder Vierte kündigte selbst (22,5%) sowie über 20% wurden zwangsweise gekündigt oder versetzt (MESCHKUTAT et al. 2002). Eine Studie der schwedischen Gewerkschaft SIF belegt, dass 60% der Befragten eine Eigenkündigung vollzogen, weil am Arbeitsplatz Unbehagen und Schikane herrschte (NIEDL 1995b, S. 63). Eine erhöhte Fluktuationstendenz findet auch VARTIA (1991, S. 134): 46% der von Mobbing betroffenen Beschäftigten denken daran, ihr Unternehmen zu verlassen.

Analog zu den Fehlzeiten ruft eine hohe Fluktuationsrate betriebswirtschaftliche Kosten hervor. Neben den beschriebenen Konsequenzen gehen dem Unternehmen damit immer wieder Arbeitnehmer mit spezifischen Betriebswissen verloren, neue Mitarbeiter müssen angelernt werden. Außer den personalwirtschaftlichen Kosten erzeugen auftretende Produktivitätseinbußen während dieser repetitiven Übergangsphasen weitere Verluste.

D. 2.2.3 Produktivität – Änderung des Arbeitsverhaltens
(a) Arbeitsleistung

Arbeitsleistungen werden durch Mobbing nicht nur willentlich bzw. motivational (siehe Kapitel D. 2.2.3, Absatz b) zurückgefahren, sondern durch die feindseligen Handlungen selbst und damit hervorgerufene suboptimale Arbeitsabläufe limitiert. So kommt es beim Mobbing zur Verschlechterung kommunikativer Beziehungen zwischen oder innerhalb der Hierarchieebenen, wodurch geringere Arbeitsleistungen als potentiell möglich erreicht werden. Mobbing zerstört produktive Vertrauensbeziehungen (KRÄKEL 1997). Oft werden Arbeitsabläufe – neben der Behinderung durch herabgesetzte kommunikative Tätigkeiten – auch direkt/aktiv (Verweigerung von Informationen/Kooperation, Sabotage) oder indirekt/passiv (kein Aufmerksammachen auf stille Leistungsreserven, Ignorierung von Fehlern) durch den Mobbingtäter verschlechtert.

Zum anderen können Arbeitnehmer, durch ihre aufgrund der Mobbingfolgen herabgesetzte psychische und körperliche Leistungsfähigkeit, nur ein geringeres Niveau an Arbeitsleistungen vollbringen. Mobbing bedeutet sozialen Stress am Arbeitsplatz, der sich auf die Art und Weise der Arbeitserledigung auswirkt:

Quantitative Veränderung des Leistungsverhaltens: Menschen, die unter Stress stehen, arbeiten anders als im entspannten Zustand. Einige arbeiten langsamer, während andere hingegen ihre Geschwindigkeit erhöhen. Dies kann zu Erhöhungen der Personalkosten bzw. Minderungen der Qualität führen.

Qualitative Veränderung: Es wird oberflächlicher gearbeitet, so dass eine höhere Fehlerquote auftritt. Die Arbeitsqualität sinkt, und die Effizienz der Bearbeitung einer Aufgabe lässt insgesamt nach. Einige Menschen arbeiten unter Stressbedingungen noch fehlerfrei, benötigen aber mehr Zeit für die gleiche Arbeit.

Veränderung der Arbeitsweise: Einerseits können Menschen, die Stress ausgesetzt sind, häufig riskantere Arbeitsstrategien bevorzugen. Durch beispielsweise Missachtung von Sicherheitsbestimmungen steigt die Gefahr von Arbeitsunfällen. Andererseits können gestresste, schikanierte Mitarbeiter ihr persönlich eingesetztes Risiko aus Angst zurücknehmen, so dass die Kreativität bei der Bewältigung z.B. neuer Aufgabeninhalte reduziert wird (DUNCKEL/ZAPF 1986, S. 20; RESCH 1994, S. 156).

In ihrer Studie ermittelten MESCHKUTAT et al. (2002, S. 77) unter Mobbingbetroffenen Verunsicherung und Nervosität bei der Arbeitserledigung (jeweils ca. 60%), Leistungs- und Denkblockaden (57,0%), Zweifel an den eigenen Fähigkeiten (54,3%), Unkonzentration bei der Arbeit (51,5%) und vermehrtes Auftreten von Fehlern (33,5%). Niedrige Produktivität durch Mobbing wird auch in der Konstanzer und DAG-Studie zusammen berichtet: 55% der Gemobbten im Vergleich zu 30% Nichtgemobbter geben an, dass in der Organisation, in der sie beschäftigt sind, nicht effizient gearbeitet wird (ZAPF 1999, S. 20). In einer skandinavischen Untersuchung erlebten 27% der Befragten Mobbing am Arbeitsplatz als effektivitätsreduzierend (EINARSEN/RAKNES 1991, S. 44).

(b) Leistungsmotivation, Arbeitszufriedenheit und Innere Kündigung

Die Arbeitsleistung wird nicht nur durch physische und psychische Belastungsfaktoren bestimmt, sondern auch durch die Bereitschaft zur Leistung. Bei der Leistungsmotivation spielen Einstellungen/Zufriedenheitsurteile zu einer Vielzahl von Einzelaspekten der Arbeit (z.B. Bezahlung, Vorgesetztenverhalten, Arbeitsinhalt, Arbeitsplatzsicherheit etc.) bis hin zur Verbundenheit von Personen mit ihrer Organisation („commitment") und bestimmten Merkmalen der Organisation selbst (z.B. Betriebs- und Gruppengröße, Hierarchisierungsgrad, Lohn- und Anreizsysteme etc.) eine wichtige Rolle, die als Gesamtheit die Arbeitszufriedenheit bilden (SCHMIDT/DAUME 1996, S. 181). Das „Rückzug-Modell" nennt als Determinanten der Arbeitszufriedenheit soziale Faktoren (Betriebsklima, Gruppenintegration, Vorgesetztenverhalten), Merkmale der Tätigkeiten (Über-/Unterforderung, Abwechslung, Verantwortung), Arbeitsbedingungen (physische Belastungen wie Lärm, Hitze/Kälte etc. und psychische Belastungen wie Stress), Bezahlung und Arbeitszeit (Mehrarbeit, Schichtarbeit, Arbeitszeitregelungen) (ZIEGLER et al. 1996, S. 205), welche beim Mobbing allesamt gestört sein können.

Das „Job Characteristics"-Modell von HACKMAN/OLDHAM (1976) geht von der Annahme aus, dass eine Reihe von arbeitsbezogenen Einstellungen (z.B. Arbeitszufriedenheit, Leistungsmotivation) und Verhaltensformen (z.B. Fehlzeiten und Fluktuation) von der wahrgenommenen Ausprägung der Aufgaben- bzw. Tätigkeitsmerkmale „Anforderungsvielfalt", „Aufgabengeschlossenheit", „Bedeutsamkeit der Aufgabe", „Autonomie" (Organisation der Arbeit in weitgehender Selbständigkeit) und „Rückmeldung" beeinflusst werden (Abbildung 13). Diese fünf Aufgabenmerkmale werden zu einem Gesamtindex zusammengefasst als intrinsisches „Motivierungspotential der Arbeit" bezeichnet, der durch die moderierende Personenvariable „Bedürfnis nach persönlicher Entfaltung" (Wunsch nach Selbständigkeit, Herausforderung und Weiterentwicklung bei der Arbeit) ergänzt wird (SCHMIDT/DAUME 1996, S. 182).

Abbildung 13: Job Characteristics Model nach HACKMAN (1977, S. 129) (in STAEHLE 1991, S. 643)

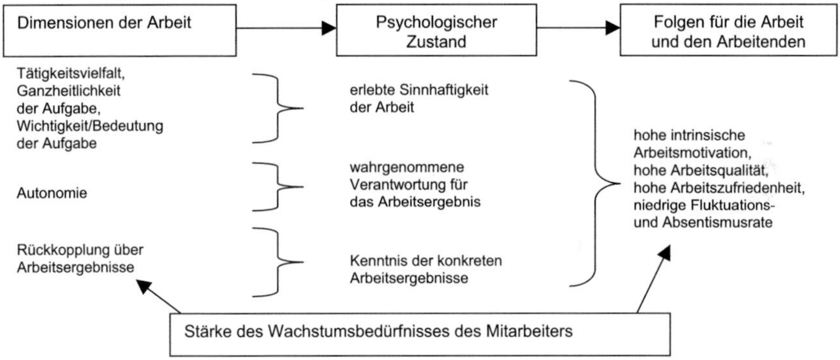

Dimensionen der Arbeit	Psychologischer Zustand	Folgen für die Arbeit und den Arbeitenden
Tätigkeitsvielfalt, Ganzheitlichkeit der Aufgabe, Wichtigkeit/Bedeutung der Aufgabe	erlebte Sinnhaftigkeit der Arbeit	hohe intrinsische Arbeitsmotivation, hohe Arbeitsqualität, hohe Arbeitszufriedenheit, niedrige Fluktuations- und Absentismusrate
Autonomie	wahrgenommene Verantwortung für das Arbeitsergebnis	
Rückkopplung über Arbeitsergebnisse	Kenntnis der konkreten Arbeitsergebnisse	

Stärke des Wachstumsbedürfnisses des Mitarbeiters

Je nach persönlichem Ausprägungsgrad des Entfaltungswunsches entsteht zwischen einem vielfältigen, autonomen Arbeitsinhalt eine negative oder positive Korrelation mit der Arbeitszufriedenheit und der Leistungsmotivation (sowie mit den Fehlzeiten- und Fluktuationsmaßen). In der Regel wird aber von einem hohen Entfaltungsbedürfnis hinsichtlich komplexer und selbständiger Aufgaben ausgegangen, die zu gesteigerter Leistungsmotivation und Arbeitszufriedenheit führen.

Die jeweiligen Aufgabeninhalte sind jedoch nicht vollständig durch übergeordnete Strukturen der Arbeitsorganisation determiniert, sondern Vorgesetzte verfügen in deren Rahmen noch über beträchtliche Möglichkeiten, auf die Aufgaben- und Tätigkeitsinhalte der Mitarbeiter einzuwirken und sind somit ein sozialer Einflussfaktor (SCHMIDT 1996, S. 60). Schafft der Vorgesetzte motivationsanregende Arbeitsbedingungen, so kann er einen günstigen Einfluss auf die Leistungsmotivation (und negativ korrelierten auf das Abwesenheits- und Fluktuationsverhalten) der Mitarbeiter ausüben. Im Verlauf des Mobbing wenden Vorgesetzte aber häufig Verhaltensweisen an, die dieser Motivation entgegenwirken. Das Motivierungspotential der Arbeit wird nicht nur durch die Zufriedenheit mit den Entfaltungsmöglichkeiten bei der Arbeit sowie die intrinsische Arbeitsmotivation positiv bestimmt, sondern auch durch die Qualität der eigenen Arbeitsleistungen (SCHMIDT/DAUME 1996, S. 182), die Gemobbte zumeist nicht mehr erbringen können.

In der Motivationspsychologie stehen die Motive der Person, wie z.B. Hunger, Durst, Angst, Selbstverwirklichung oder das Anschlussmotiv im Vordergrund und werden als latente Verhaltensbereitschaften (z.B. Arbeitsverhalten) definiert:

Abbildung 14: Motivationspsychologisches Modell zur Erklärung der Arbeits- und Anwesenheitsmotivation von Mitarbeitern (verändert nach STEERS/RHODES (1978))

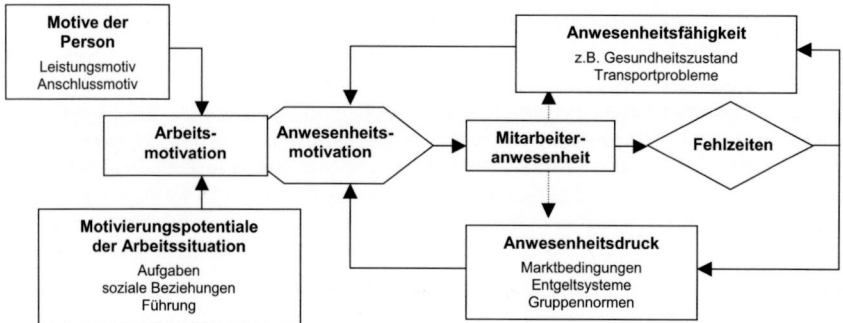

Das Motivziel anschlussthematischen Handelns basiert auf der Herstellung und Bewahrung sozialen Anschlusses und dem Erleben von Vertrauen, Sympathie und Liebe. Eine Person mit starkem Anschlussmotiv ist also nur dann motiviert, am Arbeitsplatz zu erscheinen, wenn ihr Arbeitsumfeld über entsprechende Anreize bzw. Motivierungspotentiale zur Erfüllung ihrer Motivziele verfügt. Sie sind gegeben, wenn man z.B. in einer Arbeitsgruppe eine positive Zusammenarbeit wiederfindet und Kontakt zu einer Vielzahl von Personen hergestellt werden kann. Ähnlich verhält es sich mit dem Motiv der Selbstverwirklichung (Leistungsmotiv): Die Merkmale der Arbeitsaufgaben und das Führungsverhalten bestimmen in hohem Maße das Motivierungspotential der Arbeit für die jeweilige Person. Wird die Person jedoch zu Arbeitstätigkeiten aufgefordert, die ihrem Motivziel nicht entsprechen (mögliche Mobbinghandlung), so führt dies zu eher geringer Arbeits- und Anwesenheitsmotivation und auch zu erhöhten Fehlzeiten (Abbildung 14).

Hohe Motivierungspotentiale für Personen mit starkem Leistungsmotiv ergeben sich dann, wenn der Person Handlungsspielräume für die Übernahme von Verantwortung eingeräumt werden und die Komplexität der Aufgaben deren Vorstellung entspricht. Aus diesem Zusammenspiel der Motive der Person und den Motivierungspotentialen der Arbeit ergibt sich die Höhe bzw. Stärke der Arbeitsmotivation einer Person (KLEINBECK/WEGGE 1996, S. 165ff). In Mobbingsituationen wird die Befriedigung des Anschlussmotivs und des Motivs nach Selbstverwirklichung massiv gestört oder verhindert und das Motivierungspotential der Arbeit bei den Betroffenen durch arbeitsbezogene Mobbinghandlungen reduziert.

Innere Kündigung

Das Phänomen „Innere Kündigung" wird seit Anfang der 80er Jahre in der Personalforschung und in der Managementpraxis behandelt (RICHTER 1999, S. 113). Zentrales Thema der Personalforschung ist die Frage nach den Bedingungen zur Erhaltung und Steigerung der Leistungsbereitschaft der Mitarbeiter. Konventionell wurden solche Parameter wie finanzielle Anreize für die Mitarbeiter betont, mittlerweile wird aber die Bedeutung sozialer Umgebungsfaktoren (z.B. Mitarbeiterorientierung versus Mobbing) und die nicht unerhebliche Wirkung des Weiterbildungsbereichs für ein leistungsförderliches Klima in betrieblichen Organisationen eingeräumt.

In Befragungen stimmt ein Großteil der Personalverantwortlichen aus verschiedenen Wirtschaftsbereichen der Definition zu, dass Innere Kündigung die *„stille, mentale und teilweise bewusste Verweigerung bzw. der Verzicht auf engagierte Leistung eines Mitarbeiters in der Unternehmung"* ist (KRYSTEK et al. 1995, S. 11; HÖHN 1989, S. 21). Der Mitarbeiter möchte seine Stelle zwar behalten, beabsichtigt aber durch ein bestimmtes Verhaltensmuster, sich aufgrund der als frustrierend empfundenen Arbeitssituation in keiner Weise mehr in der Organisation zu engagieren (KRYSTEK et al. 1995, S. 11). Dieses Verhalten entzieht sich zumeist der direkten Wahrnehmung des Vorgesetzten und stellt einen schleichenden Prozess dar (RICHTER 1999, S. 116).

Die praxisnahe Managementliteratur sowie wissenschaftlich orientierte Beiträge geben als Entstehungsgründe sowohl Ursachen in der Person des Mitarbeiters (etwa in persönlichen Problemen), im unmittelbaren (mikro-)sozialen Umfeld am Arbeitsplatz (etwa in Konflikten mit Kollegen, unter Umständen Mobbing), in Bedingungen auf der Organisationsebene (etwa in verfehlter betrieblicher Personalpolitik, die als Mobbing erlebt wird) als auch in allgemeinen gesellschaftlichen Entwicklungstrends (etwa im Wandel arbeitsbezogener Einstellungsmuster) an (LÖHNERT 1990; KRYSTEK et al. 1995). Nach FALLER (1991, S. 191) ist zentrale Ursache bei der Entstehung von Innerer Kündigung ein subjektives Erleben von Unzufriedenheit mit der Arbeit in Form von erfahrenem „Verlust von Situationskontrolle" und erfahrenen „Autonomieeinbußen" bei Bemühungen im Umgang mit einer *„andauernd frustrierend und aversiv erlebten Arbeitssituation"*, wie sie beispielsweise während des Mobbing entsteht.

Ein hohes Ausmaß von Innerer Kündigung kann also als Indikator ausgeprägter organisationaler Defizite (z.B. unangemessene bürokratische Verfahrensweisen), Führungsfehler, geringer Motivationsfähigkeit, einer auf Misstrauen und Kontrolle beruhenden Unternehmenskultur und allgemein schlechten Personalmanagements in einem Unternehmen angesehen werden. In Großunternehmen mit einer gewissen Stufe der Bürokratisierung und in öffentlichen Verwaltungen kann Innere Kündigung auch systemkonformes Arbeiten bedeuten und wird als „Ruhe an der Front" betrachtet (ECHTERHOFF et al. 1997, S. 34). Initiativ arbeitende und aktiv handelnde Menschen erleben in Organisationen der Wirtschaft und Verwaltung häufig, dass ihre außergewöhnlichen Anstrengungen von Vorgesetzten und Kollegen kritisiert, missbilligt, ignoriert, umgangen oder anderen gutgeschrieben werden (a.a.O., S. 36). Aus der Wahrnehmung, mit aktivem Verhalten nichts bewirken zu können, resultieren Pessimismus, Resignation und Passivität.

Nach MASLOW (1954) entsteht Innere Kündigung, wenn im betrieblichen Umgang die Bedürfnisse der Mitarbeiter nach fundamentaler physiologischer Existenz, Sicherheit, Liebe und Zugehörigkeit, Wertschätzung und Selbstverwirklichung missachtet werden (ECHTERHOFF et al. 1997, S. 35). Alle Ansätze zur Inneren Kündigung betonen den Aspekt, dass die Übersetzung/Transformation von Arbeitsvermögen in Arbeit im wesentlichen von Motivation abhängt (NACHBAGAUER/RIEDL 1999, S. 10). Innere Kündigung ist die Äußerung eines individuellen, motivationalen Defizits unter Vermeidung negativer Sanktionen (a.a.O., S. 11). Leistungszurückhaltung ohne Sanktionierung ist nur möglich, da in manchen Unternehmen Eigenschaften wie Pünktlichkeit und Ordnungsliebe einen über die unmittelbaren

Produktionserfordernisse hinausgehenden Charakter als Hinweis für Leistungsfähigkeit erhalten haben. Die „tatsächliche" Leistung wird überhaupt nicht registriert (a.a.O., S. 12). RICHTER (1999, S. 117) sieht Innere Kündigung als womöglich stark negative Ausprägung eines Zustands hoher, teilweise mobbingbedingter Arbeitsunzufriedenheit mit entsprechendem reduktiven Arbeitsverhalten. HERZBERG et al. (1967) unterscheiden zwischen Faktoren, die Arbeitszufriedenheit erzeugen (Motivatoren „satisfiers"), und Faktoren, die Unzufriedenheit vermeiden helfen (Hygienefaktoren „dissatisfiers"). Wird in diesem Sinne Innere Kündigung als Deprivation und Arbeitsunzufriedenheit verstanden, so liegen die Ursachen im Nichtwirken von Hygienefaktoren wie falscher Unternehmenspolitik, schlechten Arbeitsbedingungen, niedrigem Einkommen etc. (RICHTER 1999, S. 117), die unter anderem Mobbinghandlungen darstellen können.

Aus betriebswirtschaftlicher Sicht gilt es, Innere Kündigung als getarnte Leistungszurückhaltung (NACHBAGAUER/RIEDL 1999, S. 10) unter Kostengesichtspunkten entschieden anzugehen. Für die Organisation entstehen höhere Kosten durch Absentismus, vermehrten Ausschuss und ungenutzte Potentiale. Innerlich gekündigte Arbeitnehmer im Unternehmen stehen der gezielten Abschöpfung von Leistungsreserven der Beschäftigten entgegen (BÜCHI 1992, S. 66) und werden als Kostenfaktoren und Wettbewerbshemmungen angesehen. Die personalökonomischen Folgen sind Qualifikationsverlust, Freundlosigkeit bei der Arbeit, in Arbeitsgruppen werden Aufgaben nicht mehr effizient erfüllt, neue Ideen oder konstruktive Kritik nicht mehr eingebracht, soziale Kontakte, in deren Verbindung Probleme und Konflikte befürchtet werden, zurückgenommen. Es zeigen sich die deutlichen Parallelen zu einem Mobbingprozess. Innerlich Gekündigte finden sich angeblich in allen Organisationen: private Unternehmen, öffentliche Verwaltung, non-profit-sector, Industrie und Dienstleistungsbereich. Wie beim Mobbing sind offenbar alle Wirtschaftszweige und Branchen betroffen (RICHTER 1999, S. 115).

Mobbing als Bruch des Inneren Vertrags – Innere Kündigung in vertragstheoretischer Sicht
Innere Kündigung wird in dieser Sichtweise als Reaktionsform eines Mitarbeiters auf den Bruch des Inneren Vertragsverhältnisses (FALLER 1991) zwischen Individuum und Organisation verstanden, wie er beispielsweise durch Mobbing stattfindet. Das Konzept des Inneren Vertrages besagt, *„dass sowohl das Individuum als auch die Organisation sich gegenseitig mit vielfältigen Erwartungen gegenüberstehen, die vertraglich nicht fixiert sind und auch rechtlich nicht gesichert werden können"* (a.a.O., S. 32). Ein befriedigendes Arbeitsverhältnis ist nur bei Einlösung und Aufrechterhaltung der beiden Vertragsarten formaler bzw. Äußerer Vertrag (Regelungen des Arbeitsvertrags) und Innerer Vertrag zu erwarten. Von Arbeitgeberseite bestehen Innere Verträge etwa aus Erwartungen an den Arbeitnehmer hinsichtlich Loyalität, Bereitschaft zur Unterordnung, beinahe jederzeitiger Verfügbarkeit und über das geforderte Minimum hinausgehendes Engagement bei der Arbeit. Auf Seiten des Arbeitnehmers existieren informelle Ansprüche und Forderungen (die durch Mobbinghandlungen attackiert werden) in Bezug auf ein akzeptables soziales Umfeld und Gerechtigkeit, eine angemessene Aufgabenbelastung, eine berufsadäquate Verwendung und Schaffung von Bedingungen, die Reproduktionsinteressen entgegenkommen und Entwicklungsmöglichkeiten bieten, die kompatibel mit den berufs- und erwerbsbiographischen Entwürfen der Mitarbeiter sind (RICHTER 1999, S. 118; ECHTERHOFF et al. 1997, S. 35).

Hinsichtlich der vertragstheoretischen Konstruktion liegt eine Ursache von Innerer Kündigung im Bruch des „Inneren Laufbahnvertrages", der informelle Ansprüche des Arbeitnehmers über Beförderungen, Fort- und Weiterbildung beinhaltet. Ein Konflikt zwischen Individuum und Organisation wie beispielsweise beim Mobbing, der die individuelle Laufbahn (Karriereinteressen, subjektive Laufbahnprojektion) betrifft, stellt eine zentrale Ursache für Innere Kündigung dar (RICHTER 1999, S. 133).

In der Anreiz-Beitrags-Theorie (MARCH/SIMON 1958) stellen Organisationsmitglieder immer wieder Vergleiche zwischen den von der Organisation offerierten Anreizen und den Aufwendungen, d.h. in erster Linie der Arbeitsleistung, an, die von der Organisation eingefordert werden. Übersteigen die eingeforderten Beiträge den Nutzen (z.B. durch Mobbinghandlungen reduziert), so wird eine Reaktion (z.b. Innere Kündigung) folgen, die für das Organisationsmitglied einen Ausgleich für schikanierende Verhaltensweisen am Arbeitsplatz herstellt. Die Innere Kündigung stellt eine „legitime" Reaktion auf die aus Sicht des Arbeitnehmers vorausgegangene „illegitime" Kündigung des Inneren Vertrags durch den Arbeitgeber dar (LÖHNERT 1990, S. 30ff).

Das **EVLN-Modell** von WITHEY/COOPER (1989) führt mehrere Handlungsoptionen auf. Die Option „Abwanderung" („exit") entspricht einer echten Kündigung, bei der die Auflösung des Äußeren Vertrages eine Reaktion auf den Bruch des Inneren Vertrages darstellt. Der Mitarbeiter verlässt mit aktiver Entscheidung die Organisation. Dies wird dann realistisch, wenn die Bindung an das Unternehmen gering ist und das Verlassen als die effektivere Variante gegenüber dem Verbleib betrachtet wird (NIEDL 1995b, S. 166). Eine weitere aktive, aber konstruktive Reaktionsform besteht in der Handlungsoption „Widerspruch" („voice"), die über aktive Versuche (z.B. Gespräche oder Beschwerden über Mobbing bzw. zu ändernde Bedingungen), die unbefriedigende Situation zu verbessern, auf die Wiederherstellung des Inneren Vertrages abzielt. Das Arbeitsverhältnis wird unter einer angepassten „moralischen Ökonomie" fortgeführt. Da die Opportunitätskosten dieser beiden Verhaltensweisen aber hoch sind (Arbeitsplatzverlust) oder wenig Erfolgsaussichten (Arbeitgeber nimmt Mobbing nicht ernst) bestehen (RICHTER 1999, S. 121), kann Innere Kündigung („neglect" als arbeits- und leistungsmäßiger Rückzug) eine attraktive Reaktionsform sein, die alternativ zur Äußeren Kündigung (aufgrund problematischer Arbeitsmarktbedingungen) bewusst gewählt wurde. Als vierte, ebenfalls passive Reaktionsmöglichkeit wird im EVLN-Ansatz „loyalty" (passives Abwarten mit Hoffnung auf Selbstbesserung/-heilung der Organisation) eingeführt, die sich aber kaum von „neglect" abgrenzen lässt und eher als moderierende Variable angesehen werden sollte (Abbildung 15). Beim „neglect" vermeidet das Individuum ebenfalls, aktive Verbesserungen der Situation vorzunehmen und zieht sich zurück (NIEDL 1995b, S. 167).

Abbildung 15: Modell der Inneren Kündigung als Reaktionsform auf den Bruch Innerer Verträge (verändert nach RICHTER 1999, S. 123)

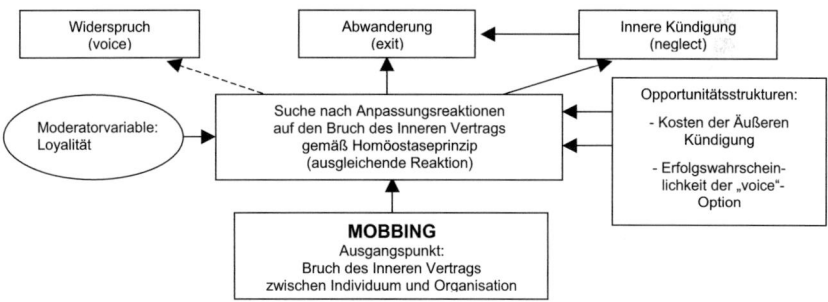

NIEDL (1995b, S. 178) abstrahierte in seiner Stichprobe von 10 Mobbingklinik-Patienten die einzelnen Verlaufsmuster der Reaktionen Exit, Voice, Loyalty und Neglect über die Dauer von Mobbing und stellte sie in Quadranten des EVLN-Modells nach WITHEY/COOPER dar:

Abbildung 16: Zeitliche Verlaufsmuster der Verhaltensänderungen von Mobbingbetroffenen (NIEDL 1995b, S. 227)

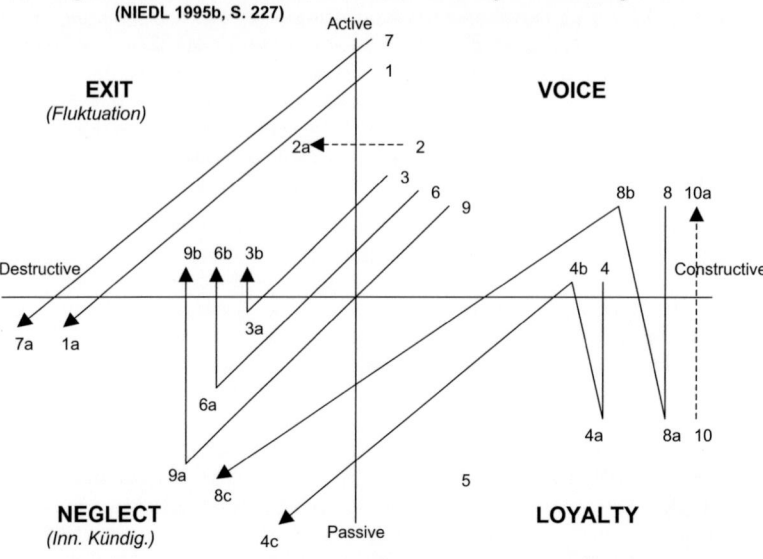

Die Erstreaktion der Probanden auf die feindselige Behandlung ist in Form einer Ziffer ohne Buchstabe eingetragen, die weiteren Reaktionsmöglichkeiten entsprechen der Buchstabenfolge a, b und c (Abbildung 16). Die überwiegende Mehrheit der Patienten beginnt mit einem Verhalten im Sinne von Voice. Neun von zehn Patienten zeigten am Arbeitsplatz aktives Voice-Verhalten, 40% verharrten zeitweise in Loyalty. Da allerdings die Lösungsversuche der Betroffenen z.t. unerledigt bleiben oder das Problem nicht ernst genommen wird, erfolgt bei 50% der Probanden die Zweitreaktion als Innere Kündigung (neglect). Die meisten Finalreaktionen, zudem noch destruktiv, liegen in den Quadranten Neglect und Exit (a.a.O., S. 228). Verhaltensformen des Neglect bedienten sich im Laufe des Mobbingprozesses 70% der Patienten, mehr als jeder Dritte (40%) entschied sich schließlich für Exit-Verhalten (a.a.O, S. 222). In beiden Fällen kommt es für das Unternehmen durch Mobbing zum Verlust des Humankapitals und zu erheblichen Kosten. Einfluss auf die Wahl der Verhaltensreaktionen können auch hier der früheren Arbeitszufriedenheit (bis zum Eintritt der Mobbingsituation), den realen indirekten und direkten Kosten einer Handlung (Zeit- und Energieaufwand, negative Begleitumstände, Verlust sozialer Investitionen) und dem „affective" und „continuance commitment" (gefühlsmäßige Bindung an das Unternehmen) zugeschrieben werden (a.a.O., S. 216ff).

NACHBAGAUER/RIEDL (1999, S. 13) machen darauf aufmerksam, dass die Zuschreibung von Innerer Kündigung zu einer Person auch eine stigmatisierende und ausgrenzende (Mobbing-)Handlung selbst sein kann, die ohne beweisbare Leistungsabweichung willkürlich erfolgt und sich dann im Sinne der selbsterfüllenden Prophezeiung ihre eigene Begründung und Bestätigung sucht.

Das Potsdamer Gallup-Institut ermittelte für 2001, dass jeder sechste Deutsche seine Arbeitszeit möglichst unproduktiv, in gedanklicher Abwesenheit und mit sabotierenden Handlungen verbrachte. Nur ganze 16% aller Arbeitnehmer zeigten sich engagiert. Für 2002 zeigen sich die Ergebnisse noch drastischer: Nur noch 15% sind am Arbeitsplatz engagiert. „Innerlich verabschiedet" haben sich bereits 16% und 69% fühlen sich ihrem Unternehmen gegenüber nicht besonders verpflichtet (PILGRAM 2002).

KRYSTEK et al. (1995, S. 24) nehmen an, dass Innere Kündigung deutschlandweit in Unternehmungen bei 24% der Mitarbeiter vorkommt. RICHTER (1999, S. 125) ermittelte in einer größeren deutschen Verwaltungsbehörde einen Anteil Innerlicher Kündigung von 16,6%. Innere Kündigung steht mit dem subjektiv erfahrenen Handlungs-, Kontroll-, Interaktions-, Kooperations- und Entscheidungsspielraum in Zusammenhang und findet sich daher verstärkt in den unteren Ebenen einer Unternehmens- und Betriebshierarchie (a.a.O., S. 127; KRYSTEK et al. 1995, S. 25). Innerlich Gekündigte besitzen wie Gemobbte eine signifikant höhere Anzahl von krankheitsbedingten Fehltagen, fallen durch erheblich schlechtere Arbeitszufriedenheitswerte auf und zeigen einen schlechteren Gesundheitszustand und subjektives Wohlbefinden aufgrund der als belastend empfundenen Arbeitssituation (RICHTER 1999, S. 129ff). ECHTERHOFF et al. (1997, S. 33) rechnen mit 40% innerer Emigranten in Großunternehmen. Bei MESCHKUTAT et al. (2002, S. 77) geben 71,9% der Mobbingbetroffenen an, dass sich bei ihnen Demotivation zeigte. Über die Hälfte kündigte innerlich (57,3%) und zog sich zurück (58,9%). Als persönliche Bewältigungsform nutzten 4,2% der Betroffenen „Dienst nach Vorschrift" (a.a.O., S. 101). Insgesamt zeigten sich bei 98,7% der Beschäftigten, die zur Zielscheibe von Schikanen, Intrigen und Ausgrenzung wurden, Auswirkungen auf das Arbeits- und Leistungsverhalten (a.a.O., S. 128).

Skandinavische Untersuchungen bestätigen die Ergebnisse der deutschen Repräsentativstudie. So meinen bei EINARSEN/RAKNES (1991, S. 44) 20% der 2082 Befragten, dass Mobbing am Arbeitsplatz die Arbeitsmotivation verringert. In der Konstanzer und DAG-Studie zusammen vermissen 30% der Gemobbten im Vergleich zu 6% Nichtgemobbter Engagement und Arbeitsanstrengung in ihrer Organisation (ZAPF 1999, S. 20).

(c) Arbeitszeitbudget der Mobbingtäter, Mobbingopfer und betrieblicher Institutionen

BASSMAN (1992, S. 149) macht darauf aufmerksam, dass beträchtliche Opportunitätskosten entstehen, da *„Mitarbeiter von schikanierenden („abusive') Vorgesetzten [...] beträchtliche Zeit auf die Diskussion der Situation und auf gegenseitige Hilfe zum Überleben"* verwenden, und während dieser Bewältigungsversuche die Zeit nicht für Arbeitserledigungen zur Verfügung steht.

Für 2000 ermittelten MESCHKUTAT et al. (2002, S. 24), dass insgesamt 5,5% der erwerbstätigen Bevölkerung im Laufe des Jahres von Mobbing betroffen waren. Die durchschnittliche Mobbingdauer aller Fälle des Jahres 2000 beträgt 6,7 Monate. Dieser Wert entspricht 55,8% von 12 Monaten individuellen Jahresarbeitszeitvolumens der Mobbingbetroffenen, die durch Mobbing bestimmt waren. Unter der Annahme einer durchgängigen Beschäftigung folgern MESCHKUTAT et al. (a.a.O., S. 25), dass insgesamt 3,1% des Arbeitszeitvolumens aller Erwerbstätigen in 2000 durch Mobbing gekennzeichnet ist. Diese Zahl beinhaltet nicht einmal das für Mobbingaktionen nötige Zeitbudget der Täter, die währenddessen nicht ihren primären Arbeitsaufgaben nachgehen. Des weiteren zu addieren ist der zeitliche Aufwand betrieblicher Institutionen (Vorgesetzte, Personalabteilung etc.), die sich in fortgeschrittenen Phasen mit dem Mobbingfall beschäftigen müssen.

D. 2.2.4 Betriebsklima und Unternehmensimage

Sowohl der Begriff des Betriebsklimas (soziologisch orientierter Ansatz) als auch der psychologisch orientierte Ansatz des Organisationsklimas beschreiben die subjektive Sichtweise der Beschäftigten von ihrer Organisation. STAEHLE (1991, S. 453ff) bezeichnet das Konzept des Organisationsklimas als einen Filter, der sich *„zwischen die objektiven, rational planbaren Aspekte der Organisation (Strukturvariablen) und das Verhalten von Organisationsmitgliedern (Verhaltenskonsequenzen)"* schiebt und führt fort: *„Darunter ist die gesamthafte Wahrnehmung und kognitive Verarbeitung organisationaler Stimuli (Situation) durch das Individuum zu verstehen. Wie die Organisationsmitglieder ihre Organisation, Vorgesetzten und Kollegen wahrnehmen und beschreiben, ist demzufolge eine Funktion **situativer*** und **personaler** Faktoren, die sich zu einem „persönlichen Bild" von der Organisation und ihren inneren und äußeren Gegebenheiten formen."

Einerseits verschlechtert sich im Verlauf von Mobbingzuständen in Unternehmen zusehends das Betriebsklima, andererseits fördert schlechtes Betriebsklima Mobbing. Mobbing zeigt sich also als ein Indikator von vielen potentiellen Anzeichen für suboptimales Betriebsklima (NIEDL 1995b, S. 29). Auch ZUSCHLAG (1994, S. 98) führt an, dass Mobbingtäter, unabhängig ihrer Hierarchieebene, nachhaltig und beträchtlich das Betriebsklima zum Schaden des Unternehmens und der Arbeitnehmer beeinflussen. NACHBAGAUER/RIEDL (1999, S. 13) sprechen von „indirekt produktiven" Arbeitnehmern, durch deren Existenz ein positives Betriebsklima geschaffen wird und deren Wert in der Aufrechterhaltung notwendiger informeller Kommunikationswege liegt. Im Umkehrschluss können Mobber als indirekt produktivitätsmindernde Mitarbeiter bezeichnet werden, die das Betriebsklima „negativieren". Mobbing wirkt sich über ein verschlechtertes Betriebsklima auch auf nicht beteiligte Personen aus, die ebenfalls demotiviert werden (KOLODEJ 1999, S. 109). Mobbing ist zudem ein Signal für die übrigen nichtgemobbten Mitarbeiter, das sich nicht nur auf ihre Leistungsbereitschaft, sondern auch auf ihre Identifikation mit dem Unternehmen auswirkt (NIEDL 1995a, S. 74).

Neben möglichen Problemen in der fristgemäßen und qualitativ normgerechten Bereitstellung von Dienstleistungen/Produkten durch fehlende oder demotivierte Mitarbeiter, die das eigene Unternehmensimage bei Lieferanten, Kunden, Klienten, Patienten etc. verschlechtern, können sich noch weitreichendere Auswirkungen durch Mobbing ergeben. Auf der personalwirtschaftlichen Ebene kann die hohe Fluktuation, insbesondere der Abgang von unzufriedenen, aber qualifizierten Mitarbeitern, negative Folgen für die Personalakquise haben. Ehemals gemobbte Arbeitnehmer berichten ihrer persönlichen Umgebung (Familie, Freunde, Bekannte, neue Kollegen) und auf dem Arbeitsmarkt von den erlebten Schikanen im Unternehmen X. Kommt es zu einer Vielzahl von Mobbingfällen im Unternehmen X, so dürfte das „personalwirtschaftliche Unternehmensimage" dieser Organisation erheblich beschädigt werden, so dass bei der Anwerbung/Akquise neuer, qualifizierter Arbeitnehmer deutliche Nachteile entstehen.

Im Auftrag des Bundesverbandes der Betriebskrankenkassen wurde durch das Institut für angewandte Sozialwissenschaft (Infas) 1991/92 eine Befragung von 2211 deutschen Arbeitnehmern und Berufstätigen zum Thema Betriebsklima durchgeführt. Jeder sechste Arbeitnehmer gab an, infolge schlechten Betriebsklimas unter körperlichen Beschwerden zu leiden (KOLODEJ 1999, S. 107). Als wesentlichste Ursachen für schlechtes Betriebsklima wurden Handlungen (Intrigen, Neid, Anschwärzen) genannt, die dem Mobbing zuzurechnen sind. Faktoren guten Betriebsklimas sahen die westdeutschen Befragten beispielsweise in Teamgeist (67%), selbständigem Arbeiten (65%), Anerkennung durch Vorgesetzte (56%), Kooperation mit Kollegen (52%), gerechte Aufteilung der Arbeit (52%), Weitergabe von Informationen (46%) und Beteiligung an Entscheidungen (45%).

D. 2.2.5 Kosten/Betriebsergebnis

Die Kostenfrage ist für Unternehmen natürlich von immenser Bedeutung – nur wenn Mobbing als bedeutsamer Kostenfaktor reflektiert wird, werden Betriebe in breiterem Stil als bisher präventive und interventive Maßnahme ergreifen (ZAPF 1999, S. 20).

Kosten durch Fehlzeiten: Nach EISSING (1991) ist davon auszugehen, dass pro 100 Beschäftigte ungefähr ein Betrag von 50.000 DM im Jahr anzusetzen ist, um die Personalausfälle auffangen zu können, die bei einer Fehlzeitenquote von 1% entstehen. Bei einer Organisation mit 1000 Beschäftigten und durchschnittlich 10% Fehlzeiten, ergibt sich eine Summe von 5 Millionen DM, die für Lohnfortzahlungen und die Beschäftigung von Ersatzkräften pro Jahr aufgebracht werden muss. Legt man zugrunde, dass der als unvermeidbar zu bezeichnende Krankenstand nach Schätzungen der AOK bei etwa 4 bis 5% liegt (KOWALSKI 1994), so verbergen sich in den als überflüssig anzunehmenden Krankenständen Einsparungspotentiale für dieses Unternehmen von bis zu 2,5 Millionen DM pro Jahr. NIEDL (1995a, S. 73) schätzt für ein Prozent Krankenstand die Kosten bei einem Unternehmen mit 1000 Mitarbeitern auf 400.000 DM.

Fluktuationskosten bestehen aus direkten (Aufwand für Einstellungsmaßnahmen eines neuen Mitarbeiters) und indirekten Kosten (Produktionsstörungen, Unruhe unter verbliebenen Beschäftigten, Imageverlust bei Lieferanten). Eine deutsche Unternehmensberatungsfirma hat die Kosten der Fluktuation für verschiedene Berufe konkretisiert: Lager- oder Facharbeiter 15.000 DM, Sekretärin oder mittlerer Facharbeiter 25.000 DM, höher qualifizierter Facharbeiter 50.000 DM und Führungskräfte (mit Jahreseinkommen von 120.000 DM) 400.000 DM (a.a.O.).

Zusätzlich entstehen **Kosten durch Reduktion des Commitments** (VON HOLZEN-BEUSCH et al. 1998). So konstatiert MEYER (1991), dass die Kosten der jährlichen Fehlzeiten (fast 10%) 35 Milliarden DM betragen und weitere 35 Milliarden DM Kosten entstehen, da entnervte Mitarbeiter durch verminderte Arbeitsmoral nur noch 50% Leistung bringen (LEYMANN 1993b). Missstände in der Arbeitsorganisation, z.b. mangelhafte Informationsweitergabe und Rechtsstreitigkeiten (ZAPF 1999, S. 20), aufgrund von Mobbing verursachen weitere Kosten, die aber schwerlich zu beziffern sind.

Weiters zu erwähnen sind die **Opportunitätskosten** der Zeit, die Opfer, Täter und Gremien für die Beschäftigung mit einem Mobbingfall aufwenden. Neben diesen direkten können auch indirekt folgende Opportunitätskosten durch entgangene Gewinne wegen Nichtrealisierung von Marktchancen, Konventionalstrafen durch verspätete Bereitstellung von Leistungen/Produkten, Ersatz von Mitarbeitern etc. entstehen (NIEDL 1995a, S. 72). Für einen schweren Fall von Mobbing setzt LEYMANN (1993b, S. 126) die Gesamtkosten des Arbeitgebers auf 140.000 DM an, einschließlich Produktivitätseinbußen und dem Arbeitszeit-Budget der Mobbingtäter.

STELZER (1992, S. 76) vermutet ebenso wie HILDEBRANDT (1994, S. 16), dass Unternehmen zwischen 50.000 und 100.000 DM **Kosten pro Mobbingopfer und Jahr** durch Fehlzeiten, Krankenstand, Leistungsminderung, Reibereien bei Arbeitsabläufen und Kündigung entstehen. Der schwedische Automobilkonzern Volvo berechnete jährliche Kosten von umgerechnet 7 Millionen DM in einer seiner Fabriken, die durch Qualitätsminderungen, Produktionsabbrüche und Mehrarbeit als Folge von Fehlzeiten und Personalumsatz entstanden. Dabei hob Volvo hervor, dass eine der Hauptursachen für die wirtschaftlichen Ausfälle in psychosozialen Defiziten am Arbeitsplatz und problematischen Konflikten zu finden war (LEYMANN 1993b, S. 124ff). Schätzungen von BASSMAN (1992) für die US-amerikanische **Wirtschaft** zufolge kosten „*stressbezogene Probleme und psychische Krankheiten (incl. Depression) die Unternehmen pro Jahr 150 Mrd. (Dollar) für Krankenversicherung und Erwerbsunfähigkeit, verlorene Produktivität und andere Ausgaben. [...] Der geschäftsführende Direktor des National Institute of Mental Health hat geschätzt, dass Depressions-Erkrankungen die U.S.-Wirtschaft 27 Mrd. Dollar kosten. Von diesem Betrag entfielen 17 Mrd. Dollar allein auf Fehlzeiten.*" BASSMAN (a.a.O., S. 145ff) eruiert drei Kostenkategorien: direkte Kosten (z.B. Behandlung von Erkrankungen, Fehlzeiten, Entschädigungen, Prozesskosten), indirekte Kosten (Qualität, Fluktuation, Fehlzeiten, schlechte Kundenbeziehungen, Sabotage- und Rachehandlungen) und Opportunitätskosten, also entgangener Gewinn, z.B. aufgrund von „lack of discretionary effort" (mangelnder freiwilliger hoher Leistungseinsatz).

RHEINZ (1994) behauptet ohne Quellenangabe, dass mit 6,2 Millionen Beschäftigten mehr als 16% der deutschen Erwerbstätigen „*angesichts hartnäckiger Zwistigkeiten mit Kollegen die Flucht in den Krankenstand*" ergreifen und die Folgekosten „*von Experten auf jährlich bis zu 100 Milliarden Mark geschätzt*" werden. Nach Angaben der Fachvereinigung Arbeitssicherheit (Fasi) verursachen Arbeitsunfälle sowie Berufskrankheiten in Deutschland jährlich 40 Milliarden Euro Kosten. Zunehmend würden dabei Stress im Job sowie Mobbing zu Buche schlagen (GEHRMANN 2002). RESCH (1993) schätzt für die Bundesrepublik, dass ein Mobbingfall Kosten in Höhe von 30.000 bis 100.000 DM pro Jahr verursacht, eingerechnet Arbeitsausfall des Mobbingopfers, Minderleistung der mobbenden Gruppe und Ausfall der Arbeitszeit von Vorgesetzten und der Personalabteilung. Umgerechnet auf die Gesamtwirtschaft bedeutet dies bei rund 1 Million Mobbingbetroffener (MESCHKUTAT et al. 2002; siehe Kapitel C. 2.1) einen jährlichen Schaden von mindestens 15,3 Milliarden Euro. Das Potsdamer Gallup-Institut beziffert den gesamtwirtschaftlichen Schaden, der sich aus schwacher Mitarbeiterbindung, hohen Fehlzeiten und niedriger Produktivität ergibt, auf jährlich 220 Milliarden Euro – das entspräche fast dem gesamten Bundeshaushalt 2003 (PILGRAM 2002).

NEUBERGER (1999, S. 98) kritisiert die willkürlich hochgerechneten Zahlen und ermittelt in Anlehnung an Schätzungen WILSONs (siehe Kapitel D. 2.3) für Deutschland umgerechnet 5 Milliarden DM Mobbing-Kosten, die wohl „realistischer" seien als „die Mondzahlen". Personalwirtschaftliche Kalkulationsmodelle, zu Beginn der 90er Jahre u.a. am betriebswirtschaftlichen Institut der Universität Stockholm entwickelt, zeigen eine hohe Rentabilität auf, wenn frühzeitig und ernsthaft rehabilitierende Investitionen in den Mobbingbetroffenen getätigt werden. Im Durchschnitt würden nur 1/10 bis 1/5 personalwirtschaftlicher Kosten im Vergleich zu ignorierendem Verhalten entstehen (LEYMANN 1993a, S. 279ff).

D. 2.2.6 Positive Wirkungen

NIEDL (1995a, S. 61) nennt zwei Strategien, wie Mobbing durch das Personalmanagement bewusst betrieben werden kann: „Management by Champignons" (bewusste Strategie der Nichtinformation von bestimmten Mitarbeitern) und „nach Sibirien schicken" (bewusste Strategie, Beschäftigte von anderen zu isolieren und nicht mit adäquater Arbeit auszustatten). Bestimmte Unternehmensverantwortliche versuchen, mit Mobbing als Strategie Ziele zu erreichen, zumal die sehr weit interpretierbaren rechtlichen Normen selten verletzt werden. Durch Mobbing können sich folgende wirtschaftliche Vorteile ergeben (a.a.O., S. 62):

Kostenreduktion bei notwendigem Personalabbau: Bei Eigenkündigung verliert der Beschäftigte bestimmte erworbene Rechte (z.B. Abfindung), wodurch sich für das Unternehmen die Kosten der Kündigung reduzieren. Durch Mobbing können „sehr teure" oder „unliebsame" Beschäftigte kostengünstig freigesetzt werden.

Rasche Zuweisung der Rangordnung: Bestimmte Einführungsrituale (z.B. Übertragung unangenehmer und niedriger Arbeiten) demonstrieren für neue Mitarbeiter die konkreten Machtverhältnisse in einem Unternehmen. Maßnahmen, die aus Mobbinghandlungen bestehen können, weisen den „Neuen" (zumeist junge Beschäftigte oder Randgruppen, z.B. ausländische Arbeitnehmer) ihre Position zu.

(Leistungs-)Steuerung: Ausführungen NIEDLs (a.a.O.) und anderen empirischen Ergebnissen (MESCHKUTAT et al. 2002) zufolge kann man zu Beginn eines Mobbingprozesses bei den Betroffenen in manchen Fällen eine Überproduktion beobachten, da sie sich als zu unrecht Angegriffene beweisen und die Vorwürfe durch Leistungssteigerung, wie besondere Sorgfalt, Leistungsmenge, Unterordnungsbereitschaft etc., entkräften wollen. Als Strategie der persönlichen Bewältigung von Mobbing geben 5,4% der Betroffenen in der deutschen Repräsentativstudie an (a.a.O., S. 101), durch Leistung überzeugen zu wollen. Durch den Druck ihrer sozialen Umgebung arbeiten sie über das Normalmaß hinaus, und ihre Produktivität bewegt sich in höheren Dimensionen. Die Produktivität sinkt aber, sobald die Betroffenen aufgrund des andauernden Mobbing psychische und physische Beeinträchtigungen erleiden und erkennen, dass ihre Bemühungen den unbefriedigenden Zustand nicht ändern. Dieses Umkippen zum Produktivitätsverlust kann unter Umständen bis zu 10 Jahre dauern und bis dahin ausgenutzt werden (NIEDL 1995a, S. 64).

Ein anderer Ansatz bezieht sich auf den Gedanken Max WEBERs, wonach die Struktur eines Unternehmens so lange instabil ist, wie ihr kein Gehorsam entgegengebracht wird. Das Management versucht demnach, mit unterschiedlichen Methoden „Gehorsam auf seine Anordnungen zu finden". Die Managementideologien differieren zwischen direkten (z.B. Anweisung) und indirekten (z.b. über Organisationskultur) Steuerungsmethoden, die die Leistung bei den Beschäftigten im Sinne des Unternehmens abrufen sollen, von diesen aber aufgrund des repressiven und kontrollierenden Charakters als Mobbing empfunden werden. Mobbing kann auch als **Instrument** benutzt werden, um Beschäftigten die gewünschte Verhaltensnorm zu demonstrieren. Am Modell der Gemobbten lernen die nichtgemobbten Beschäftigten, welche Standards zu erfüllen sind, um gewünschte materielle (z.B. Gehalt) oder immaterielle Anreize (Anerkennung durch die Führungskraft, Akzeptanz durch ein Team) zu erhalten. Aus Sicht der Organisation dient Mobbing (z.b. ungerechte Zuschreibung von Innerer Kündigung, negative Bewertung der Arbeitsleistung) dann funktional-instrumentell **zur Aufrechterhaltung von Leistungsnormen** und Standards, wenn sie Strukturen (wie Entlohnungssystem, Aufbauorganisation, Arbeitsabläufe, Karrierewege) prinzipiell nicht verändern will (NACHBAGAUER/RIEDL 1999, S. 13).

D. 2.3 Volkswirtschaftliche Ebene: die Gesellschaft

Zur gesellschaftlichen Bedeutung führt LEYMANN (1993b, S. 124) aus: „Wenn die Gesellschaft schließlich die krankgemachten Mitbürger übernimmt, ob über die Krankenkasse oder über die Sozialverwaltung, dann gehen die volkswirtschaftlichen Kosten in die Milliarden." Für Langzeitkrankschreibungen kommen neben den Unternehmen insbesondere die Krankenkassen und somit die gesamte Gesellschaft auf: Kosten für medizinische Behandlung, Psychotherapien, Rehabilitationsmaßnahmen etc. treffen außer den Kranken- auch die Rentenversicherungsträger (MESCHKUTAT et al. 2002, S. 129). Nach einem intensiven und langandauernden Mobbingprozess steht nicht selten die Arbeitsunfähigkeit des Betroffenen, welche durch das staatliche soziale Netz abgefangen werden muss. Auch SCHLAUGAT (1999, S. 32) erwähnt, dass durch zu zahlende Frührenten, Arbeitslosen- und Sozialhilfegelder und ärztliche Versorgung die Volkswirtschaft über die Sozialversicherungsträger belastet wird.

Die schwedischen Sozialversicherungssysteme schätzen, dass 20% bis 40% der Fälle von Frühpensionierungen mit Mobbing in Beziehung gebracht werden können (LEYMANN 1996). In der Studie von KNORZ/ZAPF (1996) gaben 6% der Mobbingbetroffenen an, Frührente beantragt zu haben. MESCHKUTAT et al. (2002, S. 78) ermittelten eine Betroffenheitsquote der Erwerbsunfähigkeit oder Frührente von 6,9% unter Gemobbten. Eine Erwerbslosigkeit von über 2 Jahren erleben aktuell in Deutschland knapp 4% der Mobbingbetroffenen, jeder Zwanzigste gibt an, aufgrund Mobbing bereits einmal über 2 Jahre arbeitslos gewesen zu sein (a.a.O., S. 80).

LEYMANN (1993b, S. 126) summiert die Kosten der Krankenkasse und der Erwerbsunfähigkeit für einen schweren Mobbingfall über deren gesamte Lebenszeit auf 1,26 Millionen DM. Es sei davon auszugehen, dass etwa 10% der Mobbingopfer ähnlich schwer betroffen sind wie sein Fall einer Industriearbeiterin. Das entspricht in Deutschland 100.000 Menschen und würde hochgerechnet 126 Milliarden DM volkswirtschaftliche Kosten betragen, weitere 14 Milliarden DM entstehen der Arbeitgeberseite. Die Kosten der „restlichen" 90% der Mobbingbetroffenen sind dabei nicht berücksichtigt. Eine detaillierte Modellrechnung von PROSCH (1995, S. 100) weist knapp 50.000 DM Kosten für ein Mobbingopfer aus, das 9 Monate krankgeschrieben war und umfassende medizinische Betreuung in Anspruch genommen hat. Resümiert man die Angaben in der Literatur, so werden die volkswirtschaftlichen Mobbing-Kosten für Deutschland zwischen 30 und 100 Milliarden DM angesetzt (NEUBERGER 1999, S. 95; siehe Kapitel D. 2.2.5). Für die mehr als doppelt so hohe Erwerbspopulation in den USA gibt WILSON (1991, S. 47) mit Bezug auf einen Report des „Bureau of National Affairs" lediglich 5 bis 6 Milliarden Dollar jährlich an, so dass die genannten Zahlen kritisch betrachtet werden sollten.

E.

Ursachen und theoretische Erklärungsansätze

E. 1 Ursachen von Mobbing

Nur äußerst wenige Forschungsarbeiten sind den (vielfältigen) Hintergründen von Mobbing nachgegangen und haben das Spektrum der Ursachen und begünstigenden Faktoren untersucht. Insoweit bilden die empirischen Daten von MESCHKUTAT et al. (2002, S. 110ff) zu Motiven und Ursachen von Mobbing eine Pioniertat. Die Nennungen der Motive in der deutschen Repräsentativstudie sind weit gestreut, lediglich 7,9% der Befragten können es sich nicht erklären, warum gerade sie gemobbt wurden (a.a.O., S. 111). Hingewiesen sei darauf, dass die Antworten – auch der anderen wenigen Erhebungen – aus Betroffenensicht formuliert sind. Sie besitzen daher einen subjektiven und retrospektiven Charakter und sind nicht als „die Realität" vorbehaltlos zu übernehmen. Dennoch sollen die Ergebnisse die folgenden theoretischen Abhandlungen anreichern.

E. 1.1 Personenbedingte Ursachen: Labelling- und Attributionstheorie

E. 1.1.1 Ursachen im Opfer

Dieses Kapitel soll nicht versuchen, den Umstand zu beantworten und zu rechtfertigen (vor allem bei strukturellen Problemen), dass eine Person als Opfer ausgewählt wurde. Vielmehr soll die Suche nach Ursachen im Mobbingbetroffenen erklären, weshalb gerade **dieser** Arbeitnehmer und nicht ein **anderer** Kollege als Opfer gekürt wurde.

Die Attributionsforschung erklärt die Prozesse der Ursachenwahrnehmung. Werden Handlungen oder Ergebnisse beobachtet, so wird ihr Zustandekommen personalen oder situativen Ursachen zugeschrieben (attribuiert). Das Verhalten der Mobbingopfer wird in der Attributionstheorie vor allem als personal verursacht gesehen; ihre dramatischen Reaktionen werden Charakterschwächen (Unleidlichkeit, Querulantentum, Neurotizismus etc.) zugeschrieben und nicht als Antwort oder Verteidigung interpretiert, der eine Vorgeschichte der Fremdverursachung zugrunde liegt (NEUBERGER 1999, S. 176).

Die Labelling-Theorie (WISWEDE 1979) beschreibt den Prozess der Entwicklung abweichenden Verhaltens und ist eine Form der sozialen Kategorisierung nach einem „Label". Im ersten Schritt wird irgendeine Differenz (Verhaltensauffälligkeit, Erscheinung, Nationalität, Religion) identifiziert. Diese Besonderheit dient im folgenden zur Absonderung der Person als „anders", dem identifizierten Label (Homo, Anbiederer, Linker, Streber, Beamter, Verrückter) werden weitere stereotypisierte Attribute zuerkannt. Das Opfer wird herabgewürdigt; im gleichen Zuge erscheint es nicht mehr gleichwertig sondern schlechter und muss entsprechend behandelt werden. Durch die Etikettierung entstandene Wertungen werden zur Grundlage entsprechender „Behandlungen" gemacht. Es beginnt ein Teufelskreis der selbsterfüllenden Prophezeiung: Die Zielperson wird damit auf Antworten festgelegt, die die Erwartungen der anderen bestätigen. Ähnliche Prozesse können auch bei Mobbingopfern ablaufen. Eine unerwartete Abweichung (Verhalten, Behinderung, Kleidung, Krankheiten, Sprache, Selbstbewusstsein, Selbstpräsentation, Herkunft, Anwesenheit bei betrieblichen Aktivitäten, Leistungseifer, innovative Ideen etc.) zu den anderen, den „Normalen", führt zu plakativer Etikettierung. Die „Normalen" heben sich demonstrativ von dem „Sonderling" ab, es entsteht eine erhebliche soziale Distanz. Addiert sich nun ein elementares soziales Problem auf gesellschaftlicher (z.B. Arbeitslosigkeit) oder betrieblicher Ebene (z.B. Personalabbau, Misserfolge, Qualitätsmängel, Zeitdruck, Vorgesetztenverhalten), so wird die „verfremdete" Person als Ursache oder Sündenbock identifiziert und rausgemobbt. Aus eigener Kraft hat die stigmatisierte Zielperson keine Chance zur Veränderung – jede Aktivität wird gegen sie ausgelegt (NEUBERGER 1999, S. 178).

Einschätzung aus Betroffenensicht und durch Dritte

Empirisch erhalten allerdings Mobbing-Motive, die auf Benachteiligung von Minderheiten aufgrund offenkundiger Merkmale abzielen, geringere Nennungen – wobei die jüngste Altersgruppe (unter 25 Jahre) überdurchschnittliche Quoten aufweist (MESCHKUTAT et al. 2002, S. 115). In der deutschen Repräsentativstudie (a.a.O., S. 111ff) geben Betroffene als Motive/Hauptgrund für Mobbing ihren Lebensstil (17,7/1,3%), Geschlecht (12,5/1,3%), Aussehen (9,1/0,3%), Nationalität (3,8/0,7%), Sexualität (2,3/0,9%) und Behinderung (k.A./0,3%) an. Ein immenser Teil der Ausländer (40%), die an der schriftlichen Befragung teilnahmen, nennen ihre Herkunft als Motiv für Mobbingattacken. Frauen vermuten signifikant häufiger als Männer, dass ihr Aussehen (11,9%) und ihre Geschlechtszugehörigkeit (17,9%) von zentraler Bedeutung für das Mobbing ist (a.a.O., S. 115).

Deutlicher sind die Aussagen, die die „objektiven Werte" von MESCHKUTATs Studie treffen: Insgesamt sind erwerbstätige Frauen mit einem 75% höheren Risiko von Mobbing betroffen als erwerbstätige Männer (siehe Kapitel C. 2.6.1). Ebenfalls ein besonders hohes Risiko halten die jungen Berufstätigen der unter 25-Jährigen (a.a.O., S. 28). Unterschiede bei den äußeren Merkmalen (Attraktivität, Alter, Körperbehinderung) in der Mobbingbetroffenheit ergeben sich weiterhin in der DAG-Studie (ZAPF 1999). LEYMANN (1993b, S. 145) machte die Beobachtung, dass Behinderte fünfmal häufiger Mobbingopfer wurden als ihre nichtbehinderten Kollegen. Die Ergebnisse sind hinsichtlich der Signifikanz zwar nicht eindeutig, zeigen aber nicht zu vernachlässigende Auffälligkeiten.

Nichtgemobbte jedoch sehen die Ursachen von Mobbing häufig in der Persönlichkeit (persönlicher Stil, Neid, Selbstunsicherheit, Unausgeglichenheit) des Opfers (BJÖRKQVIST 1992, S. 15; SKOGSTAD et al. 1990, S. 47). LINDEMEIER (1996, S. 431) untersuchte als Betriebsarzt 87 Mobbingopfer und stellte besondere psychische Eigenschaften bei den Patienten fest. Die Patienten berichten von einer prinzipiellen Neigung, Konflikten aus dem Weg zu gehen (31%), mehr als jeder Vierte litt bereits vor Beginn der Schikanen unter Minderwertigkeitskomplexen und 23% gaben an, schon immer „schwache Nerven" zu haben und alles ernst zu nehmen. LINDEMEIER stellt die Opfer-Unschulds-These LEYMANNs damit deutlich in Frage. Auch BRODSKY (1976) stellte an Opfern Züge fest, die situationsunangemessen, im Übermaß oder kompromisslos eingesetzt zu sozialen Problemen führen können: Gewissenhaftigkeit, Naivität, besondere Leistungstüchtigkeit, unrealistisches Selbstbild, Perfektionismus, kompromissloser Idealismus und Uneinsichtigkeit. Bei der Zusammenfassung eigener Studien konnte ZAPF (1997, S. 45; ZAPF/BÜHLER 1998) nahezu identische Persönlichkeitscharakteristika von Mobbingopfern finden; er bewertet aber nicht, ob diese Ursache oder Folgeerscheinung des Mobbing sind.

Soziale Kompetenz, Selbstbewusstsein und Neurotizismus

Verschiedene Untersuchungen legen nahe, dass sowohl geringes als auch zu hohes Selbstwertgefühl problematisch ist (BAUMEISTER et al. 1996). Geringes Selbstwertgefühl kann dazu führen, dass man in eine Opferrolle gerät – aber auch, dass man zum Täter wird (ZAPF 1999, S. 15). In der deutschen Repräsentativstudie geben 1,8% der Gemobbten als Hauptgrund für Mobbing ihr geringes Selbstbewusstsein an (MESCHKUTAT et al. 2002, S. 118). Angestellte im Pflegebereich sahen die häufigste Ursache von Mobbing in der Persönlichkeit, Selbstunsicherheit und Eigenarten (Ausdrucksart, Unausgeglichenheit) des Opfers (PAPAIOANNOU/SJÖBLOM 1992).

Da geringes Selbstwertgefühl mit gesenkten Selbstwirksamkeitserwartungen bezüglich erfolgreicher Gegenwehr einhergeht, fühlt sich die Person durch Kritik oder Kränkung besonders verletzt und stark beeinträchtigt. In der Aggressionsforschung zeigen Befunde, dass Personen mit geringem Selbstwertgefühl auf Beleidigungen mit aggressiven, negativen sozialen Verhaltensweisen reagieren. Die Kollegen erleben dies als sozial unangepasst und fühlen sich in ihrem angreifenden Verhalten bestärkt. Zuweilen zeigen Mobbingopfer auch ein hohes Selbstwertgefühl und bringen damit ihre moralische Überlegenheit zum Ausdruck, was sie wiederum sozial isoliert (ZAPF 1999, S. 15).

Fast alle Mobbingopfer berichten erhöhte Werte von Depression, die weitgehend mit Neurotizismus gleichzusetzen ist (ZAPF 1999, S. 16). Auch VON HOLZEN-BEUSCH et al. (1998) und VARTIA (1996) fanden bei Mobbingbetroffenen höhere Neurotizismus-Werte. Neurotische Personen schaffen mit ihrem Verhalten häufiger ungünstige Situationen (Konflikte) und erhöhen dadurch auch die Arbeitsbelastungen für eine Arbeitsgruppe (DEPUE/MONROE 1986). Menschen reagieren typischerweise negativ auf depressives und neurotisches Verhalten anderer, so dass Situationen eskalieren können (SACCO et al. 1993).

Leistungsbereitschaft und Gewissenhaftigkeit

Wie die Untersuchungen von ZAPF/BÜHLER (1998) zeigen, fühlt sich eine Mehrheit der Mobbingopfer gegenüber ihren Kollegen als gewissenhafter, rigider, leistungsbereiter, leistungsfähiger und vielfach kritischer und innovativer. Auch SCHALLBERGER (1996) und VON HOLZEN-BEUSCH et al. (1998) weisen signifikant höhere Werte in Gewissenhaftigkeit aus. Viele Fallstudien bestätigen, dass Opfer durch diese Merkmale ins Abseits geraten, weil sie sich nicht an Gruppennormen anpassen (ZAPF 1999, S. 16ff). Bei MESCHKUTAT et al. (2002, S. 111ff) sind 60,1% der Befragten der Meinung, dass sie zur Zielscheibe von Attacken wurden, weil sie unerwünscht Kritik geäußert haben und Mobbing als Sanktionsinstrument eingesetzt wurde. Immerhin 37,3% der Mobbingbetroffenen geben ihre „starke Leistungsfähigkeit", 28,5% ihren „Arbeitsstil" und 23,3% „angeblich unzureichende Leistungen" als Motive für Mobbing an. Bemerkenswert, dass bei älteren Mobbingbetroffenen relativ selten unzureichende Leistungsfähigkeit als Motiv auftritt (a.a.O., S. 117). Ein ähnliches Bild zeigt sich bei den vermuteten Hauptgründen für die eigene Mobbingbetroffenheit: hohe (13,3%) bzw. niedrige Leistungsfähigkeit (1,1%), Querdenkertum (8,8%), unerwünschte Kritik äußern (6,0%) und besonderes Engagement (3,6%) stehen als alleinige Ursachen an vorderster Stelle (a.a.O., S. 117ff).

LEYMANN (1993a; 1993b, S. 76ff, S. 145) lehnt einen Zusammenhang zwischen Persönlichkeit des Opfers und Mobbing ab. Seine Kritik füttert LEYMANN mit vielfältigen Problemfeldern, die sich durch Persönlichkeitstheorien ergeben. Stigmatisierung des Opfers durch falsche Diagnosen und absichtlich verfälschte Gutachten: War die Veränderung der Persönlichkeit nicht vielmehr Folge als Ursache von Mobbing? Problematisch auch Häufigkeitsaussagen: Selbst wenn in Mobbingopfern bestimmte Persönlichkeitstypen erkannt werden können, so ist keine relativierende Einordnung möglich, da querschnittliche Bevölkerungsuntersuchungen über Verteilungen von Persönlichkeitsstrukturen nicht existieren (LEYMANN 1993b, S. 142; LEYMANN 2002www).

Entscheidend bleibt tatsächlich das Ursache-Wirkungsproblem: Natürlich können die Auffälligkeiten erst durch Mobbing hervorgerufen oder verstärkt worden sein. Ein moralisch integres Selbstbild im Sinne einer selbstwerterhaltenden Strategie könnte dann ein Bewältigungsversuch sein, wenigstens moralisch über die Mobber zu „siegen". Dem entgegenzusetzen ist, dass viele der beschriebenen Merkmale als zeitlich relativ stabil gelten (ZAPF 1999, S. 17). Grundsätzlich kann jeder Mobbingopfer werden, die Wahrscheinlichkeit dafür ist aber nicht für alle Arbeitnehmer gleich. So können durchaus „schuldhafte" personenimmanente Charakterzüge oder viktimologische Anreize wie anormale Leistungsfähigkeit, gestörte Persönlichkeit, soziale Anpassungsprobleme, Auffälligkeit der äußeren Erscheinung und Krankheiten die Betroffenheitswahrscheinlichkeit erhöhen (ZUSCHLAG 1994, S. 29). Sicherlich ist es möglich, dass eine Person völlig unverschuldet in eine Mobbingsituation gerät. Wichtig scheint die Einsicht, dass der Auslöser bei dem Mobbingbetroffenen liegen kann, dieser Umstand jedoch nicht die nachfolgenden psychischen und physischen Schädigungen rechtfertigt (KOLODEJ 1999, S. 65) und Mobbing als Sanktionierung und Lösungsmechanismus „objektiver" Sach- oder Beziehungsprobleme abzulehnen ist.

In der deutschen Repräsentativstudie sollten die Betroffenen angeben, ob sie eigene Anteile an der Entstehung von Mobbing einräumen, wie häufig sie Opfer von Übergriffen wurden und ob es weitere Mobbingbetroffene im Betrieb gibt. Mit 17,8% gibt knapp jeder sechste Betroffene zu, dass eigene Verhaltensweisen (Kritik, Arbeitsstil, mangelnde/übertriebene Arbeitsbereitschaft) mit ein Grund für das Mobbing gewesen sein könnten (MESCHKUTAT et al. 2002, S. 120). Einen Hinweis für die These der prädestinierenden Persönlichkeitsmerkmale bietet das Ergebnis, dass mehr als die Hälfte der Befragten entweder zweimal (26,2%) oder häufiger als zweimal (27,8%) zur Zielscheibe von Angriffen wurden. Gegen einen personenbezogenen Zusammenhang von Mobbing im Sinne von „typische Opfer" spricht, dass 60,8% der Befragten von weiteren gemobbten Mitarbeitern berichten. Des weiteren ist es vor ihrem Fall (61,0%) oder zu einem späteren Zeitpunkt (41,7%) zu weiteren Mobbingzuständen im Betrieb gekommen (a.a.O., S. 121). Insgesamt resümieren MESCHKUTAT et al. (a.a.O., S. 126), dass die ermittelten Daten nicht auf ein „typisches Mobbingopfer" schließen lassen.

E. 1.1.2 Ursachen im Täter

Die „Anwender" der Labelling-Theorie, die Mobbingtäter, bedienen sich einer sozialen Kategorisierung, die fern von objektiven Wert-Maßstäben liegt. Ein Verhalten, das auf Vorurteilen und Attribuierung gründet, kann in diesem Sinne auch als Charakterschwäche des Täters interpretiert werden.
Es existieren Berichte von Opfern, die den Täter als psychopathisch (Mobbing durch verbale Aggression, Verbreiten von Gerüchten, Angriffe auf die Privatsphäre etc.) beschreiben (BABIAK 1995). Immerhin 3,4% der deutschen Gemobbten sehen als Hauptgrund für Mobbing einen „kranken" sadistischen Täter (MESCHKUTAT et al. 2002, S. 118). In der Studie von DICK/DULZ (1994, S. 4) nannten Probanden als vermuteten Hintergrund ihrer eigenen Mobbingbetroffenheit auch die „Lust an der Schikane". ZAPF (1999, S. 17) beurteilt dies eher als Ausnahmen. In Selbstaussagen der Opfer wird die Person des Täters u.a. als häufigste Mobbingursache genannt: *„Es gibt eine feindselige Person..."* (ZAPF et al. 1995).

Selbstwertgefühl
Ein niedriges Selbstwertgefühl erhöht die Bereitschaft, aggressiv zu reagieren. Ein Vorgesetzter, der sich aus dem Gefühl der Minderwertigkeit bedroht fühlt, beginnt, einen Untergebenen zu mobben, der ihm potentiell gefährlich werden könnte (ZAPF 1999, S. 17). In einer Studie nannten die Untersuchungsteilnehmer als zweithäufigste Mobbingursache die Selbstunsicherheit des Aggressors (BJÖRKQVIST et al. 1994). KIPNIS (1976) untersuchte Einflussstrategien und argumentiert, dass Vorgesetzte mit niedrigem Selbstvertrauen weniger erwarten, durch Überzeugen Einfluss auszuüben und daher zum Einsatz aggressiven Drucks neigen.

Im Self Evaluation Modell von TESSER (1988) wird Verhalten von Menschen als Selbstwerterhaltung und -steigerung interpretiert. Wichtige Komponenten des Modells sind Relevanz, Nähe und der im Arbeitskontext bedeutsame Aspekt der Leistung. Trifft z.B. ein Vorgesetzter in einer Abteilung auf einen Mitarbeiter, der ihm leistungsmäßig überlegen ist, so ergibt sich für den Vorgesetzten eine hohe Relevanz, da es zentral für sein Ansehen in der Abteilung ist. Da die Nähe in der Arbeitsgruppe ebenfalls gegeben ist, sind alle Faktoren für hohe Selbstwert-Relevanz erfüllt. Die Person sieht ihren Selbstwert unangenehm bedroht, wenn sie einen anderen wahrnimmt, der mehr leistet, und zwar in einem Bereich, der für den Selbstwert von hoher Bedeutung ist und ihr sozial nah steht. Mobbing dient nun als Strategie der Selbstwertstabilisierung (BÜHLER/ZAPF 1998). Da die Relevanz nur schwer verringerbar ist, wird die Leistung (z.B. Diskreditierung durch Mobbingstrategien wie Gerüchte oder organisationale Mobbinghandlungen) oder sogar die Nähe (Entfernung aus der Abteilung oder Unternehmen) der anderen, bedrohlichen Person reduziert. Die Untersuchungen von BÜHLER/ZAPF (a.a.O.) zeigen, dass besonders leistungsfähige Mitarbeiter häufig über organisationale Maßnahmen gemobbt werden.

Auch die befragten Betroffenen von MESCHKUTAT et al. (2002, S. 111) berichten, aus Motiven der Konkurrenz (58,9%) oder ihrer starken Leistungsfähigkeit (37,3%) wegen gemobbt worden zu sein – systematische Feindseligkeiten können hier eine Karrierestrategie zur Ausschaltung von Mitkonkurrenten darstellen. So werden auch die beiden häufigsten Hauptgründe für Mobbing in der Konkurrenz für die Mobber (19,2%) und der eigenen Leistungsfähigkeit (13,3%) gesehen. Einige andere Studien belegen Konkurrenzverhalten bzw. Konkurrenzkampf um den Status als vermutete Ursachen für Mobbing (BJÖRKQVIST 1992, S. 15; PAPAIOANNOU/SJÖBLOM 1992, S. 19; DICK/DULZ 1994, S. 4).

Auch zu hoher Selbstwert in Verbindung mit Perfektionismus, Arroganz und Narzismus kann zu „tyrannischem" Verhalten führen (ASHFORTH 1994). Narzistische Persönlichkeiten können die Umgebung kritischer und nicht loyaler Menschen kaum ertragen, haben große Probleme, Aufgaben zu delegieren, ignorieren Fehler und machen andere dafür zum Sündenbock (KETS DE VRIES/MILLER 1984).

Individuell verschuldete Auslösefaktoren können außerdem **Charakterfehler und -schwächen** wie Neid, Frustrationen, Ängste und Antipathien sein, die sowohl eine Folge von Belastungssituationen (Stress) als auch personenimmanent sein können. In letzterem Fall scheidet ein auslösender (unbearbeiteter) Konflikt als echte LEYMANNsche Ursache für Mobbing aus, denn der Grund liegt im „inneren Motiv" der Gegenpartei. Ein „Sach-Konflikt" wird in solchen Fällen vom Täter oft als Rechtfertigung inszeniert.

Neben Persönlichkeitsdefiziten kann **Neid** auch durch konkrete Benachteiligungen im Betrieb entstehen. Mobbing ist dann die Folge von Frustration aufgrund ungerecht und nicht veränderlich empfundener betrieblicher Entscheidungen. Das Ziel der Aggression verschiebt sich dann beispielsweise von der Betriebsleitung auf den begünstigten Kollegen (KOLODEJ 1999, S. 15). Als Motiv für Mobbing nennen 39,7% der Gemobbten Neid, als alleinigen und zweithäufigsten Hauptgrund betrachten 13,3% Neid auf die eigene Qualifikation, Kompetenz und Leistungsfähigkeit (MESCHKUTAT et al. 2002, S. 111). Einige Studien belegen Neid als die häufigste Ursache von Mobbing: VARTIA (1996) ermittelte 63% der Fälle als neidbegründet, ähnliche Ergebnisse lieferte die Auswertung des Mobbingtelefons Stuttgart (ZAPF/RENNER 1996) und die Auswertungen von Mobbingopfern in Hamburg (HALAMA/MÖCKEL 1995). In der DAG-Stichprobe nannten 35% der Befragten Neid, bei BJÖRKQVIST et al. (1994) war es mit 40% die vierhäufigste Nennung. Nach Selbstaussagen der Opfer in der Studie von VARTIA (1996) war ein weiterer wichtiger Grund für Mobbing Wettbewerb um die Gunst des Vorgesetzten (34%).

Im Sinne der Frustrations-Aggressions-Theorie entsteht Mobbing aus dem Mangel der Bedürfnisbefriedigung der Täter und ist eine aggressive Reaktion auf **Frustrationen** (PROSCH 1995, S. 84), die selbst verschuldet, wenn man seinen eigenen beruflichen Ansprüchen nicht gerecht wird, oder fremdverschuldet, wenn z.B. Bedürfnisse nach Anerkennung im Betrieb nicht beachtet werden, sind. Auch rational oder irrational begründete **Ängste** können Auslöser für Mobbing darstellen. Die Täter neigen dazu, solche Gefühlszustände mit Abwehrmechanismen der Projektion oder Verschiebung abzuweisen und die Probleme einer anderen Person zuzuschreiben (PROSCH 1995, S. 82). Gegenseitige **Antipathien**, „*die Abneigung oder der Widerwillen gegen eine Person*" (KOLODEJ 1999, S. 67), aber auch Sympathien, entwickeln sich in allen Lebensbereichen. Antipathien werden zur Belastung und können Konflikte (z.B. Mobbing) hervorrufen, wenn sich Kollegen am Arbeitsplatz nicht meiden können und täglich im Arbeitsprozess miteinander kooperiert werden muss. An sechster Stelle des Hauptgrundes für Mobbing nennen in der deutschen Studie 4,2% der Betroffenen „persönliche Antipathien des Mobbers" gegen ihre Person (MESCHKUTAT et al. 2002, S. 118). Bei einer Befragung der VOITH GmbH unter 1481 Mitarbeitern stellte sich heraus, dass 80% der krankheitsfördernden Faktoren auf Beziehungsprobleme und nur 20% auf Sachprobleme zurückzuführen waren (NIEDL 1995a, S. 58).

"Nicht bewusstes" Mobbing

Da die Kommunikation zwischen Täter und Opfer gestört ist, bekommt der Täter kein Feedback über die Auswirkungen seiner Handlungen. Die Mobbingopfer erleben viele vereinzelte Mobbinghandlungen, möglicherweise mehrerer Täter in geballter Häufigkeit und erkennen eine Systematik. Nach einer gewissen Dauer kommt es zu Überreaktionen; der oder die Täter sieht aber nicht die Sequenz der Ereignisse, sondern nimmt nur einen bestimmten Vorfall singulär wahr. Erstaunt über die massive Reaktion, finden sie das Verhalten des Opfers unverständlich und unangemessen und sind der Meinung, dass man ein gelegentliches „auf die Schippe nehmen" im Arbeitsleben ertragen muss. Übertragen auf den Mobbingprozess, kann über solche Interaktionen das Mobbingopfer aus der Organisation „herauskippen" (ZAPF 1999, S. 18). Die Täter waren teilweise bestürzt über die Auswirkungen ihres „Schaffens" (LEYMANN 1993b) oder sich bei leichteren Formen des Mobbing nicht über die bereits erheblichen Konsequenzen bewusst (KRUM 1995). In diesen Kontext passt auch die Untersuchung von EINARSEN et al. (1994), bei der mit 46% als dritthäufigste Ursache von Mobbing „Gedankenlosigkeit der Täter" genannt wurde.

Insgesamt kann die Ursachenforschung in Bezug auf die Täter nur unzureichende Ergebnisse liefern, da es sich als außerordentlich schwierig erweist, „objektive" Daten direkt von den Tätern zu erhalten (ZAPF 1999, S. 18). Direkte Opferbefragungen werden zumeist situative Faktoren (also auch Ursachen in der Person des Täters) liefern, was sowohl attributionstheoretisch als auch mit sozialer Erwünschtheit zu erklären ist (EINARSNEN et al. 1994).

E. 1.2 Ursachen in betrieblichen Bedingungen

Das „Excellence Baromter 2002" kommt zu dem Ergebnis, dass intensive Schulung und hohe Motivation der Mitarbeiter für den Erfolg eines Unternehmens entscheidender sind als die Qualität von Produkten und Dienstleistungen. Von Juli 2002 bis September 2002 wurden 800 Vorstände und Geschäftsführungen von mittleren und großen Unternehmen durch den Verein Deutscher Ingenieure (VDI) und das Marktforschungsinstitut forum befragt. Im Einzelnen ergab das „Execellence Barometer", dass in erfolgreichen Unternehmen die Führungskräfte höher qualifiziert sind, die Schulung und Entwicklung der Mitarbeiter effektiv und individuell sowie die Mitarbeiter zufriedener etwa mit Arbeitszeitregelungen, der Aus- und Weiterbildung sowie ihrer Führung sind (SZ 2002). Wie sehen nun die gegenteiligen Bedingungen von glücklichen Mitarbeitern und erfolgreichen Unternehmen aus?

Insbesondere LEYMANN (1993b, S. 132) argumentiert aufgrund seiner umfangreichen qualitativ ausgewerteten Untersuchungsergebnisse, dass die Ursachen von Mobbing in der Organisation liegen und weist auf die drei Hauptfaktoren „Organisation der Arbeit", „Aufgabengestaltung in der Arbeit" und „Leitung der Arbeit" hin. Defizite in diesen Bereichen führen zu Störungen im Arbeitsablauf und erzeugen biologische Stresseffekte, die negativ auf die sozialen Strukturen und Kräfte einer Arbeitsgruppe einwirken. Die Arbeitsplanung und das Führungsverhalten vernachlässigen ihre eigentliche Aufgabe, die Arbeitsgruppe auf einen gemeinsamen Produktionsablauf einzustellen. Diesen Zusammenhang zwischen Mobbing und ungünstigen betrieblichen Faktoren für die Mitarbeiter stellen auch EINARSEN et al. (1994, S. 8) her: „...the work environment measures that we were found to be most strongly related to bullying, namely were Leadership, Work-Control, Role Conflict and Social Climate". In Betrieben, in denen kein Mobbing vorkam, wurde eine deutlich höhere Qualität der Arbeitsumwelt festgestellt.

Vor dem Hintergrund, dass spezifische betriebliche Rahmenbedingungen sich fördernd auf das Vorkommen von Mobbing auswirken können, befragten MESCHKUTAT et al. (2002, S. 123ff) die Teilnehmer der schriftlichen Befragung nach der betrieblichen Situation zum Zeitpunkt des Mobbing und legten ihnen bestimmte Risikofaktoren vor.

Tabelle 3: Betriebliche Situation zum Zeitpunkt des Mobbing (Mehrfachnennungen möglich)
(verändert nach MESCHKUTAT et al. 2002, S. 124)

Rahmenbedingung im Betrieb	%
Das Arbeitsklima war schlecht	65,3
Eine Gesprächsbereitschaft des Vorgesetzten war nicht vorhanden	60,9
Termindruck, Stress und Hektik prägten den Arbeitsalltag	55,1
Es gab Unklarheiten in der Arbeitsorganisation/unklare Zuständigkeiten	55,0
Es wurden wichtige Entscheidungen nicht transparent gemacht	50,3
Im Betrieb gab es starre Hierarchien	46,4
Mein Vorgesetzter war eher konfliktscheu	42,2
Viele Mitarbeiter/innen hatten Angst um ihren Arbeitsplatz	36,9
Es wurden Abteilungen/Betriebsteile umstrukturiert	32,5
Mein/e Vorgesetzter wechselte	27,5
Die wirtschaftliche Situation in dem Betrieb war schlecht	21,8
Es wurde ein neues technisches System (EDV, neue Maschinen etc.) angeschafft	19,1
Es wurden Arbeitsaufgaben an Fremdfirmen vergeben bzw. ausgelagert	14,0
Die Arbeit war geprägt durch Monotonie und Langeweile	10,6
Es wurde Team-/Gruppenarbeit eingeführt	8,7
Der Vorgesetzte war autoritär oder schwach	4,0
Der Betrieb wurde privatisiert	3,0
Sonstiges	5,3

Die Dichte der betrieblichen Risikofaktoren wird darin deutlich, dass durchschnittlich jeder Befragte fünf bis sechs Items für seinen Betrieb als zutreffend angibt. In einem Unternehmen tritt demnach kaum ein Problem isoliert auf, sondern wird vielmehr von weiteren Schwierigkeiten begleitet. So dürfte schlechtes Betriebsklima selten ein Problem für sich selbst sein und muss eher als Gradmesser für das Vorkommen betrieblicher Unzulänglichkeiten gelten (Tabelle 3).

Fast zwei Drittel der Gemobbten geben an, dass das Arbeitsklima zum Zeitpunkt des Mobbing schlecht gewesen ist. Defizite im Führungsverhalten offenbaren die Angaben, dass Gesprächsbereitschaft des Vorgesetzten fehlte (60,9%) und der Vorgesetzte als konfliktscheu (42,2%) oder autoritär/schwach auftrat (4,0%). Mehr als die Hälfte der Befragten beschreiben Mängel in der Arbeitsorganisation: 55,1% bestätigen, dass Termindruck, Stress und Hektik den Arbeitsalltag prägten, 55,0% stimmen zu, dass Unklarheiten in der Arbeitsorganisation bzw. unklare Zuständigkeiten existierten sowie 50,3%, dass wichtige Entscheidungen nicht transparent übermittelt wurden. Fast jeder Zweite erlebt im Betrieb, in dem er beschäftigt ist, starre Hierarchien. Bei knapp jedem elften Gemobbten wurde zum Zeitpunkt des Mobbing Team- und Gruppenarbeit eingeführt. Die wirtschaftliche Situation des Betriebes beurteilten 21,8% als schlecht; in etwa einem Drittel der Betriebe hatten viele Mitarbeiter Angst um ihren Arbeitsplatz (a.a.O., S. 124ff).

Empirische Zusammenhänge zwischen Merkmalen der Organisation und Mobbing werden in weiteren Querschnittsstudien berichtet, welche in den folgenden Kapiteln vorgestellt werden. Zur Analyse der Arbeitsbedingungen und des Führungsverhaltens wurden in den Untersuchungen die Rollenkonfliktskala von RIZZO et al. (1970), standardisierte Instrumente sowie insbesondere Zufriedenheitsmaße und nicht weiter validierte Einzelitems eingesetzt (ZAPF 1999, S. 13).

Eine monokausale Ursachen-Erklärung für Mobbing durch betriebliche Bedingungen, wie LEYMANN (1993b) sie vertritt, wäre zu undifferenziert. Dennoch haben die Rahmenbedingungen im Unternehmen einen erheblichen Einfluss auf die Entstehung von Mobbing: *„Wenn Arbeitende durch monotone Tätigkeiten, Zeitdruck, geringes Einkommen und drohenden Arbeitsplatzverlust extrem belastet sind und es dann zu einer Verlagerung des Drucks, der auf sie ausgeübt wird, auf andere kommt, dann kann das nicht mehr allein den unmittelbaren Akteuren angelastet werden"* – NEUBERGER (1999, S. 64) spricht hier die Verantwortung für Mobbing der Unternehmensführung zu und mildert „schuldhafte" Ursachen, die im Opfer oder Täter liegen können, ab.

Zudem zeigen die in Kapitel C. 2.2.1 und C. 2.2.2 dargestellten empirischen Ergebnisse, dass bestimmte Berufsgruppen/Branchen von einem überdurchschnittlichen (soziale Berufe; Gesundheits-, Pflege- und Bildungswesen sowie Verwaltung) bzw. unterdurchschnittlichen Mobbingrisiko (Berufe in Produktion; Handel und Landwirtschaft) betroffen sind. Diese Verteilungen können möglicherweise auf spezifische Merkmale der Arbeitsorganisation und Aufgabengestaltung der Arbeit schließen lassen, die in diesen Berufsgruppen/Branchen mobbingbegünstigend ausgestaltet sind. Bei den sozialen und Gesundheitsberufen kann vermutet werden, dass sich am Arbeitsplatz hohes Konfliktpotential (und hierdurch Mobbing) aufgrund des aktuell erhöhten Stellenabbaus (Angst vor Arbeitslosigkeit) einstellt (siehe Kapitel E. 1.3.1). Solch ein Arbeitsklima ist vor allem durch Konkurrenz und Misstrauen belastet (siehe Kapitel E. 1.1.2).

Auf die verschiedenen betriebliche Bedingungen, die für Mobbing ursächlich sein können, soll im folgenden detaillierter eingegangen werden.

E. 1.2.1 Arbeitsorganisation

In Verbindung mit dem Bürokratienmodell von Max WEBER lassen sich im Aston-Konzept Organisationsstrukturen erkennen, die weitreichenden Einfluss auf die Entstehung von Mobbing haben (STAEHLE 1991, S. 422).

Tabelle 4: Aston-Dimensionen der Organisationsstruktur (in STAEHLE 1991, S. 422)

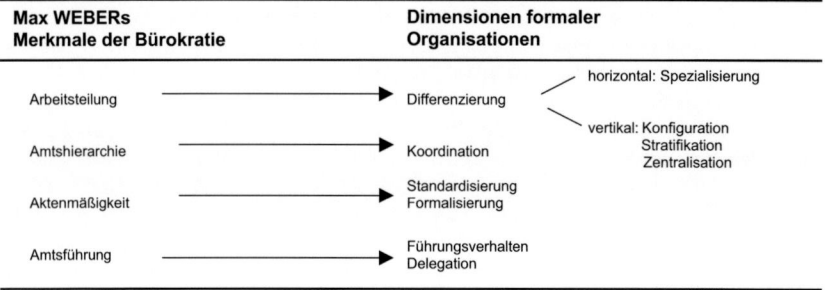

Spezialisierung bezeichnet den Grad, zu dem Tätigkeiten in der Organisation in unterschiedlichen Stellen ausdifferenziert sind (Tabelle 4). Mit Koordination ist der Grad gemeint, zu dem arbeitsteilige Stellen durch Integrationsmechanismen zusammengehalten werden. Inwieweit die Organisation hierarchisiert ist, z.B. Anzahl der Hierarchieeben, Anzahl der einem Vorgesetzten unterstellten Mitarbeiter, wird durch den Grad der Konfiguration festgelegt. Der Grad der Standardisierung gibt an, wie die Tätigkeiten von Routineverfahren bestimmt werden, z.B. Anzahl standardisierter und programmierter Verfahren. Die Formalisierung gibt den Grad an, zu dem organisatorische Regeln schriftlich fixiert und Vorgänge schriftlich festgehalten werden. In welchem Ausmaß Entscheidungsbefugnisse auf untere Hierarchieebenen, z.B. Anzahl und Bedeutsamkeit von Entscheidungen auf unteren Ebenen, verlagert sind, wird mit dem Grad der Delegation ausgesagt (a.a.O., S. 423). Die Ausprägungsintensität und -art dieser Merkmale entscheidet nun, wie sich eine Organisationsstruktur gegenüber den Arbeitnehmern (z.B. in Form von Mobbing) äußert.

Neben den funktionalen Wirkungen bergen bürokratische Organisationsstrukturen in hohem Maße dysfunktionale Gefahren (Tabelle 5). Die dysfunktionalen Folgen verursachen nicht nur Ineffizienz, sondern fördern auch die Entstehung von Mobbing oder werden von Arbeitnehmern als Strukturelles Mobbing erlebt, da sie Handlungs- und Entscheidungsspielräume verringern, die Kommunikation stören und freiheitliche Arbeitnehmer-Bedingungen einengen.

**Tabelle 5: Funktionale und dysfunktionale Folgen bürokratischer Strukturen
(verändert nach STAEHLE 1991, S. 424)**

Merkmale der Bürokratie	funktional	dysfunktional
Arbeitsteilung	Spezialisierung, Expertentum	Entfremdung, Monotonie
Hierarchie	Kanalisierung von Informationen, Struktur, Koordination, Vermeidung von Machtkämpfen, Sicherheit und Stabilität	Konservierung des Bestehenden, Rigidität, mangelnde Flexibilität, Kommunikationsstörungen, Machteliten
Regeln, Handlungsprogramme	Rationalität, Objektivität, versachlichte Arbeitsbeziehungen	Verkehrung von Mitteln in Ziele, hoher Kontrollaufwand
technisch-formale Kompetenz	Demokratisierung (Abbau persönlicher Willkür)	Unpersönlichkeit, Angst, Frustration
	▼	▼
	Effizienz	Ineffizienz Mobbing

Starre Organisationsstrukturen, die sich durch steile Hierarchien, starke Kontrolle und Fremdbestimmtheit ausdrücken, stellen wesentliche innerbetriebliche Konfliktdeterminanten dar (KOLODEJ 1999, S. 53) und wirken sich negativ auf die Gesundheit, die Arbeitszufriedenheit und das Arbeitsverhalten aus (DUNCKEL/ZAPF 1996). Verantwortungsübernahme und Mitbestimmung motivieren nicht nur Mitarbeiter, sondern binden Zeit und Energie an sachbezogene Inhalte und weniger an Mobbingaktivitäten. *„Das Ränkespiel grassiert gerne in Organisationen mit veralteten Strukturen, steilen Hierarchiestufen und einer Duckmentalität. In Unternehmen [...] fehlt die Fähigkeit zur offenen Konfliktbearbeitung, Konflikte werden mit ganz feinen Mitteln unter der Oberfläche ausgetragen"* (WITTENZELLNER 1993, S. 43).

In der Bürokratieforschung wird das Organisationsmitglied als „economic man" nur in seinen formellen Beziehungen innerhalb der Hierarchie berücksichtigt. Es wird als ebenso logisch und rational organisierbar betrachtet wie technische Arbeitabläufe. Die zum Verständnis der Realität in Organisationen und zum Mobbing wichtigen Aspekte wie Organisationsklima und -kultur, nichtmonetäre Anreize und Konfliktsituationen werden vernachlässigt oder in ihrer Bedeutung unterschätzt (STAEHLE 1991, S. 425). Organisationsstrukturen können einen ergänzenden Beitrag zu Ursachen von Mobbing liefern, sollten dennoch aber immer im Kontext multikausaler Zusammenhänge stehen.

VARTIA (1996) zeigt in seiner Untersuchung, dass Mobbingbetroffene deutlich schlechtere Einflussmöglichkeiten auf Bereiche erhalten, die sie selbst betreffen, und von gestörtem Informationsfluss, weniger Diskussionen über Aufgaben und Ziele sowie unklaren eigenen Zielen berichten (ZAPF 1999, S. 13). Weitere deutsche (ZAPF/OSTERWALDER 1998; VON HOLZEN-BEUSCH et al. 1998) und skandinavische Studien (MATTHIESEN et al. 1989; EINARSEN et al. 1994) bestätigen die (hoch-)signifikanten Zusammenhänge zwischen dem Auftreten von Mobbing und organisationsbezogenen Merkmalen, wie geringem Handlungs- und Zeitspielraum, sowie verringerten Einflussmöglichkeiten. Bei geringem Handlungs- und Zeitspielraum (Zeitdruck) fehlen den Betroffenen zudem die Möglichkeiten, aufkommende Konflikte frühzeitig adäquat aufzuarbeiten, was zu Beginn eine moderierende, im weiteren Verlauf aber eine eskalierende Wirkung erzeugen kann (ZAPF 1999, S. 13). VARTIA (1991, S. 134) berichtet, dass gemobbte Arbeitnehmer vor allem auf Arbeitsplätzen zu finden waren, die durch einen geringen Grad an Autonomie gekennzeichnet waren.

Stressoren wie andauernde Unsicherheit, arbeitsorganisatorische Probleme (z.b. widersprüchliche Anweisungen) bieten Konfliktstoff und können Ausgangsmöglichkeit für die Entwicklung von Mobbing sein (LEYMANN 1993b). Auch aus der Perspektive der Frustration-Aggressions-Hypothese (BERKOWITZ 1989) können stressreiche Arbeitssituationen das Aggressionspotential und damit die Mobbingwahrscheinlichkeit erhöhen (COHEN 1980). So berichten Untergebene einer Bank, dass Vorgesetzte unter Stress- und Krisenbedingungen vermehrt Zwang und Machtgebrauch ausübten (MULDER et al. 1986). Zudem erfüllen häufig gestresste Personen nicht die Erwartungen anderer und stoßen andere durch ihr unfreundliches Verhalten ab. Dies könnte aggressives Antwortverhalten von anderen hervorrufen und im Endeffekt Mobbing provozieren (FELSON 1992).

Bestimmte Organisationsformen verhindern das Funktionieren einer Arbeitsgruppe. **Organisatorische Vorgaben** und Formen, wie z.b. Schichtarbeit und Fließbandarbeit, verschlechtern die Kommunikationsmöglichkeiten in einer Gruppe, so dass sich keine positive soziale Situation einstellt (LEYMANN 1993b, S. 138). Die aktuell sich ausweitende Arbeitsorganisation des **Outplacement** in Form von Leih- und Zeitarbeit führt hinsichtlich betrieblicher Positionen und Vergütungssysteme der einzelnen Mitarbeiter zu inhomogenen Arbeitsgruppen, in denen es vermehrt zu Konflikten und damit zu Mobbing kommen kann.

Ungünstige Umgebungsbedingungen

Arbeitsbedingte Faktoren, wie die Umgebungseinflüsse Lärm, Temperatur, Schmutz, Arbeitsstoffe und Unfallgefahr, sowie umweltpsychologische Kriterien, wie der Mangel an akustischer und visueller Privatsphäre, stellen wesentliche individuelle Belastungen dar (ROHRMANN 1988; KOLODEJ 1999, S. 53). Eine schlechte Arbeitsplatzgestaltung hat Auswirkungen auf die Arbeitsleistung, beeinflusst den gesundheitlichen Zustand und stellt einen wichtigen Faktor für die subjektive Arbeitszufriedenheit dar. In einem HdA-Sreßprojekt von 1000 befragten Arbeitnehmern zeigte sich, *„daß an Arbeitsplätzen, die sich durch ungünstige Umwelteinflüsse auszeichnen, die Beschäftigten doppelt so häufig konflikthaftes Verhalten aufweisen wie Gruppenmitglieder mit niedrigen Umgebungseinflüssen"* (PROSCH 1995, S. 70). Die Hypothese, dass stressreiche Arbeitsbedingungen (Stressoren) die Wahrscheinlichkeit der Entstehung von Mobbing erhöhen, wird durch eine Reihe von weiteren Befunden der Stressforschung plausibel bestätigt. Bei ZAPF et al. (1995) nennen die Betroffenen selbst als häufigste Ursache von Mobbing stressreiche Arbeit. Der Arbeitnehmer empfindet Stress (nervöse Beschwerden, Übermüdung), wenn das Arbeitspensum seine Bewältigungsmöglichkeiten innerhalb eines Zeitrahmens übersteigt oder eine zu schnelle Taktung (Arbeitsdruck) herrscht. Der Arbeitende kann seine Belastung aus eigenem Entschluss nicht beeinflussen (geringe Selbstbestimmung). *„Zeitstreß behindert darüber hinaus auch Kollegialität, gegenseitige Rücksichtnahme, Hilfsbereitschaft und vor allem den kommunikativen Austausch [...] Vorurteile und Mißverständnisse, die daraus resultieren, tragen ihren Teil dazu bei, daß Mobbing entstehen kann"* (PROSCH 1995, S. 69).

Die Untersuchungen zum psychischen Stress am Arbeitsplatz von DUNCKEL/ZAPF (1986) zeigen, dass Arbeitnehmer mit den höchsten sozialen Stressoren auch diejenigen mit den größeren organisatorischen Problemen, höherem Zeitdruck und höheren Umgebungsbelastungen waren: „*Hinter manchen sozialen Konflikten, Streit, Ärger usw. verbergen sich nicht selten auch Schwierigkeiten in der Arbeitssituation. Streit mit Kolleginnen und Kollegen ist dann nur eine Art Umleitung von Streß.*" Eine Erweiterung des Horizonts scheint die Hypothese, dass sämtliche arbeitsorganisatorische Strukturen, in denen stärkere Stresseffekte festgestellt werden, das Risiko für Konfliktausbrüche und damit für Mobbing erhöhen.

Auf den Faktor wettbewerbsfördernder Beförderungssysteme und Entlohnungen, die nicht nur außergewöhnliche Arbeitsleistungen, sondern auch Nebenprodukte wie Neid, Rivalität, übersteigerten Ehrgeiz (KOLODEJ 1999, S. 54) und in deren Folge Mobbing hervorrufen können, wird in Kapitel E. 1.4 eingegangen.

E. 1.2.2 Aufgabengestaltung der Arbeit

Arbeitsmedizinische Untersuchungen zeigen einen Zusammenhang zwischen psychosomatischen Krankheiten (und damit nach LEYMANN als Mobbing weiter zu interpretieren) und qualitativer Unterbelastung durch Arbeitsaufgaben. Die Aufgaben waren durch einen hohen Grad an Monotonie und Inhaltsarmut bei der Arbeit charakterisiert (LEYMANN 1993b, S. 134). Entscheidend ist also, inwieweit die Arbeitsaufgaben den Interessen und geistigen Ansprüchen der Arbeitenden entsprechen.

Mit Einführung der Fließbandarbeit in der industriellen Produktion um 1900 entwickelte sich die Idee, Arbeitsaufgaben so einzuteilen, dass Menschen ohne Berufsausbildung die Aufgaben bewältigen konnten. Die Arbeit wurde aufgeteilt in reine Handarbeit (vorgeschriebene, hyperrationale Körperbewegungen) und reine Geistesarbeit (Planen, Kontrollieren), die den Vorgesetzten zustand. Der Arbeitseinsatz vieler Menschen am Fließband bestand aus einem von Monotonie gekennzeichneten Prozess mit kurzen, sich wiederholenden Arbeitszyklen von Minutendauer, der ein Denken für die Arbeit nicht mehr erforderte. Organisatorische Neuerungen, ausgehend von der japanischen Industrie, haben auch in Westeuropa und Nordamerika seit Beginn der 1970er Jahre zu Verbesserungen geführt. Aktuelle empirische Untersuchungen zeigen dementsprechend, dass die Verbreitung von Mobbing im Produktionsbereich (klassische Fließbandarbeit) tendenziell unterrepräsentiert ist (siehe Kapitel C. 2.2.1 und C. 2.2.2). Die Erhaltung der Lernfähigkeit der Arbeitenden, breite Berufserfahrungen am Arbeitsort zu erwerben, Möglichkeiten zu eigenständigem und kreativem Handeln und dementsprechende Arbeitsgestaltung sind wichtige Faktoren, um physische und psychische Defizite (Innere Kündigung, Mobbing) bei Arbeitenden zu verhindern (a.a.O., S. 136ff).

Unterschiedliche Anforderungen, die verschiedene Aufgaben an den potentiellen Aufgabenträger stellen, werden bei STAEHLE (1991, S. 632) in Aufgabenschwierigkeit, Aufgabenvariabilität, Aufgabeninterdependenz, Aufgabenkomplexität, Aufgabenneuigkeit und Aufgabenstrukturiertheit klassifiziert. Die Reaktionen (z.B. Fluktuation, Absentismus, Krankheiten, Unzufriedenheitsäußerungen) des Menschen zeigen, dass die durch die industrielle Revolution vorangetriebene Arbeitsteilung nicht dem Wesen des Menschen entspricht. Empirische Untersuchungen belegen mangelnde Akzeptanz bei enger Aufgabendefinition (Wahrnehmung als Monotonie) und negative Verhaltenswirkungen auf einseitige Belastungen (von Muskeln und Psyche), auf Unterforderung (Langeweile und Unzufriedenheit als affektive Reaktion) und Dequalifizierung (Verlernen von Fähigkeiten und Fertigkeiten) (Tabelle 6). Wenn die Gestaltung der Aufgaben in einer der sechs Kategorien den Ansprüchen, dem Leistungsvermögen oder den situativen Leistungsmöglichkeiten eines Arbeitnehmers nicht entspricht, so kann dieses zu Konflikten und in der Folge feindseligen Schikanen führen – oder bereits selbst als Mobbing wahrgenommen werden.

Tabelle 6: Zusammenhang von Verhaltensweisen und Aufgaben (verändert nach STAEHLE 1991, S. 634)

Stimulusbedingungen	Wahrnehmung	affektive Reaktion	Verhalten
einfache Aufgaben mit geringen Anforderungen, kurze Taktzeiten	→ Monotonie →	Langeweile, Unzufriedenheit mit der Arbeit	→ Absentismus, Fluktuation, Leistungsrestriktion, Innere Kündigung, (Wahrnehmung als) Mobbing

Im Modell von PORTER et al. (1975, S. 309) werden denkbare Konsequenzen von alternativen Arbeitsstrukturierungen auf Arbeitnehmer mit unterschiedlichen Bedürfnissen und deren Leistung dargestellt (Tabelle 7).

Tabelle 7: Erwartete Reaktionen auf unterschiedliche Arbeitssituationen nach PORTER et al. (1975) (verändert nach STAEHLE 1991, S . 652)

	Einfache Routinearbeiten	Bereicherte Tätigkeit
Mechanische Gestaltung der Organisation	**(1) Arbeitnehmer mit hohem Wachstumsbedürfnis:** Der einzelne fühlt, daß er sich nicht entfalten kann und zu sehr kontrolliert wird. Zu erwarten sind hohe Frustration, Unbefriedigtsein, Abwesenheit und Personalwechsel. „Unterforderung"	**(3) Arbeitnehmer mit hohem Wachstumsbedürfnis:** Es ist zu erwarten, daß der einzelne positiv auf seine Arbeit reagiert, daß er aber die Kontrolle seitens der Organisation als übertrieben und lästig empfindet. Anzeichen des Konflikts
	(2) Arbeitnehmer mit niedrigem Wachstumsbedürfnis: Übereinstimmung im hergebrachten Sinn. Zu erwarten sind hohe Leistung und genügende Befriedigung und Anwesenheit, wenn das extrinsische Belohnungssystem wirksam ist.	**(4) Arbeitnehmer mit niedrigem Wachstumsbedürfnis:** Zu erwarten ist, daß der einzelne auf die Anzeichen der Organisation reagiert und daß er seine Arbeit nicht gut ausführt. „Überforderung"
Organische Gestaltung der Organisation	**(5) Arbeitnehmer mit hohem Wachstumsbedürfnis:** Zu erwarten ist, daß der einzelne auf die Anzeichen der Organisation reagiert und daß er die Enge seiner Arbeit als lästig empfindet. Ferner ist zu erwarten, daß er seine Arbeit zu ändern sucht oder kündigt. „Unterforderung" Anzeichen des Konflikts	**(7) Arbeitnehmer mit hohem Wachstumsbedürfnis:** Übereinstimmung im Sinne der Arbeitsbereicherung. Zu erwarten ist eine Leistung sehr hoher Qualität, hohe Befriedigung und Anwesenheit und kaum Personalwechsel.
	(6) Arbeitnehmer mit niedrigem Wachstumsbedürfnis: Zu erwarten ist, daß der einzelne auf die Anzeichen in seiner Arbeit reagiert und daß er ganz gut arbeitet, wenn extrinsisch motiviert, daß er jedoch stets unter dem „unberechenbaren" Management leidet.	**(8) Arbeitnehmer mit niedrigem Wachstumsbedürfnis:** Der einzelne ist überwältigt von den organisatorischen und arbeitsmäßigen Herausforderungen. Zu erwarten ist ein Rückzug von der Arbeit oder offensichtliche Feindseligkeit und schlechte Leistung. „Überforderung"

▨ = charakteristische Mobbingsituationen   ▨ = erhöhtes Mobbingrisiko

Dabei werden drei Dimensionen miteinander kombiniert (STAEHLE 1991, S. 651):
1. **Organisation** (organizational design): organisch – mechanistisch
2. **Arbeitsstruktur** (job design): einfach – bereichert
3. **Arbeitnehmerbedürfnisse** (growth need satisfaction):
hohes – niedriges Wachstumsbedürfnis.

Die Kombinationen (2) und (7) gelten nach klassischen situationstheoretischen Annahmen als ideal passend (fit), was hohe Zufriedenheit und Leistung erwarten lässt. Die Kombinationen (1) und (8) stellen extreme Situationen dar, in denen die Bedürfnisse der Mitarbeiter hinsichtlich qualitativer Aufgabeninhalte den organisatorischen Möglichkeiten diametral entgegenstehen und die von den Mitarbeitern als Mobbing erlebt werden können (STAEHLE 1991, S. 651). Auch die Situationen (3) und (5) sowie (4) und (6) können sich als Mobbing darstellen oder die Entstehung von Mobbing fördern. Mobbinghandlungen bezüglich der Aufgabengestaltung gestalten sich besonders „effizient" in ihrer Wirkung, wenn sie sich genau entgegen den (qualitativen) Wachstumsbedürfnissen des Arbeitnehmers als einfache Routinearbeiten oder bereicherte Tätigkeit darstellen (Tabelle 7).

Die **Handlungsregulationstheorie** unterscheidet drei Aspekte von Arbeitsbedingungen, die die Arbeitssituationen kennzeichnen und sich auf das psychische Befinden von Mitarbeitern auswirken. (1) Regulationsanforderungen beschreiben, welche Anforderungen (Arbeitskomplexität, Variabilität und Vollständigkeit der Tätigkeit) eine Aufgabe an das Handeln der Person stellt. Stressoren werden als (2) Regulationsbehinderungen bezeichnet, die in der Arbeitssituation als Zeitdruck, Konzentrationsanforderungen, arbeitsorganisatorische Probleme, wie fehlende Information, Arbeitsunterbrechungen, soziale Stressoren, und ungünstige Faktoren in der Arbeitsumgebung, wie beispielsweise Lärm, auftreten können. Bedingungen, die einer Person helfen können, Stressoren zu bewältigen, werden als (3) Ressourcen bezeichnet. Der Handlungsspielraum, die Kontrolle am Arbeitsplatz sowie die soziale Unterstützung bilden wichtige arbeitsbezogene Ressourcen (FRESE/ZAPF 1994). Regulationsanforderungen stehen in einem positiven und Regulationsbehinderungen in einem negativen Zusammenhang zu psychischem Befinden bzw. der Arbeitszufriedenheit (SONNENTAG 1996, S. 118, S. 123). Mobbing kann demnach als Regulationsbehinderung und Reduzierung von Ressourcen aufgefasst werden, was sich direkt negativ auf das psychische Befinden von Arbeitnehmern auswirkt.

Viele Studien belegen, dass geringe Arbeitskomplexität als aufgabenbezogenes Merkmal mit höherer Mobbingbetroffenheit einhergeht, des weiteren zeigte sich ein positiver Zusammenhang zwischen Arbeitskomplexität und Handlungsspielraum (SEMMER 1984; ZAPF 1991). In der Untersuchung von ZAPF/OSTERWALDER (1998) hingegen berichten Mobbingbetroffene deutlich weniger Handlungsspielräume bei gleicher Komplexität der Aufgaben. Für die Auffälligkeit sind zwei Erklärungsmuster möglich: Die im Verhältnis zur Komplexität geringen Handlungsspielräume verursachten Reibereien und schließlich Mobbing. Die andere Erklärungsmöglichkeit ist, dass im Verlauf des Mobbing die anspruchsvollen Aufgaben aufrechterhalten, aber Entscheidungskompetenzen entzogen wurden. Dies wird auch immer wieder als typische Mobbinghandlung berichtet (ZAPF 1999, S. 13).

Unter Mobbing leiden jedoch keineswegs vorrangig die untersten und schwächsten Glieder der Hierarchie mit geringer Arbeitskomplexität und geringem Handlungsspielraum (ZAPF/OSTERWALDER 1998). In der Konstanzer und der DAG-Studie ordneten sich jeweils über 30% auch auf den mittleren Hierarchieebenen im Betrieb und höher mit entsprechender Arbeitskomplexität ein (ZAPF 1999). In der Untersuchung von RAYNER (1997) besetzten 25% der Befragten Vorgesetztenpositionen mit komplexen Aufgabengebieten.

Neben der betrieblichen Rollenverteilung müssen auch die Arbeitsaufgaben für alle Mitarbeiter transparent sein. Betriebliche Strukturierungsmaßnahmen wie etwa „*die Verteilung der betrieblichen Ar-*

beitsaufgaben auf die verschiedenen Stellen, die Regelung der Zusammenarbeit zwischen den einzelnen Stellen und die Fixierung der Aufgaben-, Kompetenz- und Verantwortungsbereiche, die den einzelnen Stellen eingeräumt werden sollen" gewährleisten erst einen reibungslosen Arbeitsablauf (PROSCH 1995, S. 67). Mangelnde Transparenz führt zu Rollen-, Ziel- und Verantwortungskonflikten, da unklare Stellenbeschreibungen die Mitarbeiter über ihre Pflichten, Rechte und Verantwortungsbereiche im unklaren lassen. Dies kann zu Kompetenzüberschreitungen führen, die Macht- und Konkurrenzrivalitäten innerhalb des Betriebes sowie Mobbing mit sich bringen. Nicht nur eine zweideutige Aufgabenverteilung, sondern auch intransparente Beförderungswege und nicht nachvollziehbare Leistungsbewertungen können zu Intrigen, Konflikten und schließlich zu Mobbing führen, das vom Mobbenden als Gerechtigkeitsausgleich empfunden wird (KOLODEJ 1999, S. 55).

LEYMANN (1993b, S. 136) und NEUBERGER (1999, S. 174) vermuten, dass Mobbing auch als Zeitvertreib aufgrund langweiliger, monotoner Arbeitsbedingungen und -aufgaben dienen kann; ZAPF et al. (1996) konnten dafür jedoch keine Hinweise finden. Dieser Ansatz soll an dieser Stelle nicht weiter verfolgt werden.

E. 1.2.3 Führungsverhalten

Die Relevanz des Führungsverhaltens hinsichtlich Mobbing lassen bereits Synonyme erahnen, die im skandinavischen Sprachgebrauch für Mobbing Eingang gefunden haben: THYLEFORS (1987) spricht von „negative headhunting" und KILE (1990) bezeichnet es als „helsefarlig ledelse" (norwegisch: gesundheitsgefährliche Führung). KILE (a.a.O., S. 15) grenzt den Personenkreis der Widersacher auf Führungskräfte ein und versteht Mobbing als Missbrauch der Macht und Position: *„Gesundheitsgefährliche Führung bezieht sich auf die langwierige und ausdauernde Schikane eines oder mehrerer Untergebener durch einen Führer."* Bereits Kapitel E. 1.1.2 zeigte, dass die Konstellation von nicht souveränen Führungskräften und leistungsstarken Mitarbeitern einen gefährlichen Mobbing-Mix bildet. Oft sind es die (scheinbar!) machtlosen Manager, die zu tyrannischem Verhalten neigen (ASHFORTH 1994). Die gesellschaftliche Entwicklung der Arbeitgeber-Arbeitnehmer-Beziehung spielt dabei eine wesentliche Rolle.

Inwieweit bei den Führungsverantwortlichen ein Bewusstsein für das Thema Mobbing herrscht, ist auch durch den Stellenwert des Menschen im Unternehmen bedingt. Dieses hängt von den ethischen Grundsätzen, die die Unternehmensverantwortlichen ihrem Handeln zugrunde legen, und der Abhängigkeit des Unternehmens vom sogenannten „Humankapital" ab. Die Menschenbilder, also die **Vorstellung des Managements von den Eigenschaften der Menschen**, haben sich im Laufe der Zeit gewandelt. Zu Beginn des 20. Jahrhunderts dominierte der „Produktionsfaktoransatz", bei dem Beschäftigte neben Werkstoffen (z.B. Holz) und Betriebsmitteln (z.B. Schmieröl) als Elementarfaktoren gesehen wurden. In einem solchen System wurde der Mensch als „homo oeconomicus" betrachtet, der nur um des Geldes willen arbeitet. Andere Aspekte, wie individuelle Bedürfnisse und Dispositionen, besaßen für das Unternehmen keine Relevanz. In einer solchen Ideologie hat das Thema Mobbing natürlich keinen Platz, sondern geht womöglich aus ihr hervor.

In der ersten Hälfte des 20. Jahrhunderts entstand das Menschenbild des „sozialen Wesens", durch das die heutigen Organisations- und Motivationssysteme geprägt sind. Es wird die Bedeutung der Gruppe für ein Individuum und dessen Arbeitsleistung betont; in solch einem Menschenbild wird bei Führungsverantwortlichen viel eher Verständnis für die Problematik Mobbing erzeugt. Dennoch repräsentiert dieses Menschenbild durch Vernachlässigung der anderen Bedürfnisse nur eine verkürzte Sichtweise. In den 1940er Jahren entstand die Vorstellung, Beschäftigte als „komplexe, differenzierte Individuen" zu betrachten, wodurch ein realitätsgerechteres Bild vom Menschen mit vielfältigen Bedürfnissen entworfen wurde. Diesen Einsichten widerstrebend, herrschen in vielen Unternehmen heute noch Bilder von Beschäftigten vor, die jenen der Jahrhundertwende ähneln. In nicht wenigen betriebswirtschaftlichen Organisationen wird davon ausgegangen, dass der Mensch von Natur aus faul ist und ständig kontrolliert werden muss. Autoritäre Führungskräfte werden daher bevorzugt und die Unternehmensstrukturen entsprechend ausgestaltet. Der Mensch wird dabei als Mittel betrachtet und Mobbing oder mobbingtypisches Führungsverhalten bewusst oder unbewusst als Mittel zum Zweck der Sanktionierung und Kontrolle eingesetzt (NIEDL 1995a, S. 57).

Zum besseren Verständnis seien an dieser Stelle die wichtigsten Führungsstile und ihre Wirkung auf die Arbeitnehmer und damit auf Mobbingsituationen dargestellt. Der Autor schließt sich der Auffassung der „Situationstheorie der Führung (situational approach)" an (STAEHLE 1991, S. 322), wonach Führerwahl und Führungserfolg nicht eine Funktion bestimmter Führungseigenschaften sind, sondern vom situativen Kontext, in dem Führer und Geführte interagieren, abhängen: *„Der Gedanke, es gäbe einen idealen, in allen Situationen erfolgreichen Führungsstil, ist insbesondere nach den Misserfolgen der wissenschaftlichen Betriebsführung und der Human-Relations-Programme aufgegeben worden [...] Die Auswirkungen eines spezifischen Führungsverhaltens variieren von Situation zu Situation; es gibt keine idealen, immer und zu jeder Zeit erfolgreichen Führungspraktiken"* (KUNCZIK 1972, S. 279). Führung kann als *„zielorientierte, soziale Einflussnahme zur Erfüllung gemeinsamer Aufgaben"* in einer Organisation definiert werden (PROSCH 1995, S. 72).

Als **Idealtypen nach Max WEBER** werden vier Führungsstile unterschieden, die sich am „faulen" und „geldsüchtigen homo oeconomicus" und weniger an sozialen Zielen orientieren: Sowohl der patriarchische, charismatische, autokratische als auch der bürokratische Führungsstil sehen für die Mitarbeiter kaum Delegation von Entscheidungsbefugnissen, genügend Handlungsspielraum und Mitbestimmung vor (STAHLE 1991, S. 309ff). Solch – zu Beginn des 20. Jahrhunderts – charakteristisches Vorgesetztenverhalten missachtet individuelle Bedürfnisse bzw. die der Arbeitsgruppe, fördert Konflikte und damit Mobbing oder wird bereits selbst von den Mitarbeitern als schikanierende und feindselige Führung wahrgenommen.

Ein jüngerer Beitrag zur **Typologie von Führungsstilen** findet sich bei LATTMANN (1975), der über die elf Gliederungsmerkmale:

Wertung des Mitarbeiters; Stellenwert der Mitarbeiterinteressen; Legitimation des Führungsanspruchs; Gewichtung von Arbeitsunzufriedenheit und Betriebsklima; Beteiligung der Mitarbeiter bei der Zielsetzung; Anspruchsniveau der Arbeitsziele; Aufgabenvollzug; Kontrolle; Durchsetzung der Ziele; Behandlung informeller Gruppen; Beteiligung der Mitarbeiter bei der Festlegung des Unternehmenszwecks

die Führungsstile einer demokratischen und einer autoritären Grundhaltung zuordnet (Tabelle 8), womit erste Aussagen zu deren Mobbingrelevanz ermöglicht werden.

Tabelle 8: Typologie von Führungsstilen (verändert nach STAEHLE 1991, S. 311)

Autoritäre Grundhaltung	Demokratische Grundhaltung
Despotischer Führungsstil (Herr-im-Haus-Standpunkt, Eigentum an Produktionsmitteln legitimiert Ausbeutung der Mitarbeiter)	**Selbstverwaltung** (Arbeitnehmer und -räte übernehmen die Rolle des Unternehmens, Kollektivinteressen prägen die Führungsrichtlinien)
Paternalistischer Führungsstil (Despot mit sozialem Verantwortungsgefühl gegenüber Mitarbeitern, deren Interessen er am besten zu kennen glaubt)	**Partnerschaftlicher Führungsstil** (Selbstbestimmung bei der Aufgabenerfüllung und partnerschaftliche Beteiligung des Mitarbeiters an der Setzung der Unternehmensziele)
Pädagogischer Führungsstil (Patriarch, der seine Mitarbeiter durch gezielte Förderung und Entwicklung zur größeren Selbständigkeit erziehen will)	**Partizipativer Führungsstil** (Anerkennung des Mitarbeiters als „Werte tragendes Subjekt", dessen Wissen, Können und Interessen im Entscheidungsprozess mit einbezogen werden)

Bei Untersuchungen erzielte der gemäßigte demokratische Führungsstil (partnerschaftlich oder partizipativ, u.U. pädagogisch) im Vergleich zum autoritären (despotisch oder paternalistisch) und Laissez-faire-Führungsstil (Selbstverwaltung) unter Mitarbeitern das höchste Leistungsvermögen und den größten Zufriedenheitsgrad innerhalb der Gruppe (LEWIN et al. 1939; FORGAS 1992). Ein demokratischer Führungsstil kann Mobbing nicht immer verhindern, liefert aber ein konstruktives Arbeitsklima. Mobbingentwicklungen entstehen erst gar nicht, wenn die demokratische Leitung sowohl aufgaben- als auch personenorientiert ist und ihre jeweiligen Prioritäten auf den Gruppenprozess legt (KOLODEJ 1999, S. 60). Bei der Beherrschung von akut bestehenden Konflikten mit hohem Eskalationsgrad können jedoch Machteingriffe notwendig und sinnvoll sein. Durch eine ständig andauernde autoritäre Grundhaltung werden allerdings jene feindseligen Verhaltensweisen gefördert, die sich gegen einzelne oder Minderheiten richten (ARDELT et al. 1993).

Kapitel E. 1.2.1 und E. 1.2.2 haben bereits verdeutlicht, dass der Grad des gewährten Entscheidungsspielraums den einzelnen Arbeitnehmer oder die Gruppe außerordentlich beeinflussen kann – dies gilt insbesondere für das Vorgesetztenverhalten und inwieweit dieses als schikanierender Führungsstil oder Mobbing erlebt wird. Vor diesem Hintergrund entstand die folgende Einteilung (Abbildung 17).

Abbildung 17: Autoritärer und kooperativer Führungsstil nach TANNENBAUM/SCHMIDT (1958) (verändert nach STAEHLE 1991, S. 312)

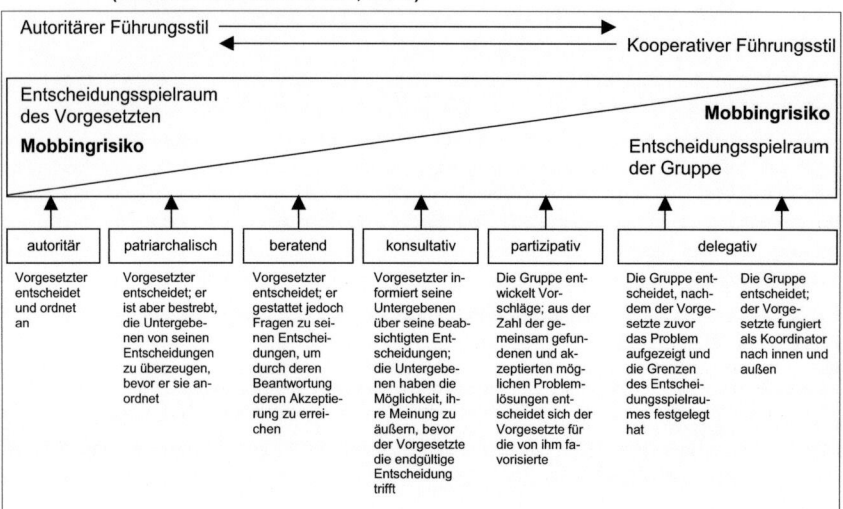

Durch den **autoritären Führungsstil** haben die Mitarbeiter kaum eigenen Entscheidungs- und Handlungsspielraum. Autoritäre Führungskräfte leiten ihre Untergebenen nach wie vor rückständig mit „Anweisung und Kontrolle". Zum Teil hat sich u.a. durch langjährige Betriebszugehörigkeit ein Verhalten verfestigt, das relativ dogmatisch und beharrend an den altbewährten Verfahren festhält, andere Ideen und Vorschläge schnell abblockt und keinen Widerspruch zulässt. Hier entstehen insbesondere Schwierigkeiten mit:

- der Motivation und engagierten Beteiligung von Mitarbeitern, die jede Verantwortung und Initiative dem Vorgesetzten überlassen
- jüngeren, kritischen Mitarbeitern, die einen teamorientierten Koordinator als Vorgesetzten erwarteten
- Kollegen und Vorgesetzten, die offen und z.T. kontrovers gegensätzliche Standpunkte ausdiskutieren und an Verbesserungen arbeiten wollen (BROMANN/PIWINGER 1992, S. 87).

Die mit starren Regelvorgaben verbundene Aussichtslosigkeit auf Mitbestimmung fördert die Unzufriedenheit und Demotivation innerhalb der Arbeitsgruppe. Bei LEYMANN (1993b, S. 137) findet man die Vermutung, dass autoritäres Führungsverhalten eine fehlerhafte Reaktion auf Leistungsdefizite ist, die durch organisatorische Missstände am Arbeitsplatz bedingt sind. Oft verkennen Vorgesetzte die Notwendigkeit, durch optimierende Organisation und Arbeitsgestaltung Stressreduktion zu bewirken, sondern halten bestimmte organisatorische Zustände für unvermeidbar. In der Untersuchung von SKOGSTAD et al. (1990, S. 47ff) führten Gemobbte als Ursache für Mobbing in erster Linie autoritären Führungsstil an.

Zudem mangelt es häufig bei autoritären Vorgesetzten an Transparenz, was zusätzlich zur Desorientierung und Missstimmung in der Gruppe führt (KOLODEJ 1999, S. 59). *"Vorgesetzte, die sich für überaus wichtig halten, gehen oft mit Informationen willkürlich um. Indem sie ihrer Gruppe oder einzelnen Personen wichtige Informationen [...] vorenthalten, spielen sie ihre Macht aus. Selbst qualifizierte Mitarbeiter können unter solchen Umständen ihre Arbeit nicht mehr richtig ausführen – für manche ein Grund, Kompetenzen zu überschreiten und sich zu rächen"* (WITTENZELLNER 1993, S. 43). Meinungsverschiedenheiten können nicht offen ausgetragen werden, oft fehlt bei autoritären Vorgesetzten ein Bewusstsein für konstruktive Konfliktlösung, so dass Intrigen und Gerüchte die Konsequenz sind. *"Die häufige Unterdrückung von Konflikten führt jedoch dazu, wenn es doch einmal zu einem Konflikt kommt, daß dieser dann einen umso härteren und gewalttätigeren Verlauf nimmt. Da autokratische Führung mehr Elemente des Zwanges enthält, können leichter Unzufriedenheit, Ressentiments, aggressive Gefühle gegen den Gruppenführer, insgesamt eine schlechte* **Gruppenmoral***, auftreten"* (PROSCH 1995, S. 74).

Nicht nur, dass die Unterdrückung von Konflikten zu deren Eskalation führen kann, außerdem können die konstruktiven und kooperationssteigernden Faktoren eines konstruktiv ausgetragenen Konfliktes zwischen Vorgesetzten und Untergebenen oder zwischen Kollegen in einem solch autoritären Klima nicht genutzt werden (KOLODEJ 1999, S. 60). Zu diesen positiven Wirkungen führt HATCH (1997, S. 323) aus: *"Organizational-level conflict is frequently defined in opposition to cooperation, reflecting cases in which the negative manifestations of conflict undermine cooperation by destroying trust and closing channels of communication. However, in its positive behavioral manifestations, conflict can provide the benefits of innovation and teamwork and can thereby encourage future cooperative acts and build value for diversity. Thus, conflict and cooperation are only opposed when conflict is defined as destructive, when its constructive aspects are in focus, conflict and cooperation are seen as complementary processes."*

Mobbingverursachend ist also Verhalten von Vorgesetzten, die sich nicht als Wegbereiter der Leistungsentwicklung von Untergebenen sehen. Beim „Management by Objectives" (aus den USA) führt der Vorgesetzte mit jedem einzelnen seiner Untergebenen problemorientierte Gespräche. Aus Japan stammen die „Qualitätsgruppen" (in Norwegen „Selbstbestimmungsgruppen"), in denen Arbeitnehmer vor Ort und in Zusammenarbeit mit der Arbeitsleitung verbesserungsorientiert arbeiten. Modernes Führungsverhalten, das Mobbing nicht begünstigt, zielt immer auf kreative Gespräche ab, um sachliche Probleme gemeinsam zu lösen und die Personifizierung von Konflikten zu vermeiden. Der Lernprozess des Problemlösens muss von der Betriebsleitung initiiert werden (LEYMANN 1993b, S. 137ff). Dem betrieblichen Führungsstil und -verhalten muss also zugeschrieben werden, wenn sich aus alltäglichen Konflikten Mobbingprozesse entwickeln: *"Die Unfähigkeit, arbeitsbezogene Probleme gemeinsam zu lösen und dabei jede Sichtweise ernst zu nehmen, ist eine wesentliche Einbruchstelle für das Personifizieren von Konflikten und das Entstehen von Mobbing"* (a.a.O., S. 139). Besonders eklatante Versäumnisse im Vorgesetztenverhalten finden sich bei der soziologischen Beeinflussung der Arbeitsgruppe. Viele Führungskräfte wirken nicht auf das Zusammenwachsen zu einer sozial funktionierenden Einheit ein, sondern überlassen diese Entwicklung dem (gruppendynamischen) Zufall. Eine Arbeitsgruppe hat jedoch andere „natürliche" soziale Vorgaben als Familie oder Freundeskreis, da die Auswahl der Mitglieder durch Gruppen-Externe erfolgt; somit wird die soziale Einflussnahme von Vorgesetzten notwendig. Die empirischen Ergebnisse zeigen, dass **soziales „Coaching"** durch Vorgesetzte schon bei Neueingestellten greifen muss: Bekanntmachung und Einführung in die Gruppe, um eine positive Aufnahme zu gewährleisten. Diese Forderung wird von der Betriebsleitung oft gestellt, in der Praxis aber von Vorgesetzten nicht eingelöst (a.a.O., S. 138). Im Einflussbereich der Vorgesetzten liegt es auch, ob Arbeitnehmer vor allem arbeitsorientierte und weniger privatbestimmte Gespräche führen, so dass sich weniger persönliche Konflikte und eine bessere Arbeitsabstimmung entwickeln. Zudem werden Arbeitnehmer über die Planung ihrer Arbeit, über Qualitätsverbesserungen und Produktionskosten sprechen, wenn sie bemerken, dass sie Einflussnahme auf und Mitbestimmung bei Entschlüssen haben sowie Vorgesetzte Engagement honorieren und Verantwortung delegieren (a.a.O., S. 139).

Aber auch extrem **kooperative Führungsstile**, wie vollständige Delegation bzw. Laissez-faire, in denen der Führungsverantwortliche sämtliche Entscheidungen der Arbeitsgruppe überträgt, auf sachliche Anweisungen verzichtet und nicht auf Fehlentscheidungen hinweist, wirken sich auf die Gruppe und das Arbeitsklima mobbingfördernd aus. Fehlende Strukturierung, enorme Aufgabenfülle und unklare Aufgabenkompetenzen führen zu Stress, zu Überforderung einzelner Gruppenmitglieder und damit zu einem erhöhten Konfliktpotential, aus dem Mobbing entstehen kann. Des weiteren kann sich innerhalb der Arbeitsgruppe ein Konkurrenzkampf um die Führungsposition entwickeln; Aufmerksamkeit, Konzentration und Arbeitsinhalte verlagern sich von der Sach- auf die Beziehungsebene (KOLODEJ 1999, S. 60). Solche Problematiken sind unter anderem bei Einführung der Teamarbeit beobachtet worden (siehe Kapitel E. 1.4.2).

Bei BROMANN/PIWINGER (1992) erhält man weitere problematische Ernennungen von Personen mit bestimmten Qualifikationen zu Vorgesetzten:

Leistungsfähigster Fachspezialist als Vorgesetzter: Vielfach wird auch heute noch die herausragende Fachkraft, der Leistungsträger eines Fachgebietes zur Führungskraft ausgewählt. Führungskompetenzen im Bereich Menschenführung, Leiten von Teams, Kenntnisse über die (optimale) Zusammensetzung von Arbeitsgruppen etc. haben demgegenüber einen nachgeordneten Stellenwert (MESCHKUTAT et al. 2002, S. 131). Ohne besondere Vorbereitung und Überprüfung seiner generellen Führungsqualifikation tauchen als Probleme u.a. auf: Schwächen in der Menschenführung, zu enge fachliche Sicht, mangelnde Delegationsfähigkeit (BROMANN/PIWINGER 1992, S. 87). Selbst „gutwillige" Führungskräfte sind oftmals mit der Aufarbeitung von Konflikten am Arbeitsplatz überfordert (MESCHKUTAT et al. 2002, S. 131).

Kollegialer Vorgesetzter: Oft aus dem Kreis der Kollegen hervorgegangen, will sich die Führungskraft weiter als Kollege beweisen und stößt u.a. dann auf die Probleme

- Misstrauen und Kontakteinbußen bei bisherigen Kollegen und mangelnde Akzeptanz bei anderen Führungskräften sowie seinem Vorgesetzten („sitzt zwischen allen Stühlen")
- der Entscheidungsfindung und Durchsetzung unliebsamer Maßnahmen (BROMANN/PIWINGER 1992, S. 87).

Auch wenn es a priori nicht den „optimalen" Führungsstil gibt, sondern situativ entschieden werden muss: Führungsverhalten, das seine Aspekte vollständig aus der autoritären oder delegativen Quelle rekrutiert, dürfte in der alltäglichen, normalen Unternehmens- und Personalarbeit scheitern und ein erhöhtes Mobbingrisiko erzeugen.

Aus **systemischer Sicht der Psychodynamik** kann Mobbing auch als eine funktionale Strategie des „Spaltens und Herrschens" gesehen werden. Vorgesetzte vollziehen Sanktionen an denen, die unangenehm auffallen: *„Mobbing untergräbt Solidarität und produziert Abweichler, an denen ein Exempel statuiert werden kann"* (NEUBERGER 1999, S. 177). Mobbende Vorgesetzte (oder Kollegen) übernehmen eine Disziplinierungsfunktion, die das Management aus rechtlichen oder Image-Gründen nicht ausfüllen will. Damit sich die Identität der Gruppe (in Abgrenzung gegen andere und das Andersartige) bilden kann, müssen manche aus der Gruppe ausgestoßen werden. Mobbing stellt sich als ein Aushandlungsprozess dar, der das unternehmensideale Mischungsverhältnis von Konkurrenz und Kooperation, Harmonie und Widerspruch für die Einheit festlegt. Bestehende Gruppenbeziehungen werden bewusst immer wieder gestört, so dass sich ein gewisses Niveau an Wachsamkeit und Abwehrbereitschaft einstellt und unproduktive Harmonie verhindert wird. Es ergibt sich ein ständiger Wechsel von Verrat und Schaffung unternehmensspezifischer Werte und Haltungen (z.B. Misstrauen, Alertness, Wettbewerbsgeist, Frustrationstoleranz, Schlag-Fertigkeit etc.) (a.a.O.).

In einer skandinavischen Studie sehen über 40% in einem schwachen Vorgesetzten die wesentliche Ursache für Mobbing; darüber hinaus wird die je nach Branche/Berufsgruppe unterschiedliche Bedeutung des Vorgesetzten in der Arbeitspraxis als Einflussvariable betont (EINARSEN et al. 1994). Auch VARTIA (1996, S. 211) nimmt an, dass Vorgesetztenverhalten über die Gestaltung der psychologischen Arbeitsumgebung eine bedeutende Rolle bei der Entstehung von Mobbing einnimmt: *„Most of them (the functional features of a work unit) are also related to the leadership style and supervisory practices. This means that the supervisor has the power to influence and develop these aspects in the work unit."* Die psychologische Arbeitsumgebung umfasst, wie erwähnt, die verschiedenen Aspekte wie Beeinflussungsmöglichkeiten, Informationsfluss, Autonomie bei der Aufgabenerfüllung, Partizipationsmöglichkeiten bei der Vereinbarung von Zielen und Umgang mit Zeitdruck. Aufgrund der besonderen Entscheidungsbefugnisse und der Kontrollmacht des Vorgesetzten hat dieser einen enormen Einfluss auf das Betriebsklima und die Arbeitsbedingungen. Die Untersuchung von DUNCKEL/ZAPF (1986) zum psychischen Stress am Arbeitsplatz, in der Vorgesetztenverhalten häufiger als andere Faktoren als Quelle von Stresssituationen benannt wurde, bestätigt diese Sichtweise. Von fast 40% der deutschen Gemobbten wird in Spannungen und nicht bearbeiteten Konflikten zum Vorgesetzten ein Motiv für Mobbing gesehen (MESCHKUTAT et al. 2002, S. 111). Als Hauptgrund für Mobbing nennen 3,4% der Mobbingbetroffenen mangelhafte Führungsqualitäten und -verhalten der Vorgesetzten (a.a.O., S. 118). In Relation zur Anzahl der Organisationsmitglieder sind Vorgesetzte laut MESCHKUTAT et al. (a.a.O., S. 65) überrepräsentativ unter den Mobbingtätern vertreten (siehe Kapitel C. 2.6.2).

Die Untersuchungen von ZAPF et al. (1996) zeigen sehr hohe Korrelationen zwischen der Intensität von Mobbing und sozialen Variablen wie z.B. fehlender **sozialer Unterstützung durch Vorgesetzte** (und Kollegen). Weitere deutschsprachige Stichproben bestätigen diese Befunde (ZAPF 1999, S. 13). Aufschlussreiche Ergebnisse lieferten der Führungsfragebogen von YUKL (1994), der in der Studie von ZAPF/WEINL (1998) verwendet wurde, und der Managerial Practices Survey (MPS) in der Konstanzer und DAG-Studie. Mobbingbetroffene erlebten deutlich schlechtere Information durch den Vorgesetzten, weniger Delegationsverhalten und vermissten Unterstützung und mitarbeiterorientierte Führung. Aufgabenbezogene Charakteristika der Führungskräfte, wie klare Ziele vorgeben, planen oder Probleme lösen, wurden hingegen von Gemobbten nicht unbedingt negativer beurteilt (ZAPF 1999, S. 14). Wissenschaftlich nicht bewiesen ist die These, dass Mobbing intensiver wahrgenommen wird, wenn Vorgesetzte beteiligt sind.

Evaluierung der Kapitel E. 1.2.1 bis E. 1.2.3

Unbedingt bleibt festzuhalten, dass die Analysen kein klares Ursache-Wirkungsgefüge liefern. Defizite in der Arbeitsorganisation, in der Aufgabengestaltung der Arbeit und im Führungsverhalten können ebenso Folge von Mobbing sein bzw. mit Mobbing einhergehen, ohne die Ursache zu sein. Beispielsweise können Kollegen eine Person mobben, weil diese sich schuldhaft verhält. Der Vorgesetzte (und die Kollegen) entzieht der gemobbten Person daraufhin die soziale Unterstützung. Selbes lässt sich für die aufgaben- und organisationsbezogenen Variablen sagen: Viele Mobbingitems beinhalten ein Beschneiden von Entscheidungsmöglichkeiten. Beispielsweise der Entzug von Aufgaben und wenig Delegation muss nicht die Ursache von Mobbing sein, sondern es ist die Mobbinghandlung selbst. So ist es nicht erstaunlich, wenn viele Mobbingopfer von weniger Handlungsspielraum und Partizipationsmöglichkeiten berichten. Weiterhin ist es möglich, dass Mobbingsituationen, wie schlechte Zusammenarbeit oder das Nicht-Weitergeben von wichtigen Informationen, erst arbeitsorganisatorische Probleme erzeugen und nicht Ursache sind, sondern nur damit einhergehen. Mobbing kann also ebenso zu einer Reihe von Stressoren führen, und ist weniger durch sie verursacht (ZAPF 1999, S. 14). Aufgrund der Datenlage ist aber davon auszugehen, dass organisationale Ursachen für die Entwicklung von Mobbing eine wesentliche Bedeutung haben. Es scheint doch äußerst unwahrscheinlich, dass alle beschriebenen Effekte in den verschiedenen Untersuchungen „lediglich" Folgen von Mobbing sind (a.a.O., S. 15).

Explizit sei an dieser Stelle auf Kapitel D. 2.2.3 (Absatz b) hingewiesen, das sich mit dem Entstehen von geringer Arbeitszufriedenheit und Arbeitsmotivation als Folge von Mobbing beschäftigte. Sämtliche Bedingungen, die mit verminderter Arbeitszufriedenheit und damit gesenkter Arbeits- und Anwesenheitsmotivation in Verbindung stehen, können auch die Entstehung von Mobbing begünstigen, singulär verursachen oder werden als Mobbing von den Betroffenen (subjektiv) wahrgenommen.

E. 1.2.4 Unternehmenskultur und -kommunikation

(a) Unternehmenskultur

In den vergangenen Jahren fand die Unternehmenskultur in Wissenschaft und Praxis zunehmende Beachtung, insbesondere die Managementforschung hebt deren Bedeutung seit geraumer Zeit hervor. Es reifte die Erkenntnis, dass das strategische Management den Traum von der uneingeschränkten Machbarkeit und totalen System- und Komplexitätsbeherrschung nicht erfüllen kann, sondern auch „weiche Faktoren" das Verhalten der am Unternehmen Beteiligten in z.T. erheblichem Ausmaß determinieren (NIEDL 1995b, S. 73ff). Vielmehr entscheidend für das Bestehen am Markt ist also die Komponente Mensch und deren Umwelt, Gesellschaft und deren Kultur. Zur Erreichung der übergeordneten Unternehmensziele sind die harten Erfolgsfaktoren Strategie, Struktur und Systeme durch die weichen Faktoren Fähigkeiten, Personal und Führungsstil ergänzt worden (SEIDLER 1997, S. 11). Nicht nur die objektive Situation (Merkmale der Organisation), sondern vor allem die Art und Weise, wie die Organisation durch ihre Mitglieder wahrgenommen wird, beeinflusst deren Motivation, Leistung und Zufriedenheit (STAEHLE 1991, S. 453). Das von der Beratungsfirma McKinsey entwickelte 7-S-Modell verdeutlicht diesen Zusammenhang in anschaulicher Weise (Abbildung 18).

Abbildung 18: Harte und weiche Erfolgsfaktoren: Das 7-S-Modell entwickelt von McKinsey. (in SEIDLER 1997, S. 12)

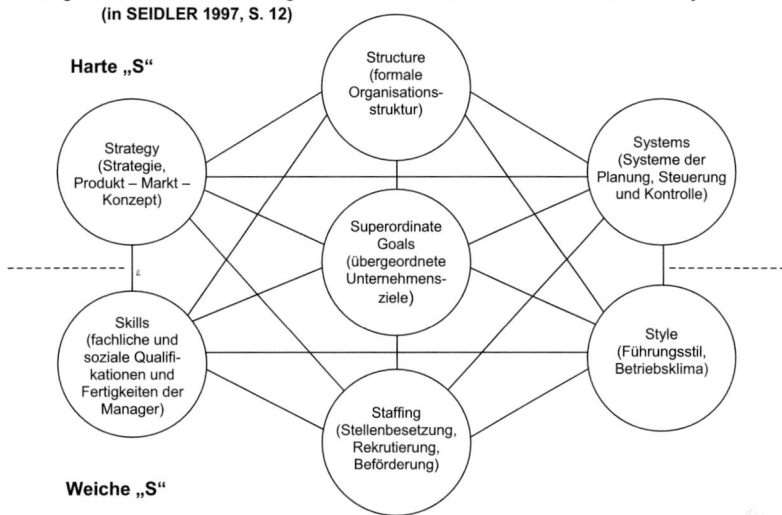

Unter dem Begriff Unternehmenskultur sind *„die Werte, Normen und Denkhaltungen in einer Unternehmung"* zu verstehen (PÜMPIN et al. 1985, S. 8). STAUTE (1997, S. 53) definiert Unternehmenskultur als die Gesamtheit der innerbetrieblichen Einstellungen, Werthaltungen und Umgangsformen. Die Unternehmenskultur prägt *„das Verhalten der Mitarbeiter aller Stufen"* und wird *„von der Mehrzahl der Organisationsmitglieder geteilt und akzeptiert"*. Unternehmenskultur gilt als erlernbar, sie kann als *„die richtige Art des Wahrnehmens, Denkens, Fühlens und Handelns weitergegeben werden"*. Die so entstandenen und vermittelten Normen, Wert- und Denkhaltungen führen dazu, dass *„sich diese Gruppe deutlich von anderen unterscheidet"* (SEIDLER 1997, S. 14ff). SCHEIN (1984, S. 3) betrachtet Unternehmenskultur als die *„Summe der Lösungen, die eine Gruppe in einem evolutionären Prozeß entdeckt oder durch Lernprozesse entwickelt hat"* und betont damit den Aspekt einer sich entwickelnden Kultur.

Nach MESCHKUTAT et al. (2002, S. 123) bildet die Organisationskultur die gemeinsame Klammer für die drei Faktoren Arbeitsorganisation, Gestaltung der Arbeitsinhalte und -abläufe sowie Führungsverhalten, welche im Rahmen des Mobbing mögliche relevante Ursachen sind (siehe Kapitel E. 1.2.1, E. 1.2.2 und E. 1.2.3). Der Begriff „Organisationskultur" wird im Zusammenhang mit der Unternehmenskultur in der Regel als Oberbegriff verwendet, der neben der Kultur von Unternehmen auch die Kultur öffentlicher Verwaltungen, Universitäten, Vereine oder Krankenhäuser umfasst (SCHOLZ/HOFBAUER 1990, S. 18).

Unternehmenskultur basiert auf den drei Ebenen „Artefakte und Verhalten" (bewusst sichtbar), „Werte und Normen" (unbewusst) und „Grundannahmen" (unterbewusst) (SCHEIN 1984, S. 4). Die sichtbare Ebene als „Oberflächenstruktur" beinhaltet Mythen, Geschichten, Planungsabläufe, Stories, Slogans, Witze, Rituale, Zeremonien, Pausenregelungen, Architektur, Bürogestaltung, Produkte und Produktdesign, Trainingsveranstaltungen, sogar Organisationsstruktur und Informationssysteme (Abbildung 19). Zur unsichtbaren Ebene zählen Anschauungen, Werte und zugrundeliegende Annahmen (SEIDLER 1997, S. 21ff).

Abbildung 19: Spektrum einer Unternehmenskultur (in GUSSMANN/BREIT 1997, S. 109)

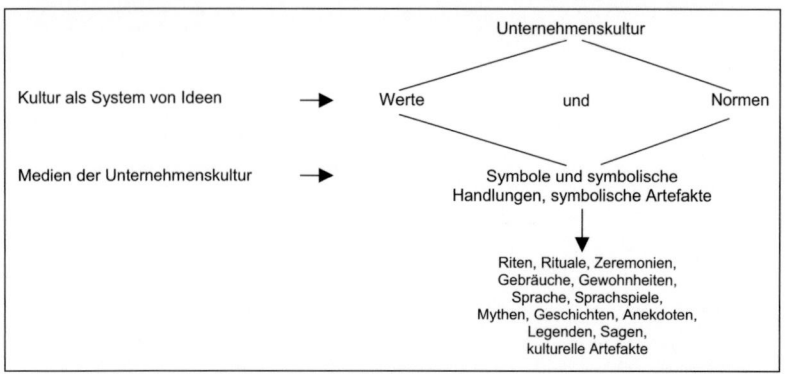

In einem **Symbol** werden Zeichen mit Bedeutungsinhalten in Verbindung gebracht, welche über ein bloßes denotatives Verständnis hinaus komplexere Kommunikationsinhalte vermitteln können. Unternehmenskultureller Symbolcharakter kommt dabei sowohl Artefakten bzw. der materiellen Kultur zu, wie sie beispielsweise in bestimmten Formen der Architektur oder auch des Designs zu finden sind, als auch symbolischen Handlungen, weil in diesen kulturellen „Outcomes" über ihre unternehmensbezogene Funktionalität hinaus immer auch Bedeutungsinhalte für die Organisationsmitglieder vermittelt werden (GUSSMANN/BREIT 1997, S. 109ff). Mobbing wäre in diesem Sinne auch eine symbolische Handlung durch Führungsverhalten, die neben ihrer unternehmensbezogenen Funktion (z.B. Kontrolle der Mitarbeiter, Sanktionierung von nicht gewünschtem Verhalten) den Unternehmensmitgliedern signalisiert, dass „solidarische Kooperation" durch „schonungslose Konkurrenz" zu ersetzen ist.

Zu den Symbolen zählen auch **Kulturträger**, die traditionell als Unternehmensgründer, Visionäre, Erfinder und Tüftler das Unternehmen aufgebaut haben und Herausragendes geleistet haben. Ebenso gelten Manager, die in besonderen Krisenzeiten entscheidende Weichenstellungen vorgenommen, neue Produktprogramme durchgesetzt, Unternehmen saniert haben, als kulturelle Vorbilder (SEIDLER 1997, S. 99). „Als exponierte Persönlichkeiten stehen sie für Leistungen der Organisation und symbolisieren bevorzugte Werte und Erfolge" (SCHOLZ/HOFBAUER 1990, S. 20). Das Auftreten dominanter Kulturträger (Anzahl, Alter, Verhalten, fachliche Ausrichtung, Position) lässt Rückschlüsse auf kulturbestimmende Normen zu (SEIDLER 1997, S. 99). Rücksichtslose Herrscher als Kulturträger eines Unternehmens dürften Mobbing als inoffiziell akzeptierte Verhaltensweise erscheinen lassen.

Führungskräfte setzen unternehmenskulturelle Symbole wie Geschichten und Riten zu einer zielorientierten Steuerung des Verhaltens der Organisationsmitglieder ein, da Unternehmenskultur eine Wirkung im Sinne von „enables people to feel better about what they do, so they are more likely to work harder" zeigt (DEAL/KENNEDY 1982, S. 16). Im Umkehrschluss kann eine mangelhafte oder fehlende Unternehmenskultur das psychische Befinden von Arbeitnehmern beeinträchtigen und zu geringeren Arbeitsleistungen führen. Dieses „kulturelle Defizit" könnte als Mobbing definiert werden, wenn es von den Mitarbeitern als feindseliges Verhalten wahrgenommen wird.

Unternehmenskulturen werden originäre (Koordination, Integration, Motivation, Identifikation) und derivative Funktionen zugeschrieben, die nur von starken Kulturen erfüllt werden können (DILL/HÜGLER 1997, S. 146). Die **originären Funktionen** der Unternehmenskultur resultieren in erster Linie aus dem Einfluss der gemeinsam geteilten Werte und Normen auf das interne Beziehungsgefüge innerhalb der

Organisation sowie auf die Entscheidungen, Handlungen und das Verhalten der Organisationsmitglieder:

Koordinationsbedarf entsteht in hierarchisch gegliederten betriebswirtschaftlichen Organisationen durch Arbeitsteilung und Spezialisierung, die dazu führen, dass eine Zusammenarbeit der Individuen und/oder Gruppen im Hinblick auf die gewünschte Zielsetzung nicht a priori gewährleistet ist. Die Notwendigkeit zur Koordination resultiert auch aus den unterschiedlichen Zielen und partikulären Interessen der an der Organisation beteiligten Individuen und/oder Gruppen sowie aus den unvermeidbaren Interdependenzen, die etwa aus der Notwendigkeit der Nutzung gemeinsamer und begrenzter Ressourcen hervorgehen (a.a.O., S. 147). Schwache Kulturen begünstigen Verteilungskonflikte und können hierdurch zu Mobbing führen.

Die Notwendigkeit zur **Integration** ergibt sich aus den problemhaften Folgen der Systemdifferenzierung, die sich insbesondere in großen divisional aufgegliederten Organisationen etwa in zunehmendem Ressort- und Abteilungsegoismus sowie in wachsendem Konkurrenzdenken bemerkbar machen. Die Einheit der Organisation wird von außen wie von innen gefährdet. *„Alle Arbeitsteilung in spezialisierten Großsystemen tendiert ... zu innerem Zerfall, zur Auflösung in enge Identifikationen, die das Gesamtsystem zu sprengen drohen"* (a.a.O., S. 152). Dies bestätigt die Vermutung, dass die Mitglieder von Organisationen stärker an den Aktivitäten und Entscheidungen derjenigen Funktionalbereiche, Divisionen oder Abteilungen interessiert sind, denen sie angehören, als an den Interessen der Gesamtorganisation (a.a.O.). Ein geringer Integrationsgrad in schwachen Kulturen erzeugt also Differenzen zwischen Organisationsmitgliedern, die den Nährboden für feindselige Verhaltensweisen legen können. Erfolgreiche Integrationsbemühungen sind die Entwicklung und Festlegung spezifischer Organisationsstrukturen, die den zukünftig zu erwartenden und zu antizipierenden Ereignissen angepasst sind, um dadurch (absehbare) Störungen der organisationalen Prozesse von vornherein zu minimieren (a.a.O.). Bei der Auswahl eines geeigneten Organisationsmodells für ein Unternehmen muss zudem dem Verhältnis von Kultur und Struktur Beachtung geschenkt werden (SEIDLER 1997, S. 109).

Die **Motivation**sfunktion zielt insbesondere auf die Arbeitsmotivation ab. Diese ist für die betriebswirtschaftliche Forschung von besonderem Interesse und charakterisiert die Motivation zur Arbeit in formalen, arbeitsteiligen, hierarchisch aufgebauten Organisationen und umfasst damit jenen Teil der Motivation eines Menschen, der zur Erfüllung der ihm übertragenen Aufgaben und Pflichten innerhalb einer Organisation notwendig ist (DILL/HÜGLER 1997, S. 154). Nach dem von ALDERFER (1972) entwickelten ERG-Schema kann eine starke und funktionale Unternehmenskultur für die Mitarbeiter einer Organisation im Falle einer hinreichenden Sicherung ihrer „Existence-Bedürfnisse" ihren Wunsch nach mehr „Relatedness" und „Growth" erfüllen. Unternehmenskulturelle Werte und Normen tragen bei einer derartigen Unternehmenskultur dazu bei, den Organisationsmitgliedern einen Sinnzusammenhang des unternehmerischen Handelns zu vermitteln und führen zur „erhöhten" Bedürfnisbefriedigung, welche wiederum verbesserte Arbeitsmotivation und ein geringeres Risiko der Entstehung von Mobbing zur Folge hat (DILL/HÜGLER 1997, S. 155). Die **Identifikation**sfunktion stiftet Identifikationsmöglichkeiten mit der Organisation, schafft ein Wir-Gefühl und stärkt das Selbstbewusstsein (STAEHLE 1991, S. 480). Damit wird die Auftretenshäufigkeit von divergierenden Verhaltensweisen zwischen Mitarbeitern reduziert und die Bereitschaft zu vernünftigen Konfliktlösungsmechanismen erhöht.

Derivative Funktionen einer Unternehmenskultur werden nicht direkt durch die Gesamtheit der unternehmensbezogenen Werte und Normen verursacht, sondern sind als indirekte Folgen des herrschenden Konsensus zu begreifen. Sie können durch die Begriffe der Effizienz (bzw. Produktivität) und Effektivität erläutert werden, da diese als Folge einer starken und funktionalen Unternehmenskultur mit deren koordinations-, integrations- und motivationsfördernden Potentialen auftreten (DILL/HÜGLER 1997,

S. 157ff). Eine starke Unternehmenskultur beeinflusst dementsprechend über die Produktivität auch den Unternehmenserfolg positiv (DEAL/KENNEDY 1982, S. 14ff).

Die 1990 durchgeführte IW-Umfrage zu den wichtigsten Elementen einer Unternehmenskultur zeigt das Bedürfnis der Mitarbeiter nach einer Unternehmenskultur, die ihre Interessen nach Mitbestimmung und Humanisierung des Arbeitslebens berücksichtigt (BROMANN/PIWINGER 1992, S. 5):

1. Förderung der Selbstverantwortlichkeit der Mitarbeiter (96,7%)
2. Teamarbeit (93,4%)
3. verstärkte Beteiligung der Mitarbeiter an betrieblichen Entscheidungsprozessen (92,5%)
4. mehr Information über betriebliche Vorgänge (91,7%)
5. Selbstverwirklichung am Arbeitsplatz (89,2%)
6. Freiheitsräume bei der Gestaltung von Arbeitsinhalten (86,3%)
7. Humanisierung des Arbeitslebens (84,2%)
8. Berücksichtigung der gesellschaftspolitischen Verantwortung des Unternehmens (79,3%)
9. Arbeitsorganisation (78,4%)
10. Berücksichtigung ökologischer Fragestellungen (68,0%)
11. Flexible Arbeitszeitmodelle (53,5%)
12. Beteiligung der Mitarbeiter am Unternehmensertrag (48,1%)

Als richtungsweisende Elemente der Unternehmenskultur für die Zukunft wurden ebenso vorrangig mitarbeiterorientierte Aspekte genannt (a.a.O., S. 6):

- zeitgemäße Führungs- und Kommunikationsstrukturen (z.B. demokratischer Aufbau, ungehinderte Kommunikation, kooperative Führung, Beteiligung von Mitarbeitern an Entscheidungsprozessen);
- Selbstverwirklichung, Selbstverantwortung;
- Leistungsbereitschaft, Qualitätssteigerung, Zielorientierung und ihre Anerkennung;
- Personalentwicklung

Dimensionen der Unternehmenskultur und Mobbing

Unternehmenskulturen bestehen aus den formalen Dimensionen „Kulturstärke" und „Systemvereinbarkeit". Die **Kulturstärke** wird anhand der drei Kriterien (a) „Prägnanz und Umfang", (b) „Verbreitungsgrad" sowie (c) „Verankerungsgrad" bestimmt (SEIDLER 1997, S. 42). Starke Unternehmenskulturen beinhalten ein sehr prägnantes Orientierungsmuster (a) mit eindeutigen Handlungsanweisungen. Die einzelnen Werte müssen konsistent sein und in möglichst vielen Handlungssituationen gelten. Der (b) Verbreitungsgrad/Übereinstimmungsausmaß zeigt an, inwieweit die Organisationsmitglieder *„vergleichbare unternehmensbezogene Werte und Normen entwickelt bzw. übernommen haben"* (HEINEN 1997, S. 27). In einer starken Kultur wird das Handeln vieler Organisationsmitglieder von den im Unternehmen geltenden Orientierungsmustern und Werten geleitet, HEINEN (a.a.O.) spricht von einer „festgefügten Einheitskultur". Schwache Kulturen sind im Extremfall durch „unternehmenskulturelle Desintegration" gekennzeichnet. In dieser Situation legt jedes Organisationsmitglied seinem täglichen Handeln unterschiedliche Werte und Normen zugrunde. Schwache Kulturen fördern also ein konfliktsteigerndes Verhalten und legen somit die Basis für die Entstehung von Mobbing. Die (c) Verankerungstiefe gibt an, inwieweit die kulturellen Muster von den Individuen nur vordergründig übernommen oder zum selbstverständlichen Bestandteil des täglichen Handelns geworden sind. Die denkbaren Ausprägungen reichen *von „einer vollständigen Ablehnung unternehmensspezifischer Wert- und Normgefüge über eine opportunistische Anpassung bis hin zu einer vollständigen Internalisation"* (a.a.O.). In starken Kulturen prägen die kulturellen Muster wie selbstverständlich das Handeln der einzelnen Mitglieder und steuern unbewusst die Wahrnehmung, das Denken und Handeln, wodurch Fraglosigkeit und Vertrautheit im täglichen Umgang entstehen (SEIDLER 1997, S. 43ff). Die spezifischen, auf das Unternehmen bezogenen Werte und Normen haben in die individuell bei den Organisationsmitgliedern vorhandenen Wert- und Normgefüge Eingang gefunden (HEINEN 1997, S. 27). Schwache Kulturen erzeugen Misstrauen, können in Konflikten nicht die Einhaltung kultureller Muster sichern und bergen daher die Gefahr für feindseliges Verhalten in Form von Mobbing.

Mit der Dimension „**Systemvereinbarkeit** von Kultur, Strategie und Struktur" wird die Beziehung zwischen dem unternehmensbezogenen Wert- und Normgefüge der Unternehmensmitglieder und den formalen Instrumenten der Mitarbeiter- und Unternehmensführung angesprochen. Im Falle der Übereinstimmung bezeichnet HEINEN (a.a.O., S. 28) dies als Systemvereinbarkeit, die als subjektiv wahrgenommene Verträglichkeit verstanden wird. Zu den formalen Instrumenten der Mitarbeiter- und Unternehmensführung gehören insbesondere Führungsmodelle, Methoden und Instrumente des strategischen und operativen Managements sowie das betriebliche Informationssystem und die logischen Systeme (a.a.O.; SEIDLER 1997, S. 45). Denkbare Arten der Beziehungen sind die vollständige Vereinbarkeit, die Neutralität und die Unvereinbarkeit (welche zu einer schwachen Kultur führt und damit wiederum die Entstehung von Mobbing verursacht).

PÜMPIN et al. (1985, S. 29) heben zur Beschreibung von Unternehmenskulturen als erfolgsbestimmende Wettbewerbsfaktoren vor allem die **Grundorientierungen**, also die am stärksten ausgeprägten und die Unternehmenskultur bestimmenden Wertorientierungen hervor: Mitarbeiter-, Kosten-, Innovations-, Kunden-, Resultats- und Leistungs-, Unternehmens- sowie Technologie-Orientierung. SCHOLZ/ HOFBAUER (1990, S. 66) ergänzen diese Auslistung noch beispielsweise um die Konkurrenzorientierung und differenzieren zwischen individueller und gemeinsamer Leistungsorientierung sowie zwischen Gemeinschafts- und Individualitätsorientierung. Es ist zu vermuten, dass insbesondere Kulturen mit geringer Mitarbeiterorientierung, geringer gemeinsamer Leistungsorientierung, aber hoher Konkurrenzorientierung und starker individueller Leistungsorientierung zur Entstehung von Mobbing beitragen und vom Großteil der „normalen" Arbeitnehmern primär negativ erlebt und beurteilt werden.

Unternehmenskultur-Typen
DEAL/KENNEDY (1982) bildeten vier Kultur-Typen als Ansatz zur Grobklassifikation ganzer Unternehmungen:

Abbildung 20: Vier Kulturtypen nach DEAL/KENNEDY (1982) (verändert nach STAEHLE 1991, S. 478)

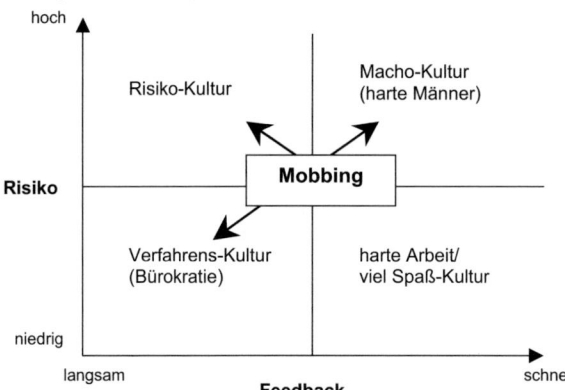

HAHNE (1994, S. 192) bedauert, dass aus betriebswirtschaftlicher Sicht die Unterschiedlichkeit von Organisationstypen zu wenig beachtet wird und die Fixierung auf betriebliche Formalstrukturen (Hierarchie, Stab/Linie) realitätsfern ist. Der Grad an zwischenmenschlicher Wärme hängt wesentlich von der jeweiligen Unternehmenskultur ab. *„Ellenbogenverhalten und Konkurrenzdenken müssen in einer Pro-*

zesskultur ganz anders beurteilt werden als in einer Machokultur" (DEAL/KENNEDY 1982). Eine Macho-Organisation definiert sich durch „Helden", die hohe Risiken eingehen und über ihren geschäftlichen Erfolg erfolgt unmittelbar ein Feedback. Bei Misserfolg wird das Organisationsmitglied als Verlierer betrachtet oder gar als Versager ausgegrenzt (Abbildung 20). Wer in einer solchen Situation das Verhalten seiner Arbeitsumgebung als „Mobbing" beklagt, kann nicht mit Verständnis innerhalb dieser Organisationskultur rechnen (HAHNE 1994, S. 192). Treten in diesem Zusammenhang einzelne Mobbingfälle auf, so besteht auf der Individualebene keine Möglichkeit, den Konflikt per Diskussion „aufzulösen" (a.a.O.).

Möglicherweise besitzt auch die jeweilige **Landeskultur** einen bedeutenden Einfluss auf die Unternehmenskultur: Skandinavische Länder werden dem Typus „feminine Kulturen" (stärkere Beziehungsorientierung) zugeordnet, während westeuropäische Länder dem Typ „maskuline Kultur" (aggressive Wettbewerbsorientierung) entsprechen (NIEDL 1995b, S. 73ff). Ein Zusammenhang zwischen Kulturtyp und der Mobbingquote wurde bislang vermutet, konnte aber empirisch nicht bewiesen werden.

In der **kulturvergleichenden Managementforschung** beschreibt OUCHI (1981, S. 58) mit der „Theorie Z" als normatives Führungsmodell die signifikanten Merkmalsunterschiede der Unternehmenskulturen zwischen nordamerikanischen, bürokratischen Organisationen (Typ A) und japanischen Organisationen (Typ J):

Tabelle 9: Unternehmenskulturen Typ A und Typ J nach OUCHI (1981) (in STAEHLE 1991, S. 473)

Typ A	Typ J
kurzfristige Beschäftigung	lebenslange Beschäftigung
häufige Leistungsbewertung und schnelle Beförderung	seltene Leistungsbewertung und langsame Beförderung
spezialisierte Karrierewege, Professionalismus	breite Karrierewege, ‚wandering around'
explizite Kontrollmechanismen	implizite Kontrollmechanismen
individuelle Entscheidungsfindung und Verantwortung	kollektive Entscheidungsfindung und Verantwortung
segmentierte Mitarbeiterorientierung	ganzhafte Mitarbeiterorientierung

Die weitaus erfolgreichsten US-amerikanischen Organisationen besitzen ein Merkmalsprofil, das denen des Typs J sehr ähnelt (Tabelle 9). Solche Organisationen bieten einen karrierepolitisch günstigen Berufseinstieg für junge (sonst mobbinggefährdete) Beschäftigte. Diesen Typ amerikanischer Organisationen mit japanischem Profil bezeichnet OUCHI als Typ Z (STAEHLE 1991, S. 473). „Was Theorie Z verlangt, ist eine Umorientierung der Aufmerksamkeit auf die menschlichen Beziehungen (human relations) in der Unternehmung", und die Kultur einer Organisation Z leistet „Vertrauen, Freundschaft und Zusammenarbeit" (OUCHI 1981, S. 196). In einem solchen Kulturverständnis – ganz im Gegensatz zum Typ A – dürfte Mobbing in der Mitarbeiterschaft keinen Rückhalt finden.

Aktuelle populärwissenschaftliche Literatur (z.B. STAUTE 1997) beschreibt einen negativen „Turnaround der Unternehmenskultur" durch „turbokapitalistische" Tendenzen aufgrund einer Vielzahl aktueller Faktoren: Druck von außen durch Arbeitslosigkeit, schwächere betriebliche Einbindung der Randbelegschaften (wie Saisonkräfte, Jobber, Zeitarbeitnehmer, geringfügig Beschäftigte, freie Mitarbeiter, Leiharbeiter etc.), Auslagerung von Unternehmensfunktionen, Verflachung der Firmenhierarchie, Lean Management, Abbau betrieblicher Sozialleistungen, steigender Arbeitsdruck durch Arbeitsverdichtung und mehr Verantwortung sowie scheinbarer Bedeutungsverlust der Erwerbsarbeit. Als ein genereller Trend kann diese Sichtweise empirisch nicht unterstützt werden: Über die Jahrzehnte der Mobbingforschung haben sich die Betroffenheitsquoten von Mobbing (als Symptom zunehmend krankhafter Unternehmenskulturen) nicht wesentlich verändert, sondern verbleiben auf konstantem Niveau (siehe Kapitel C. 2.1).

In Unternehmen mit **mangelhafter Streit- und Kommunikationskultur** kommt es oft zu fortlaufender Konfliktvermeidung. Da Konflikte aber eine grundlegende Ausdrucksform zwischenmenschlicher Beziehungen sind, birgt dies die Gefahr eines „Staues von Konfliktstoff" (OECHSLER 1979, S. 1). Eine defizitäre Kommunikationskultur wirkt sich negativ auf das Vertrauensklima, den Befriedigungsgehalt der Arbeit und die Bewertung individueller Arbeitsbedingungen in der Organisation aus, weil problematische Aspekte der Zusammenarbeit nicht oder nur verdeckt thematisiert und angesprochen werden (MÜLLER 1998; MÜLLER 1999, S. 200). VARTIA (1996, S. 208) stellte in einer Untersuchung unter Mobbingbetroffenen zu wahrgenommenen Mobbingursachen fest, dass die Art der Konfliktregelung am Arbeitsplatz einen wichtigen Faktor für die Entstehung von Mobbing darstellt: *„At bullying workplaces, differences of opinion were most often settled by taking advantage of one's position or authority, or by order. At the no-bullying workplaces, differences of opinion were usually settled by talking over the matter and by negotiating."* Konfliktvermeidung und Konfliktregelungen durch Machtentscheide können zwar kurzfristig sinnvoll sein, führen im weiteren Verlauf jedoch zu einer umso stärkeren Entladung und Belastung der sozialen Beziehungen. Der Kreislauf der Konfliktvermeidung wird gefestigt, Konflikte werden verdeckt ausgetragen und Mobbing kann so Ausdruck einer Konfliktverschiebung sein. Erfahrungen mit konstruktiven Konfliktlösungen wirken sich hingegen angstmindernd auf das zukünftige Konfliktverhalten aus (KOLODEJ 1999, S. 57ff; siehe Kapitel F. 1.1.4).

(b) Unternehmenskommunikation
Kommunikation ist eine notwendige Voraussetzung für das Funktionieren der Organisation, da sonst das Erreichen der Ziele erheblich behindert wird. Kommunikation *„ist als aktives und passives, prozeßhaftes kommunikatives Verhalten und Handeln in verbaler und nonverbaler Form zu verstehen"* und äußert sich z.B. in Sprache, Symbolen, Mimik, Gestik, Körperhaltung, Kleidung, architektonischen Formen, Raumgestaltung und Farben (BUNGARTEN 1994, S. 32). Unternehmenskommunikation und Unternehmenssprache sind der sprachliche und kommunikative Ausdruck der in der Organisation geltenden Basisannahmen sowie der geltenden Werte und Normen (SEIDLER 1997, S. 29).

Informationspolitik ist von großer Bedeutung, um Klarheit über Aufgaben und Ziele der Unternehmung zu schaffen und bei Mitarbeitern Ängste abzubauen. Es werden frühzeitig die richtigen Schwerpunkte der gewünschten Orientierung angegeben, ein erhöhtes Problemverständnis erzeugt, Sachinformationen vermittelt und Informationslücken geschlossen (a.a.O., S. 102). Das Unternehmen informiert,

- um zur Bewältigung der Aufgabenerfüllung beizutragen,
- um betriebliche Regelungen (Arbeitssicherheit, Arbeitszeit, Arbeitsordnung, Sonderzahlungen etc.) bekanntzumachen,
- um Kenntnisse von Abläufen zu vermitteln,
- um die Kenntnisse über das Unternehmen (Größe, Image, Struktur, Rechtsform, Betriebsklima, Arbeitsplatzsicherheit etc.) zu erweitern,
- um die Unternehmensstrategie bekannt zu machen,
- um zur Mitwirkung aufzufordern,
- um die Formen des Zusammenlebens zu verbessern („Gemeinschaftsgeist"),
- um Wissenspotentiale zu aktivieren (d.h. durch die Übermittlung von Informationen soll der Mitarbeiter angeregt werden, Kreativität zu entfalten und selbst zum Informanten zu werden),
- um das Verständnis und die Akzeptanz von Positionen zu erreichen.

Die Informationspolitik eines Unternehmens realisiert sich zum einen in einer Fülle von schriftlichen Veröffentlichungen, zum anderen aber in der Organisation und Durchführung von kommunikativen Zusammenkünften (Besprechungen, Mitarbeiter- und Abteilungsgespräche, Jahresfeiern etc.) (BROMANN/PIWINGER 1992, S. 131ff).

Die Unternehmenskommunikation umfasst die innerbetriebliche Kommunikation, die Kommunikation des Unternehmens mit anderen Unternehmen, die Kundenkommunikation sowie die gesellschaftliche Kommunikation (BUNGARTEN 1994, S. 32). Indirekt geht es bei der Mitarbeiterkommunikation um die Herausbildung von Grundeinstellungen, die dann das selbständige Handeln jedes Mitarbeiters bestimmen sollen. Maßstab für erfolgreiche Mitarbeiterkommunikation ist ein hoher Grad der Übereinstimmung zwischen Einstellung und Verhalten. Alle kommunikativen Prozesse innerhalb eines Unternehmens sollen die Akzeptanz grundlegender Ideen durch Einsicht fördern. Häufig gilt das Konzept der Arbeitszufriedenheit als Maßstab für den Erfolg innerbetrieblicher Kommunikation. Aktuell rücken einige Autoren von diesem Zusammenhang ab (BROMANN/PIWINGER 1992, S. 192).

Kommunikationsdefizite sind neben Persönlichkeitsvariablen, Sachzwängen und grundsätzlichen Unterschieden in den Zielen, Einstellungen, Werten und Normen für die Entstehung von Konflikten verantwortlich (REGNET 1992). „Unzureichende Kommunikation" wird in einigen Untersuchungen als häufigste Ursache für Konflikte genannt (GRÜNE 1999). Im innerbetrieblichen Konflikt erscheint die Kommunikation in einer Doppelrolle: Sie ist das Medium der Austragung, kann aber auch selbst ein Konfliktgegenstand sein (a.a.O., S. 217).

Mobbing in Unternehmen kann durch eine gestörte oder defizitäre **innerbetriebliche Kommunikation** verursacht sein. Innerbetriebliche Kommunikation in mündlicher Form sind beispielsweise die alltägliche Informationsübermittlung, Vorstellungsgespräche, Mitarbeiterbesprechungen, Flurgespräche, Kantinengespräche, Führungskräfte-Sitzungen, Arbeitsaufträge und Beurteilungsgespräche. Schriftliche Formen können sich in Stellenbeschreibungen, Aktennotizen, Mitarbeiterzeitschriften, Führungsleitlinien, Unternehmensgrundsätzen, Dienstvereinbarungen (z.B. über Ächtung von Mobbing), Umlaufmappen, Abteilungsinformationen, Arbeitsanweisungen, Jahreabschlußberichten, Monatsberichten, „Rennlisten", Protokollen von Besprechungen, Aushängen, internen und externen Stellenausschreibungen, Abmahnungen, Produktinformationen und Urlaubsscheinen darstellen (SEIDLER 1997, S. 35ff). Es zeigt sich die beeindruckende Bandbreite von Instrumenten und Handlungen innerbetrieblicher Kommunikation, die bei über- bzw. unterdurchschnittlicher Anwendung oder mangelhafter Ausgestaltung (z.B. suboptimale Mitarbeiterinformation, exzessive Beurteilungsgespräche) zu Problemfeldern führen und als Mobbing erlebt werden können oder, die mit feindseligen und schikanösen Absichten geführt, selbst Mobbinghandlungen (Lästern auf dem Flur, Ausschluss von Kantinengesprächen) darstellen.

Störungen der Kommunikation zwischen Vorgesetzten und Mitarbeitern oder unter Kollegen wie beim Mobbing können in vier Aspekten geschehen, die jede **Nachricht eines Senders an einen Empfänger** beinhaltet. Eine Nachricht besteht aus dem Sachaspekt (Sachinformation), dem Beziehungsaspekt (Einstellung des Senders zum Empfänger; verdeutlicht in Formulierung, Tonfall und anderen nichtsprachlichen Begleitsignalen), dem Selbstkundgabeaspekt (Information über den Sender, z.B. gewollte Selbstdarstellung oder unfreiwillige Selbstenthüllung) und Appellaspekt (Funktion, auf den Empfänger Einfluss zu nehmen) (SEIDLER 1997, S. 37). *„Kommunikation wird als Übermittlung von Nachrichten zwischen einem Sender und einem Empfänger verstanden, wobei der Sender die Nachricht kodiert, d.h. mit einer bestimmten Absicht versieht [...] und der Empfänger seinerseits die Nachricht dekodiert [...] Danach liegt eine reibungslose Kommunikation zum einen am Sender, ob die Nachricht, die er vermitteln möchte,* **richtig** *versendet wird, und zum anderen daran, wie der Empfänger die Nachricht* *interpretiert"* (PROSCH 1995, S. 70). Kommt es zu einer Divergenz zwischen gemeinter und interpretierter Nachricht, führt dies zu **Kommunikationskonflikten**, die nicht rechtzeitig korrigiert, in Mobbing übergehen können. Beschleunigt wird dieser Eskalationsprozess, indem die Konfliktparteien ihre jeweilige Reaktion dem Verhalten des Gegenübers anpassen und Aggression Gegen-Aggression als Folgereaktion erzeugt (KOLODEJ 1999, S. 57). Beispielhaft für einen fehlgeschlagenen Kommunikationsprozess ist die mangelnde, kommunikativ vermittelte Transparenz über die geleistete Arbeit: *„Das Fehlen der Rückmeldungen über die Güte der geleisteten Arbeit bestärkt nochmals die Angst, den bestehenden – aber nicht formulierten – Ansprüchen nicht zu genügen oder nicht so gut zu genügen, wie es die Kollegen tun. Die Wahrnehmung der Situation in Verbindung mit drohendem Arbeitsplatzverlust kann Angst, Druck, ein schlechtes Betriebsklima erzeugen, die Schwächung der seelischen Kraft der Arbeitenden, die von der inneren Kündigung bis hin zu typischen Ausgrenzungsversuchen Kollegen gegenüber führen können"* (KARACIYAN-BERNDT 1995, S. 40).

E. 1.2.5 Besonderheiten sozialer Beziehungen am Arbeitsplatz

Mobbingopfer unterscheiden sich von Nichtopfern und Beobachtern (die nicht betroffen Mobbing in ihrem Arbeitsbereich wahrnehmen) darin, dass eine angespannte Arbeitsatmosphäre in der Gruppe herrschte und die Mitarbeiter miteinander nicht auskamen (ZAPF 1999, S. 14). Auch MATTHIESEN et al. (1989, S. 786) fanden Zusammenhänge zwischen Mobbingbetroffenheit und allgemein schlechter Zusammenarbeit mit den Kollegen, Berufskonflikten und mangelnder gegenseitiger Akzeptanz. In einer aktuelleren Studie wurde unter Gemobbten ein höheres Maß an Rollenkonflikten und gestörtem sozialen Klima ermittelt (EINARSEN et al. 1994).

Soziale Beziehungen am Arbeitsplatz weisen zahlreiche Besonderheiten auf, die zum Verständnis von Mobbing als „sozialer Stress am Arbeitsplatz" beitragen können (KRIEGER 1992, S. 24).

(a) „Erzwungener" Kontakt: Im betrieblichen Geschehen besteht die Notwendigkeit, aufgrund betrieblicher Zwänge auch mit unsympathischen Personen zu kommunizieren. In außerbetrieblichen Situationen kann hingegen zumeist der Kontakt frei gewählt werden.

(b) Hierarchie: Durch die hierarchische Stellung der einzelnen Personen (Über- und Unterordnung) ergeben sich Einflüsse auf die Art der Interaktion (z.B. Machtmissbrauch in Form sexueller Belästigung).

(c) Spannungsfeld persönliche – fachliche Faktoren: Die persönliche Ebene (z.B. Aussehen, Alter, Schicht) und fachliche Ebene (z.B. Wissen, Ausführung) beeinflussen durch ihr Zusammenspiel die Art des Kontaktes. Die Vermischung dieser Faktoren legt die Basis für mögliche Konflikte und Störungen.

(d) Stellenwert des sozialen Bedürfnisses: Positive zwischenmenschliche Beziehungen am Arbeitsplatz können als menschliches Grundbedürfnis betrachtet werden, dessen Befriedigung einen immer größeren Stellenwert einnimmt. Am Arbeitsplatz kann diesem Bedürfnis oft aus „strukturellen Gründen" nicht entsprochen werden.

NIEDL (1995b, S. 154) ergänzt die Aufstellung um zwei Aspekte:

(e) technische Struktur: Die Art und Möglichkeit zur Kommunikation wird durch die Struktur des Aufgabenvollzuges (z.B. räumliche Anordnung der Arbeitsplätze) und durch die physikalischen Rahmenbedingungen (z.B. hohes Lärmniveau) beeinflusst.

(f) Führungsverständnis: Betriebliche Sozialsituationen sind durch die Einflussnahme im Sinne der Erreichung betrieblicher Ziele geprägt und vernachlässigen individuelle Ziele. Die Sozialkontakte können durch das konkrete Führungsverständnis, beispielsweise das dahinter stehende Menschenbild oder die Art des konkreten Führungsstils, vorstrukturiert sein (z.B. Konkurrenzorientierung; siehe Kapitel E. 1.2.3).

Die spezifischen Merkmale der „sozialen Beziehung am Arbeitsplatz" nach KRIEGER erhöhen als solches – im Vergleich zu „außerbetrieblichen Beziehungen" – das Risiko von sozialen Differenzen, Konflikten, Übergriffen, Schikanen und damit die Mobbingwahrscheinlichkeit. Insbesondere (a) Arbeitsbeziehungen als eine Art „Zwangsgemeinschaft" zeigt, dass soziale Beziehungen am Arbeitsplatz Zwänge beinhalten, da die Beteiligten die (Arbeits-)Gemeinschaft aus subjektiv (z.b. drohende Arbeitslosigkeit) oder objektiv empfundenen Hindernissen (z.B. Arbeitsvertrag) nicht freiwillig verlassen können.

Auch PFAFF (1981, S. 123) gliedert soziale Beziehungen am Arbeitsplatz in unterstützende und belastende Beziehungen. So ist soziale Unterstützung durch das betriebliche oder außerbetriebliche soziale Umfeld als wesentliche Moderatorvariable im Stressgeschehen erkannt worden, unter ungünstigen Umständen und spezifischen Bedingungen können soziale Beziehungen aber eben selbst zum Stressor werden (siehe Kapitel E. 2.2). ZAPF/FREESE (1991, S. 168ff) sprechen von „sozialem Stress", der durch Effekte defizitärer sozialer Beziehungen hervorgerufen wird und Mobbing auslösen kann.

E. 1.3 Gesellschaftliche Ursachen

E. 1.3.1 Sozialisations- und Lerntheorie: Wirtschaftssystem und -lage

Um unter den Bedingungen moderner (kapitalistisch organisierter) Arbeit zu überleben, sind nicht nur Positiv-Qualifikationen, wie z.b. Methoden-, Fach-, Sozial- und Selbstkompetenz von großer Bedeutung, sondern auch „Destruktiv-Qualifikationen". In jedem Menschen und der Menschheit insgesamt sind antagonistische Qualifikationen angelegt; welche Seite dominiert, hängt von den konkreten Umständen in der Gesellschaft und der Arbeitswelt ab, die bestimmte Qualifikationen fordern, fördern oder unterdrücken. Jede Person macht in der Kultur, in der sie aufwächst, einen Bildungsprozess durch, der sie zu einem dem gegebenen Kontext angepassten Persönlichkeitstyp formt. Um unter kapitalistischen (Lohn-)Arbeitsbedingungen überlebenstüchtig zu sein, müssen also spezifische Haltungen entwickelt werden. Im Zusammenhang mit „Strukturellem Mobbing" (siehe Kapitel E. 1.5) wird noch auf Systemimperative (Regeln, Normen, Strukturen) hingewiesen, die die Handlungsmöglichkeiten der Akteure zwar nicht determinieren, aber doch prägen. In der Sozialisationstheorie wird widersprochen, dass diese Bedingungen als **äußere** Kräfte auf die Person einwirken, vielmehr sind sie in einem langen Prozess der Vergesellschaftung **verinnerlicht** worden. Die Fremdsteuerung ist durch die Selbststeuerung ersetzt, da das vollsozialisierte Individuum die ursprünglich externen Anforderungen zum eigenen Anliegen gemacht hat (NEUBERGER 1999, S. 161).

BAMME et al. (1982) zielt auf die **Sozialisation** und Lernen hinsichtlich der Organisation der Arbeit in hochkomplexen kapitalistischen Gesellschaften ab: *„Die gelungene Verinnerlichung der Normen abstrakter Arbeit, Resultat langfristiger Sozialisationsprozesse"* erzeugt, dass *„die Raum-Zeit-Struktur der Warenproduktion und -zirkulation [...] zur inneren Natur des Menschen"* wird. *„Die taktmäßige Gleichförmigkeit der Produktion, die Notwendigkeit der Pünktlichkeit, die Quantifizierung der Arbeitsleistung, die Form der Entlohnung, die Trennung von Produkt und Bedürfnis, all das führt schließlich zur Verarmung der Erlebnisfähigkeit. Normen und verinnerlichte Zwänge, wie Disziplin, Unterordnung, Pünktlichkeit, Sparsamkeit, bilden fürderhin das Stützkorsett der angeschlagenen Persönlichkeit und verschaffen sich auch in Bereichen und Beziehungen außerhalb der unmittelbaren Produktion Geltung. (...) Man kann nicht von 8 bis 17 Uhr Arbeitsinstrument, außerdem ein perfekter Jongleur zirkulationsfunktionaler Verhaltensmuster sein und den Rest des Tages Mensch. (....) Irgendwann schlägt der Prozess der Selbstverstümmelung um und der ‚funktionierende' Mensch wird auch in seinen Beziehungen außerhalb der Produktion empfindungsleer, bindungsunfähig, instrumentalistisch"* (a.a.O., S. 45, S. 57, S. 71). Diese entwickelten, destruktiven Charakter-Qualitäten führen dazu, dass sich Menschen in Konflikt- oder Krisensituationen hart, gleichgültig, instrumentalisierend, egoistisch und feindselig verhalten.

Eine Repräsentativumfrage der GRP München unter Führungskräften im Jahr 1994 zeigt, wie schonungslos der Konkurrenzkampf ist. Diese beschrieben ihr Verhalten gegenüber Konkurrenten (aber Mitarbeitern!) mit: absichtlich nicht geholfen, um ihn Fehler machen zu lassen (86%), vor Kollegen/Vorgesetzten bewusst bloßgestellt (68%), bewusst benachteiligt (54%), Ausstechen mit unfairen Mitteln (39%), auf keinen Fall Schwäche zeigen (91%), Verbündete und einflussreiche Förderer suchen (78%) und keine übertriebenen moralischen Skrupel haben (49%) (PROSCH 1995, S. 77). Betriebliche Systeme (Gehaltsfindung, Arbeitsplatzzuweisung, Personalbeurteilung, Beförderung etc.) und Normen (Leistungsprinzip, Effizienz, Kosteneinsparung etc.) erzwingen förmlich Konkurrenzverhalten, indem es vorteilhaft erscheint, die eigenen Interessen rücksichtslos zu verfolgen. Tiefeninterviews mit Berliner Arbeitnehmern (PAWLOWSKY 1988) und eine repräsentative Stichprobe von Arbeitnehmern (FODELL 1989) ergaben ebenfalls markant konkurrenzbezogene Äußerungen wie „gegen Kollegen Stärke beweisen" (10%), „Kampf mit harten Bandagen im Berufsleben" (22%) und „Durchsetzung auch auf Kosten anderer" (14%). Diese Arbeitnehmer zeigten zudem geringes Interesse an guter Zusammenarbeit mit Kollegen, lehnten Hilfsbereitschaft/Solidarität als berufliche Handlungsorientierung ab und nannten Rücksichtslosigkeit/Härte als persönliche Verhaltenslinie für beruflichen Erfolg. Andere betrachten dieses Verhalten als Ellenbogentaktik der heutigen ehrgeizigen, aalglatten und eiskalten „Streber-Generation".

Wenig erfolgreich scheint es, auf die Mobbing-Parteien moralisch einzuwirken, wenn verinnerlichte systemische Strukturen und Regeln Konkurrenz, Eigeninteresse, Durchsetzung, Sachlichkeit etc. belohnen (NEUBERGER 1999, S. 163). Die Arbeitssituation zeigt sich ambivalent: Wer Ziele wie Harmonie, Sensibilität und Mitfühlen verfolgt, wird alsbald zu den Mobbingopfern gehören. Ein gut gemeintes Organisationsentwicklungsprojekt kann die Funktionsbedingungen des Wirtschaftssystems nicht verändern. Wer nicht lernt, sich auf Widrigkeiten, Widerwärtigkeiten und Widersprüche einzustellen, sich selbst zu schützen, Unterstützung aufzubauen etc., wird in die „harte" gesellschaftliche Mobbing-Mühle geraten. Hohe Arbeitslosigkeitsquoten und pessimistische Wirtschaftslagen steigern die soziale Angst um den Arbeitsplatz sowie die Existenz und lassen beschleunigt das Miteinander zum Gegeneinander werden (PAWLOWSKY 1988). *„Die Ergebnisse zum Stellenwechsel von Mobbingopfern lassen darauf schließen, daß Mobbing in Zeiten hoher Arbeitslosigkeit zunimmt. Ob dies nun so ist, weil dann das Ellenbogendenken zunimmt und die Menschen skrupelloser und egoistischer werden, sei dahin gestellt. Es reicht aus, wenn man annimmt, daß Menschen, die unter normalen Umständen [...] ‚aus dem Felde gehen' und durch Kündigung sich dem Mobbing entziehen würden, in diesen Zeiten gezwungen sind, auszuharren und unerträgliche Zustände auszuhalten"* (ZAPF 1999, S. 22).

Destruktivqualifikationen sind nicht nur die Antipoden der Sozialkompetenz, sondern zudem ein Zeichen gelungener **Sozialisation**, in der die Person gelernt hat, Kompromisse zu schließen und nicht in Organisationen ihre eigenen Maximalforderungen durchzusetzen. Wer ständig auf legale Ansprüche pocht, provoziert aggressive Antworten wie Mobbing. Sowohl beim Mobbingopfer als auch Mobbingtäter ist es möglich, dass erfolgreiche Sozialisation versäumt wurde. Soziales Handeln in Organisationen erfordert Abstriche an eigenen Idealen und Rechten, damit der Alltag in Organisationen lebbar wird (NEUBERGER 1999, S. 164). Wenn die Erwartungen niedriger bzw. realistischer sind, ist die „Verletzungsgefahr" geringer, wenn sie frustriert werden (a.a.O., S. 154).

Zu den Grundannahmen der **Lerntheorie** gehört es, dass bestimmte Handlungen dann gehäuft auftreten, wenn sie belohnt („verstärkt") werden. Wenn „starres" Mobbing existiert, muss es also verstärkt worden sein oder immer noch verstärkt werden. Mobbing könnte demnach erklärt werden, indem alle Belohnungen, Vergabepraktiken und Anwendungsschemata identifiziert werden, die das Auftreten von Mobbing wahrscheinlich machen (z.B. Kommentare, Beförderungen, Versetzungen, Einräumung von

Vorrechten etc.). Neben der Belohnung ist für die Täter auch die „Ent-Strafung" ein Motiv: Durch Mobbing wird ein für sie unerfreulicher Zustand beendet, da das „konkurrierende" Opfer kontrolliert oder ausgeschaltet wird. Dies funktioniert aber nur, solange die zum Mobbing benötigten Ressourcen (Zeit, Macht, Rechte, Informationen etc.) organisational verfügbar sind. Hier könnte ein in Unternehmen funktionierendes Controlling ansetzen, das den Einsatz und Wirkungsgrad von Ressourcen untersucht (a.a.O., S. 164ff).

In einer Wirtschaftsordnung, die auf Eigennutz und Konkurrenz setzt, sind Mobbingtäter nicht „gewaltsame Charakterschwächlinge", sondern der Teil, der die Konstruktionsprinzipien des Systems am konsequentesten verinnerlicht hat. Dennoch nutzt ihr Verhalten parasitär die freiwillig eingebrachte Kooperationsbereitschaft der anderen aus (a.a.O., S. 175). Kooperative Führung oder „trust management" ohne Druck und Zwang haben nur eine Chance, wenn Drohpotentiale gegen Parasiten aufrechterhalten werden (a.a.O., S. 176).

E. 1.3.2 Werte und Normen

Werte und Normen von Organisationsmitgliedern werden nicht nur durch die in der Unternehmenskultur verankerten Werte und Normen beeinflusst (siehe Kapitel E. 1.2.4, Absatz a), sondern auch durch die individuellen Wertstrukturen und Einstellungen, die sie im Laufe ihrer primären und sekundären Sozialisationsprozesse „erworben" haben. Diese sind insbesondere durch das gesellschaftlich-kulturelle Wert- und Normengefüge geprägt. Derartige **gesellschaftliche Werte** und Normen stellen außerdem für das organisatorische Handeln sanktionierte Rahmenbedingungen dar. Sie finden in der Gesetzgebung, in ethischen Prinzipien, in institutionalisierten Verfahrensvorschriften, in Handlungsnormen etc. Berücksichtigung (DILL/HÜGLER 1997, S. 163).

An dieser Stelle soll näher auf die **individuell-beruflich verankerten Werte** und Normen der gesellschaftlichen Entwicklung eingegangen werden. Die Werte in der Gesellschaft unterliegen einem fortschreitenden Wandel. Der aktuelle Wertewandel rückt die Interessen des Individuums in den Mittelpunkt, so werden Werte der Selbstbestimmung und Persönlichkeitsentwicklung mittlerweile stärker betont (WEVER 1989, S. 25; Tabelle 10).

Tabelle 10: Wertewandel in der Gesellschaft nach WEVER (1989, S. 25)

Traditionelle Werte	Neue Werte
Disziplin	Selbstbestimmung
Gehorsam	Partizipation
Hierarchie	Team
Leistung	Bedürfnisorientierung
Karriere	Persönlichkeitsentfaltung
Effizienz	Kreativität
Macht	Kompromissfähigkeit
Zentralisierung	Dezentralisierung

Die traditionellen Werte sind oft in älteren Unternehmen zu finden, die neuen Werte werden von großen Teilen der jüngeren Generation vertreten. Auf diese neuen Werte müssen auch Unternehmen reagieren, denn die *„Verschiebung von Werten innerhalb des Unternehmens sowie zwischen Unternehmen und Umwelt lässt Konflikte* [und Mobbing, der Verfasser] *entstehen, die gemeinsame Grundpositionen in Frage stellen können"* (HOFFMANN 1990, S. 164). Solange der Arbeitsmarkt viele Bewerber für die Stellen bereithält, können die Unternehmen die Bedingungen für eine Einstellung relativ unbeeindruckt von den gesellschaftlichen Entwicklungen festlegen. Zu zufriedenen und motivierten Mitarbeitern führt dies allerdings nicht. Ein kontinuierliches Anpassen der Unternehmenskultur an die gewandelten Werte ist notwendig (SEIDLER 1997, S. 76). Erste Ansätze sind Verjüngungen der Vorstände oder wertorientierte Personalpolitik (siehe Kapitel F. 1.1.1).

Auch generelle Entwicklungen in funktional differenzierten (post-)modernen Gesellschaften können erhöhte Auftretensraten von Mobbing verursachen: Individualisierung (im Arbeits-, Wohn- und Familienbereich), Coolness, Wertewandel hin zu egoistischem Hedonismus sowie verringerter sozialer und moralischer Bindung, Modell-Lernen in den Medien (Veralltäglichung von Gewalt, Rücksichtslosigkeit, Egoismus, Zynismus etc.) senken die Bereitschaft und Fähigkeit zu sozialem kollektiven Miteinander (NEUBERGER 1999, S. 155). Dennoch sei auch auf die mobbingrelevanten positiven Effekte von Fragmentierung, Beschleunigung und Individualisierung in modernen Gesellschaften hingewiesen: Es ist leichter, Bindungen aufzugeben und neue einzugehen, das „kulturelle Training" in Unverbindlichkeit und Oberflächlichkeit lässt Enttäuschungen seltener zu und leichter verarbeiten (a.a.O.).

LEYMANN (1995d, S. 173) spricht im Rahmen seines Beispiels (Mobbing an einer Offizierskadetten-Schule in Australien) vom „Mythos der **Konkurrenzgesellschaft**", in der Konkurrenz scheinbar gewollt und Kooperation unerwünscht ist. Mobber reagieren demnach nur auf die Tatsache, dass sie in einer Konkurrenzgesellschaft leben, in der von der gesellschaftlichen Umgebung Verhalten verlangt wird, andere im Wettbewerb auszustechen. *„Vor allem wird dabei verwischt, daß auch das Leben in einer Konkurrenzgesellschaft schließlich Regeln folgt und folgen muß. Damit sie sich nicht verabsolutiert, Regeln, die von Prinzipien der Ethik ebenso vorgegeben werden wie von Zivil- und Strafrecht"* (a.a.O., S. 174). Konkurrenz kann in einer Gesellschaft nicht um ihrer selbst willen existieren, da sie an sich kein Wert ist. Durchaus kann sie Werte und Regeln einer Gesellschaft erfüllen und das Leben verbessern, sie kann aber auch dazu führen, dass diese Werte und Regeln abgebaut werden mit destruktiven Ergebnissen für einen Staat, ein Unternehmen, eine Arbeitsgruppe, einen Arbeitnehmer oder einfach nur einen Menschen. Niemand natürlich, der einen anderen mobbt, sagt: „Den vernichte ich, weil er schwächer ist als ich und weil ich dann mehr Geld bekomme." Vielmehr bemänteln Mobber, aber auch diejenigen, die dem Treiben zusehen *„ihr Verhalten mit Mythen wie dem von der falsch verstandenen Konkurrenzgesellschaft"* (a.a.O., S. 175). LEYMANN (a.a.O., S. 176) bezweifelt allerdings, dass sich die deutsche Industriegesellschaft in Bezug auf allgemeinen Konkurrenzdruck von anderen unterscheidet. Das Prinzip der Konkurrenz würde aber in Deutschland totalitärer aufgefasst als anderswo: *„Es scheint den Leuten häufig nicht nur daran zu liegen, in der Konkurrenz mit anderen zu obsiegen, vorne zu sein; sie scheinen außerdem danach zu streben, den Konkurrenten auszuschalten, ihn nachgerade zu vernichten."*

E. 1.4 Rationale ökonomische Ursachen: Rent-seeking in Organisationen
E. 1.4.1 Mobbing als eine Form von Rent-seeking

In realen Organisation lassen sich verschiedene Formen sozial schädlicher Verhaltensweisen, wie z.B. kontraproduktive Beeinflussungsaktivitäten, Kollusionen, Korruption, Erpressung sowie Sabotage oder eben Mobbing beobachten, die sowohl die Effizienz der betroffenen Organisation als auch die gesellschaftliche Wohlfahrt mindern. Derartiges Verhalten kann durch einen ökonomischen Ansatz anhand eines rationalen Kalküls erklärt werden. Rent-seeking bezeichnet – im Gegensatz zum Gewinnstreben (Profit-seeking) – einen Ressourceneinsatz einzelner Akteure mit dem Ziel der Umverteilung bestehender Renten (Kooperationsrente) zum eigenen Vorteil. Eine Kooperationsrente wird durch eine Organisation erzielt, wenn Individuen nicht isoliert voneinander wirtschaftlich tätig werden, sondern als Gruppe Synergie- bzw. Komplementaritätsvorteile realisieren können und dabei ihre Handlungsalternativen auf bedingt kooperative Aktionen beschränken (SCHAUENBERG 1991). Rent-seeking in Organisationen umschreibt also den ineffizienten Ressourceneinsatz (unter anderem Arbeitsanstrengung, Arbeitszeit) einzelner Organisationsmitglieder, der beispielsweise für Beeinflussungs-, Kollusions- oder Sabotage-Aktivitäten verwendet wird, um den eigenen Anteil an der Kooperationsrente auf Kosten der anderen Organisationsmitglieder zu erhöhen. Eine dieser sozial schädlichen Verhaltensweisen sind Mobbing-Aktivitäten (KRÄKEL 1997, S. 535ff).

Bei Mobbing handelt es sich nicht lediglich um Kooperationsverweigerung (Freifahrer-Problem in Gruppen), sondern um aktives Verhalten, das mit Ressourceneinsatz (Arbeitsanstrengung, Arbeitszeit) des mobbenden Organisationsmitgliedes verbunden ist. Mobbing-Aktivitäten können erhebliche Organisationskosten in Form verringerter Anreiz- und Allokationseffizienz verursachen. Der ökonomische Erklärungsansatz zeigt, dass Mobbing-Aktivitäten einem zielgerichteten, individuell rationalen Rent-seeking-Kalkül von Arbeitnehmern entspringen können. Aus ökonomischer Sicht ist Mobbingverhalten als Wahl für den Arbeitnehmer individuell rational, wenn die erwarteten Vorteile für den Arbeitnehmer hieraus größer sind als die erwarteten Nachteile. Die erwarteten Nachteile für einen mobbenden Arbeitnehmer ergeben sich aus den möglichen Sanktionsmaßnahmen der Unternehmensleitung (z.b. Abmahnung, Beförderungstopp, außerordentliche Kündigung) und der Kollegen (z.B. Kooperationsverweigerung, soziale Ächtung). Der erwartete Nutzen ergibt sich aus den folgenden vier Gründen (a.a.O., S. 538):

(a) Horizontales Mobbing (a.a.O., S. 539)

- LAZEAR (1989) entwickelte Überlegungen zu möglichen Sabotage-Aktivitäten in relativen betrieblichen Leistungsvergleichen (Rank-order tournaments). Arbeitnehmer derselben Hierarchiestufe, die mit vergleichbaren Arbeitsaufgaben betraut sind, werden bei der Leistungsbeurteilung oftmals zueinander in Relation gesetzt. Nicht die absoluten Leistungen der Arbeitnehmer entscheiden über Lohn- und Gehaltserhöhungen, Prämien, Beförderung etc., sondern die relativen. Von allen relevanten Arbeitnehmern erhält derjenige die Einkommenssteigerung, der die höchste Leistung erbracht bzw. die wenigsten Fehler gemacht hat. In einem solchen Leistungsturnier gibt es zwei Möglichkeiten für einen Arbeitnehmer, seine relative Position zu verbessern: Erhöhung der eigenen Leistung oder Minderung die der anderen Turnierteilnehmer. Üblicherweise ist eine Behinderung der Arbeit der Turniergegner über subtile Sabotage- oder Mobbing-Aktivitäten für den Arbeitnehmer mit geringerem Arbeitsaufwand verbunden als die eigene Leistungserhöhung. Demnach dürfte Mobbing als individuell rationales Entscheidungsverhalten des Arbeitnehmers zu beurteilen sein, sofern die erwartete Bestrafung nicht zu groß ist.

- Bei der Existenz von relativer Leistungsbewertung in betrieblichen Leistungs- und Beförderungsturnieren lohnt sich für die Arbeitnehmer prinzipiell eine Absprache über gemeinsame Leistungsreduktion. Die Arbeitnehmer einigen sich darauf, ihre Leistungsanstrengungen im gleichen Maße zu verringern, so dass trotz reduzierter Arbeitsbelastung ihre relativen Positionen im Leistungsturnier unverändert bleiben. Jeder Arbeitnehmer realisiert dadurch eine individuelle Nutzensteigerung. Horizontales kollektives Mobbing tritt auf, wenn einzelne Arbeitnehmer die informelle Absprache brechen und versuchen, die Leistungsreduktion der anderen Turnierteilnehmer zu nutzen, um bei gleichbleibender eigener Leistung die individuelle Position im Turnier zu verbessern. Dieses abweichende Verhalten ist dann Auslöser für die anderen Arbeitnehmer, den individuellen Abweichler kollektiv durch Mobbing zu bestrafen und zur Einhaltung der Absprache zu bewegen (HAHNE 1994, S. 192; siehe Kapitel E. 1.6.1).

(b) Vertikales Mobbing (KRÄKEL 1997, S. 539ff)

- In der betrieblichen Hierarchie sind Situationen vorstellbar, in denen ein Vorgesetzter versucht, durch Mobbing einen sehr fähigen Untergebenen zum Versetzungsgesuch oder sogar zur Kündigung zu veranlassen, weil er befürchtet, später durch diesen ersetzt und infolge dessen auf ein Karriere-Plateau (Ende eines innerbetrieblichen Karrierepfades mit wenig Chancen auf weiteren betrieblichen Aufstieg) abgeschoben zu werden. Aus Sicht des Mobbenden dürfte dieses Mobbing weitaus effektiver sein, da der Vorgesetzte aufgrund seiner hierarchischen Stellung formale Sanktionsmacht besitzt, die er opportunistisch für Mobbing-Aktivitäten verwenden könnte.

- Für Vorgesetzte kann es sich auch aus Eigeninteresse lohnen, gerade sehr fähige Untergebene als potentiellen Stellennachfolger zu fördern, wenn dieses notwendige Voraussetzung für den eigenen hierarchischen Aufstieg ist. Aus Vorgesetztensicht ist es also stattdessen lohnenswert, leistungsschwache Untergebene zu mobben und zum Versetzungsgesuch oder zur Kündigung zu veranlassen. Diese Untergebenen schmälern einerseits den ihm zurechenbaren Erfolg und damit seine allgemeinen Karriereaussichten, andererseits stellen sie kaum potentielle Kandidaten für eine mögliche Nachfolge dar.

Kosten des Rent-seeking für die Organisation (a.a.O., S. 540)

Einzelne Organisationsmitglieder versuchen also, durch Mobbing als eine Form von Rent-seeking ihr individuelles Einkommen (d.h. ihren Anteil an der Kooperationsrente der Organisation) auf Kosten anderer Organisationsmitglieder und letztlich zu Lasten der insgesamt durch die Organisation erzielbaren Kooperationsrente zu erhöhen. Neben den bereits erwähnten Kosten (siehe Kapitel D. 2.2.5) führt dieses Mobbing zu weiteren erheblichen Einbußen. Horizontal gemobbte Arbeitnehmer erkennen ihre verschlechterten Chancen, sich in relativen Leistungsvergleichen durchzusetzen und verringern daraufhin ihre Arbeitsanstrengungen. Horizontal mobbende Arbeitnehmer, die eher zu den weniger leistungsstarken Arbeitnehmern gehören, setzen sich in betrieblichen Beförderungsturnieren durch und werden befördert, was zur Fehlallokation von Arbeitnehmern auf Stellen führt. Hierarchisch gleichgestellte Mitarbeiter und Vorgesetzte verschwenden produktive Zeit für Mobbing-Aktivitäten, was eine Fehlallokation der Arbeitszeit auf zugewiesene Teiltätigkeiten bedeutet. Die durch horizontales sowie vertikales Mobbing verminderte **Anreiz- und Allokationseffizienz** weist auf den personalpolitischen Gestaltungsbedarf durch die Unternehmensleitung hin (siehe Kapitel F. 1.1).

E. 1.4.2 Mobbing in dezentralen Organisationsformen

Strukturelle Einflüsse (z.B. formale Weisungsstruktur, arbeitsorganisatorische Regelungen, personalpolitische Entscheidungen) wirken auf das Verhalten eines Organisationsmitglieds ein und können für sozial schädliches Verhalten eines Individuums (mit)verantwortlich sein (siehe Kapitel E. 1.2). So können Mobbing-Aktivitäten auch durch neuere dezentrale Organisationsformen induziert werden. Entscheidend dabei sind Maßnahmen, die den Mobbing-Aktivitäten entgegenwirken, ohne die Intention dezentraler Organisationsgestaltung auszuhebeln (siehe Kapitel F. 1.1.3).

Dezentrale Organisationsformen zeichnen sich durch (partielle) Selbststeuerung von Gruppen sowie Zuweisung von vielfältigen Entscheidungskompetenzen an dezentrale Gruppen im Hinblick bestimmter Gruppenaufgaben aus: Entscheidungsrechte hinsichtlich der Selbstkoordination, der Materialverantwortung, der Wartung und Instandhaltung, der Arbeitsflusssteuerung, der Qualitätskontrolle, der Weiterbildung etc. Sie folgen dem (scheinbaren) Ideal japanischer Arbeitsorganisation (HENSELER 1992, S. 145). Ziel ist es, bisher brach liegende, wertvolle Informationen und Fähigkeiten der dezentralen Entscheidungsträger, die in den Produktionsprozess eingebunden sind, zu nutzen (knowledge sharing). Das Idealziel dieser neueren dezentralen Organisationsphilosophie bildet das Entstehen lernender Gruppen und letztendlich lernender Organisationen, wenn die Nutzung von Dezentralisationsvorteilen nicht nur im unmittelbaren Produktionsbereich, sondern innerhalb der gesamten betrieblichen Hierarchie umgesetzt wird.

Beim Übergang (von bürokratischen) auf neuere dezentrale Organisationskonzepte bildet die neue Rolle von Vorgesetzten im Unternehmen ein beachtliches Problem. Die klassischen Aufgaben eines Vorgesetzten (wie Kontrolle und Sanktionierung von Fehlverhalten) entfallen. Entweder wird die bisherige Stelle durch Maßnahmen komplett wegrationalisiert und ganze nicht mehr benötigte Hierarchieebenen werden aus Effizienzgründen abgebaut (a.a.O., S. 149), oder der Vorgesetzte wird als Teamchef in der Gruppe integriert (neue Aufgaben als interner Moderator, Berater und Koordinator der Gruppe) (KRÄKEL 1997, S. 536ff). Der Hierarchieabbau kann für die Beschäftigten zu verschärftem Karrierewettbewerb führen, in dem sich verstärkt Anreize bilden, Aufstiegskonkurrenten durch (subtile) Mobbing-Aktivitäten zu schädigen und sich so im Aufstiegswettbewerb durchzusetzen. Dabei sind zwei Effekte zu unterscheiden (a.a.O., S. 541):

Wettbewerbseffekt: Der Karrierewettbewerb verschärft sich, da bei Abbau einer Vorgesetztenebene für die Arbeitnehmer auf den unteren Hierarchieebenen weniger Aufstiegsplätze zur Verfügung stehen. Die Arbeitnehmer intensivieren ihre Anstrengungen und ihre Arbeitsleistung und/oder erhöhen ihre horizontalen Mobbing-Aktivitäten gegen Aufstiegskonkurrenten. Abhängig von den individuellen Persönlichkeitsmerkmalen (Risikoneigung) und dem Verlauf der individuellen Arbeitsleidfunktion kann sich der Wettbewerbseffekt auf das Verhalten der Arbeitnehmer allerdings verschieden auswirken. So können Arbeitnehmer ihre Arbeitsanstrengungen und/oder horizontalen Mobbing-Aktivitäten einschränken, wenn sie sich aufgrund des erhöhten Konkurrenzdrucks kaum noch Beförderungschancen versprechen. Stärkere Mobbing-Aktivitäten im Vergleich zur Arbeitsleistung sind zu befürchten, wenn die individuellen Kosten des mobbenden Arbeitnehmers für die Schädigung seiner Aufstiegskonkurrenten niedriger als die Kosten bei Erhöhung der eigenen Arbeitsleistung (hohes Arbeitsleid) sind (a.a.O., S. 541).

Knappheitseffekt: Beim durch den Übergang zu dezentralen Organisationsformen implizierten Hierarchieabbau verringert sich die mögliche Anzahl der im Unternehmen zu gewinnenden Beförderungsturniere bzw. der zeitliche Abstand zwischen zwei Beförderungsturnieren vergrößert sich. Aus Sicht des Arbeitnehmers steigt damit der individuelle Wert („Knappheitspreis") für die Teilnahme sowie für den Gewinn eines Beförderungsturniers. Somit erhöht sich für einen mobbenden Arbeitnehmer der erwartete Ertrag aus Mobbing-Aktivitäten und damit der Anreiz zu Mobbing-Aktivitäten. Dieses betrifft sowohl horizontales Mobbing gegen direkte Aufstiegskonkurrenten als auch vertikales Mobbing von Vorgesetzten gegen potentielle Aufstiegskonkurrenten in späteren Beförderungsturnieren. Tendenziell lässt sich also aus dem Hierarchieabbau infolge zunehmender Dezentralisation eine erhöhte, strukturell verursachte Mobbing-Gefahr ableiten (a.a.O., S. 542). Dafür sprechen weitere Punkte:

Statistischer Effekt: In zuvor bürokratischen Organisationen sind die einzelnen Stellen strikt abgegrenzt, es gibt nur wenig formale Arbeitskontakte zwischen Mitarbeitern innerhalb einer Hierarchieebene (diese folgen aus der Natur arbeitsteiliger Prozesse). In dezentralen Organisationen hingegen interagieren Mitarbeiter in Teams, und die gewollt hohe Zahl dezentraler Kommunikationskontakte erhöht die Anzahl der horizontalen Arbeitskontakte. Rein statistisch steigt damit die Wahrscheinlichkeit, dass neben effizienten Arbeitskontakten auch eine beträchtliche Anzahl von horizontalen Mobbing-Kontakten entsteht (a.a.O.).

Politisierungsdilemma: Nach der Auflösung bürokratischer Organisations- und Machtstrukturen kann eine Art „diffuses, unübersichtliches Machtgefüge" folgen, in dem die Organisationsmitglieder um eine Neuverteilung von Verfügungsmacht über innerbetriebliche Ressourcen streiten. Eine solche Zunahme interner Machtkämpfe impliziert auch eine Zunahme von horizontalen und vertikalen Mobbing-Aktivitäten als mikropolitisches Instrument (NEUBERGER 1999, S. 190-203; siehe Kapitel E. 1.8).

Vertrauensbeziehungen: Durch die Restrukturierung werden auf Dauer ausgerichtete Vertrauensbeziehungen innerhalb der Organisation auseinandergerissen. Aus der modernen Bürokratietheorie sowie aus der Organisations- und der Spieltheorie (SCHAUENBERG 1991) ist bekannt, dass Individuen in produktive Vertrauensbeziehungen mit dem Ergebnis einer freiwilligen Einschränkung des individuellen Handlungsspielraums investieren. Notwendig für eine Stabilität solcher Vertrauensbeziehungen ist die Dauerhaftigkeit von Interaktionsbeziehungen. Aufgrund der Restrukturierung werden bisherige Interaktions- und damit auch Vertrauensbeziehungen aufgelöst. Dadurch entsteht die Gefahr, dass bei einzelnen Organisationsmitgliedern – denen Mobbing durch die bisher existierenden Vertrauensbeziehungen nicht lohnenswert erschien – ihr neues Kosten-Nutzen-Kalkül für Rent-seeking-Aktivitäten in Form von Mobbing spricht (KRÄKEL 1997, S. 542ff).

Auch bei HAHNE (1994, S. 190) findet man die Auffassung, dass die Delegation von Steuerungs-, Kontroll- und Disziplinierungsfunktionen auf die Teammitglieder Konflikte innerhalb der Gruppe auslösen kann. Demnach entwickeln teilautonome Arbeitsgruppen Kohäsion oder sind aufgrund der Sanktionsmechanismen des Managements gezwungen, Gemeinsamkeit des Handelns herzustellen. Dadurch wird die Gruppe zum Instrument der Selbst-Disziplinierung, die auf ihre Mitglieder Macht ausübt, die nicht institutionell geregelt ist. Kapitel F. 1.1.3 zeigt jedoch, dass dezentrale Organisationsformen bei Beachtung der Komplementaritätseffekte zwischen Organisationsgestaltung und Personalpolitik weniger Ursache von Mobbing, als vielmehr Ausgangspunkt für die Lösung von Mobbing-Problemen sein können (KRÄKEL 1997, S. 550).

E. 1.5 Strukturelles Mobbing

Die Bezeichnung des ‚Strukturellen Mobbing' ist auf das Konzept der **„strukturellen Gewalt"** von GALTUNG (1981) zurückzuführen. GALTUNG beschreibt, dass soziale Gewalt in Strukturen, Regeln, Institutionen, Vorschriften oder Artefakten (wie Maschinen, Programmen, Architektur) derart versachlicht sein kann, dass ihr auf einzelne Personen oder Gruppen zurückzuführender herrschaftlicher Charakter von den Opfern nicht mehr erkannt werden kann. Nicht die schikanöse Anwendung von z.B. Vorgaben, die zwar womöglich durch Vorgesetzte oder Kollegen vermittelt, aber nicht durch sie verursacht sind, wäre dann *„das Verletzende, sondern ihre Einseitigkeit, Unfairness, Undurchschaubarkeit oder Auslegungsbreite"* (NEUBERGER 1999, S. 67).

Strukturelle Übergriffe äußern sich nicht in objektiven Faktoren der Arbeitssituation (z.B. physisch schädigende Arbeitsbedingungen), sondern in apersonalen betrieblichen Logiken, die das Handeln der Akteure (Vorgesetzte wie Mitarbeiter) konditionieren und diese unter erheblichen Druck setzen: Zwänge zur Kostensenkung, Leistungsmess-Einrichtungen, Fehlerfreiheit, Beschleunigung und Intensivierung, Arbeitsanalyseverfahren, Beförderungsgrundsätze, Globalisierung, Entgeltfindungssysteme, Flexibilität etc. Auch der Zustand eines unsicheren Arbeitsverhältnisses (Randbelegschaften, Teilzeitkräfte, zeitbefristete Arbeitsverträge) kann für den einzelnen Arbeitnehmer vor dem Hintergrund drohender Arbeitslosigkeit als (Strukturelles) Mobbing wirken (NEUBERGER 1999). Wenn Menschen also durch **strukturelle** Ungleichverteilung bestimmter Chancen (Einkommen, Gestaltungsfreiheit in der Arbeit, Sicherheit des Arbeitsplatzes, Macht) dauerhaft benachteiligt werden, wird dieser Zustand „Strukturelles Mobbing" genannt (a.a.O., S. 65). Nicht mehr Vorgesetztenwillkür, Kollegen-Sadismus, Zeitvertreib oder Spannungsabfuhr sind Begründungsansätze, Mobbing wird vielmehr als Reaktion auf zwar durch Personen vermittelte, aber nicht durch sie verursachte Widersprüche gesehen. Das Netz betrieblicher und gesellschaftlicher Strukturen, Institutionen und Normen werden durch ihre „spannungsgeladene Widersprüchlichkeit" Bedingungen der Entstehung von Mobbing (a.a.O., S. 68).

Auch LEYMANN (1993b) plädiert bei Interventionen gegen Mobbing, nicht Personen oder Beziehungen zu verändern, sondern vor allem Systeme, Verfahren und Regeln umzugestalten. NEUBERGER (1999, S. 68) schränkt diese Sichtweise ein: *„Diese aber* [Systeme etc., der Verfasser) *determinieren Handeln nicht, sie ermöglichen und beschränken es. Akteure müssen nicht unbedingt konform handeln, d.h. den Systemimperativen Folge leisten."* Klammere man die aktive Rolle der Täter und Opfer aus, so verfehle man die Möglichkeit, Strukturen und Systeme als (Re-)Produktionen des individuellen Handelns zu sehen (a.a.O.). ZAPF (1997, S. 5) wendet sich gegen das Konzept des „Strukturellen Mobbing", weil er Mobbing auf die Teilmenge der sozialen Stressoren begrenzt. Er scheint die Idee aber zu missverstehen. Es geht eben nicht um objektive Faktoren der Arbeitssituation, sondern um die apersonalen betrieblichen Logiken.

Konsequenz solcher Vorgaben sind dann Produktionsregimes, die einzelne Arbeitskräfte zu Gewinnern machen, andere aber unter Druck setzen, welcher zwar womöglich durch Vorgesetzte oder Kollegen als „soziale Stressoren" vermittelt, aber nicht durch sie verursacht ist. Vielleicht auch eine Erklärung, warum Vorgesetzte überproportional häufig Täter sind: Sie werden verantwortlich gemacht für die Exekution von Rahmenbedingungen und Zielen, die sie nicht frei gewählt haben. Im Sinne der personalen Attribution werden sie als Täter identifiziert, wenn und da sie gegen jene Mitarbeiter vorgehen, die das zentrale Anliegen (funktionierendes Unternehmen), insbesondere des Mittelmanagements, gefährden. Vorgesetzte sind dabei der „verlängerte Arm" anderer Instanzen und werden selbst unter Druck gesetzt, diszipliniert etc. und leiten diesen Druck nach unten oder zur Seite weiter. Einige Feldstudien zeigen, dass erfolgreiche Vorgesetzte ein positives Betriebsklima haben und ein hohes Maß an Rücksichtnahme, Kooperations- und Partizipationsbereitschaft zeigen. Wie ist aber die Kausalrichtung? Führt der Führungsstil zu Erfolgen? Oder arbeiten sie in – aus anderen Gründen – erfolgreichen Unternehmen und können daher einen *„teamorientierten, kooperativen, rücksichtsvollen Führungsstil praktizieren, der vielfach ein gewisses Niveau an Befreiung von Zeit-, Kosten- oder Ergebnisdruck voraussetzt"* (NEUBERGER 1999, S. 69)?

Strukturelle Gründe erklären Mobbing also nicht allein mit Unverträglichkeiten zwischen den einzelnen Beteiligten, sondern suchen nach Determinanten, die „hinter dem Rücken der Subjekte" wirken (a.a.O., S. 151). Warum ist jedoch Mobbing nicht der Normalfall in den Betrieben, sondern ein relativ seltenes Ereignis? Welche Immunmechanismen haben soziale Systeme entwickelt, um die Ausbreitung der Krankheit Mobbing zu verhindern? In „gesunden" Systemen kommen nicht etwa keine Aggressionen oder Gemeinheiten vor, sondern in ihnen sind Werte und Verfahren etabliert, die die virulenten Spannungen und Krisen eingrenzen und eventuell sogar konstruktiv bearbeiten lassen. Exzessives Mobbing indiziert ein Versagen solcher Kontroll- und Reparatureinrichtungen. Ein gewisses Maß an Konflikten und Aggressivität ist aber unvermeidlich, vermutlich sogar positiv (a.a.O., S. 152).

Zu strukturellen Gründen in der **Personalität** zielt NEUBERGER auch auf das Potential (den Hang, den Trieb) aller Menschen ab, sich andere zu unterwerfen und sie zu missbrauchen. Sie unterscheiden sich allenfalls in der Stärke bzw. Hemmung dieses Potentials. Der strukturelle Ansatz von Mobbing in der Organisation liegt nun darin, dass spezifische Selektion stattfand (es wurden absichtlich oder unabsichtlich vor allem aggressivere oder schwache Bewerber eingestellt), dass Schikanieren am Modell gelernt wurde (siehe Kapitel E. 1.3.1) und/oder es hat sich als erfolgreich herausgestellt und wird deshalb kalkuliert eingesetzt. Letzterer Aspekt geht in die Richtung der Macho-Unternehmenskulturen des „tough guy" von DEAL/KENNEDY (1982), in denen ein bestimmtes Niveau an Alertness, Nehmerqualitäten, Härte und Biss absichtlich kultiviert wird (NEUBERGER 1999, S. 153; siehe Kapitel E. 1.2.4, Absatz a).

Die Perspektive des Strukturellen Mobbing wehrt sich also gegen die Annahme von Einzelfällen, die lediglich als Fehlentwicklungen in einem ansonsten fairen System dargestellt werden. Nicht die bösartigen oder egoistischen Einzeltäter müssen therapiert werden, sondern das System ist im Kern ungesund. Arbeitshetze ist die Konsequenz von Personaleinsparungen und Rationalisierung, Konkurrenzkampf die Folge von Angst vor Arbeitslosigkeit, schlechte Arbeitsbedingungen sind Kosteneinsparungen geschuldet, Dominanzverhalten das Resultat von Hierarchieprinzip und Aufstiegsdenken, Deregulation führt zu Verunsicherung, und Verflachung der Hierarchie erzeugt Statusängste. Der Glaube an Mobbing als „Symptom" lässt die Strukturen des Systems jedoch unangetastet (NEUBERGER 1999, S. 69). Auch LEYMANN (1993b) benutzt den Begriff der „systembedingten Unterdrückung", zielt damit aber (begriffsmäßig unlogischerweise) auf Organisationsversagen durch fehlerhafte Anwendung bürokratischer Verfahren ab. Vielmehr wird aber damit hauptsächlich der repressive Charakter des Kapitalismus (Unterordnung aller Prozesse unter die Verwertungslogik) beschrieben.

Dennoch: Auch mit gutem Willen ist eine vollkommene Gleichbehandlung und Fairness in der Arbeitswelt praktisch nicht umsetzbar: Der Arbeitsplatz kann nicht einhundertprozentig gesichert werden, die Gestaltungsfreiheit der Arbeit ist im Produktionsprozess nicht unlimitiert möglich, Gehälter müssen als Anreizsysteme verschieden ausgestaltet werden etc. Aus der Perspektive der Marktwirtschaft scheint jedenfalls eine strukturelle Gleichbehandlung nicht sinnvoll und auch nicht implementierbar – hierzu wäre eine grundlegende Veränderung des politischen Systems notwendig, für viele aber möglicherweise nicht wünschenswert.

E. 1.6 Sozialpsychologische und gruppendynamische Ursachen

In der Untersuchung von MESCHKUTAT et al. (2002, S. 111) geben 29,1% der Betroffenen als Motiv für Mobbing an, dass ein „Sündenbock gesucht wurde", der für anderweitige Mängel und Defizite einstehen musste. Als Hauptgrund für Mobbing benennen 1,2% der Betroffenen das Sündenbockphänomen, exakt jeder hundertste Mobbingfall begann hauptsächlich, weil man Neuling in der Abteilung war (a.a.O., S. 118). Überdurchschnittlich häufig gibt die Gruppe der unter 25jährigen Mobbingbetroffenen an, dass neben ihrem Arbeitsstil und unzureichender Leistungsfähigkeit vor allem ihre kurze Anwesenheit in der Gruppe (36,4%) und dass ein Sündebock gesucht wurde (44,8%) Motive für das Mobbing waren (a.a.O., S. 117). Auffällig ist, dass fast ein Viertel der Gemobbten angegriffen wurden, als sie neu in die Abteilung/Gruppe gekommen sind – gemessen an denjenigen, die einen Bereichswechsel vollziehen, vermutlich eine abnorm überdurchschnittliche Quote (a.a.O., S. 112). Eine Gruppenbildung der Mobbingtäter kann die deutsche Repräsentativstudie zwar nicht bestätigen (a.a.O., S. 66); die Mehrheit der skandinavischen Studien, KNORZ/ZAPF (1995, S. 30) und teilweise NIEDLs (1995b) Erhebung zeigen allerdings, dass sich Mobbingtäter durchaus – vor allem in kleinerer Anzahl (2 bis 4 Personen) – gruppieren. Eine verallgemeinernde Aussage ist aber nicht möglich (siehe Kapitel C. 2.7).

Bei den Ursachen in der Gruppe scheint das Außenseiter- und Sündenbockphänomen eine wesentliche Rolle zu spielen (BÜHLER/ZAPF 1998). Die social-identity-Theorie (TAJFEL/TURNER 1986) besagt, dass Personen, die sich von ihren Arbeitskollegen unterscheiden, stärker mobbinggefährdet sind. In der Erhebung von LEYMANN (1993b) waren 4% der „normalen" Arbeitskollegen, aber 22% der Behinderten von Mobbing betroffen. Eine andere Untersuchung ermittelte bei „untypischen" männlichen Kindergärtnern eine doppelte so hohe Mobbingquote wie bei den Kolleginnen mit 4% (LEYMANN 1993a). Unter den Selbstaussagen der Opfer in der Studie VARTIAs (1996) fand sich „anders zu sein als die anderen" mit 21% als ein Grund für Mobbing. Die **sozial exponierte Stellung** der Mobbingbetroffenen bietet wohl eine breite Angriffsfläche für Mobbingattacken, die die Opfer kaum beeinflussen können (LEYMANN 1995a, S. 21). Wie sind diese empirischen Auffälligkeiten nun zu interpretieren?

E. 1.6.1 „Survival of the fittest" und „Sündenbocktheorie"

Im **soziobiologischen Ansatz** wird Mobbing als sozialdarwinistisches Konkurrenzverhalten gedeutet. In einer auf Aussonderung der Ungeeigneten ausgerichteten Wirtschaftsordnung werden die Schwächsten eliminiert („survival of the fittest"). Im Mobbing-Phänomen findet sich die Evolutionsgeschichte wieder: Die auf Jagen programmierten Mitglieder der Gruppe vertreiben die Schwächeren oder den Zusammenhalt Bedrohende, um die Kampfkraft und Überlebenschance der Gesamtgruppe zu steigern. An den Ausgesonderten werden die im Verband geltenden Anforderungen vorgeführt. In dieser Betrachtungsweise werden die Mobbenden von der Verantwortung für ihr Tun und die unterlassene Suche nach Alternativen freigesprochen und „normale" Aggressivität mit der „Ellenbogengesellschaft" und *„Bei der Arbeit geht es eben ziemlich rauh zu"* gerechtfertigt. Im Arbeitsleben scheitert, wer statt Durchsetzungskraft Feinfühligkeit praktiziert. Die von Vorgesetzten erfahrenen Kränkungen werden nicht selten an das schwächste Gruppenmitglied (oder an rivalisierende Einheiten, Feind) weitergegeben (NEUBERGER 1999, S. 172).

Aus der **sozialpsychologischen Perspektive** („Sündenbocktheorie") wird das Zustandekommen der Opferwahl untersucht. Das „Mobbing-Opfer" stellt sich als doppelter Index-Patient dar, auf den andere zur Ablenkung von sich zeigen, und der ein kollektives Problem anzeigt. Nicht das Opfer ist der zentrale Punkt, es reflektiert lediglich das System und die gesamte soziale Konstellation der anderen. Die Interaktionen zwischen den Beteiligten haben eine Funktion für die Erhaltung des Systems. Wird Mobbing unterdrückt, kommen die sozialen Spannungen auf andere Weise zum Ausdruck, binnen kurzer Zeit wird ein neuer Sündebock gewählt, wenn der alte z.B. durch Ausstoßung wegfällt. Die Auswahl von menschlichen Objekten für Schikanen bewahrt (auf Kosten Dritter) die innere Harmonie der Arbeitsgruppe und erzeugt durch Schaffung und Bekämpfung eines äußeren Feindes innere Befriedigung (a.a.O.).

Wenn Mitarbeiter einen Kollegen mobben, kann er als Sündenbock auch Ersatzobjekt für die eigentlich gemeinte Vorgesetzte oder Adressat für Aggressionen sein, die ihre Ursache in Bezahlungssystemen, Arbeitsbedingungen, Personalentscheidungen, Zusammenstellung von Teams, Arbeitsinhalten, Termin- und Kostendruck etc. haben (a.a.O., S. 172ff). Belasten diese drei Faktoren (Organisation, Gestaltung und Leitung der Arbeit; siehe Kapitel E. 1.2) die biologischen und psychischen Eigenschaften des Menschen, geraten Arbeitsgruppen unter Druck und neigen zu Konflikten, was das Mobbingrisiko erhöht. Arbeitsgruppen versuchen nun ein inneres Gleichgewicht zu erreichen, was auf der Homogenität von Attitüden und Ansichten beruhen kann. Wenn also eine Arbeitsgruppe durch übergeordnete Steuerungssysteme, die die Macht über die Arbeitsorganisation und Aufgabengestaltung mit negativen Folgen für die Gruppe ausüben können, bedroht wird, wird die Gruppe als Ausgleich ihre Normen nach innen verschärfen und Unwillige oder Unfähige über Mobbing ausgrenzen (LEYMANN 1993b, S. 139ff).

Durch die Schikanen an abweichenden Personen wird die Weitergeltung von Gruppennormen oder -standards demonstriert, um eine generalpräventive Wirkung für alle anderen Mitglieder zu erzeugen. In vielen Mobbingfällen ist Opfer diejenige Person, die prekäre Gruppennormen verletzt (Teilnahme an sozialen Aktivitäten, Gruppenrituale, Über-/Unterschreitung von Leistungsniveaus, Einführung von Neuerungen). Bezüglich der Leistungsnormen in der Gruppe werden weniger die Abweichler nach unten (Drückeberger) als vielmehr die Abweichler nach oben konsequenter und härter durch die Gruppe bestraft. In den USA wird für diese Arbeitnehmer der Begriff „Ratebuster" (englisch: Preisverderber) gebraucht. Das einzelne Gruppenmitglied wird so zum normgerechten Verhalten gezwungen, ansonsten wird es „herausgeekelt" (siehe Kapitel E. 1.4.1). Bereits die klassischen Hawthorne-Experimente (MAYO 1949) zeigten, dass die sich einpendelnde Leistungsnorm der Gruppe unter den maximalen Leistungsmöglichkeiten der Gruppenmitglieder liegt (HAHNE 1994, S. 192). Diese Rollenspaltung zwischen dem „Tüchtigen" und „Beliebten" wird auch als **Rollendivergenztheorem** bezeichnet (NEUBERGER 1999, S. 153). Zu Leistungsbereitschaft, Gewissenhaftigkeit und Verstoß gegen Gruppennormen siehe ebenso Kapitel E. 1.1.1.

Durch das Ausgrenzen oder die Unterdrückung Abweichender als „Sündenbock" wird also eine Gruppen-Identität hergestellt. Insbesondere dann wird die Kohäsion durch das Ziehen neuer Gruppen-Grenzen gefestigt, wenn der Gruppe ansonsten einheitsstiftende Aufgaben, Erfolge und Symbole fehlen (a.a.O., S. 174). Bestimmte Psychologie-Richtungen nehmen an, dass jede Gruppe ihren Sündenbock hat. Dies wird nach LEYMANN (1993b, S. 140) jedoch dem dynamischen Verlauf nicht gerecht: „*Es wäre besser, sich die Frage zu stellen, **wann** und **unter welchen Voraussetzungen** eine Gruppe jemanden braucht, an dem sie sich abreagieren [...] kann. (...). Dynamische soziale Prozesse gibt es in jeder Gruppe, folglich auch in der Arbeitsgruppe. Das darf jedoch nie dazu führen, daß man Ursachen und Wirkungen **nur** in der Gruppe sucht.*" Das Management sollte hinterfragen, ob solch eine Auslese-Konkurrenz in der Gruppe oder zwischen Gruppen oder Abteilungen wirtschaftlich sinnvoll und akzeptierbar ist. Mobbing kann immer zu wirtschaftlicher Suboptimierung beitragen, die der Organisation nur schadet (a.a.O.; siehe Kapitel D. 2.2). Weitere **gruppendynamisch-strukturelle Ansätze** sollen lediglich kurz angerissen werden (NEUBERGER 1999, S. 153ff):

- **Dichte-Effekte** (Crowding): Durch beengte räumliche Verhältnisse wird ein bestimmtes Nähe-Distanz-Verhältnis unterschritten, in dessen Folge es zu Territorialkämpfen und „innerartlicher" Aggression kommt. Insbesondere tritt dieses auf, wenn ein gemeinsames Ziel, Not oder Gegner fehlen.
- **Rang- oder Hackordnung**: Mobbing als eine vorübergehende Phase von Rangkämpfen, bis sich eine stabile interne Ordnung entwickelt hat oder die Gruppe zerbricht. Diese Ordnung ist nötig, da keine Gruppe aus Gleichen besteht.

E. 1.6.2 Formelle und informelle Gruppen

Rational organisierte, bewusst geplante und eingesetzte Gruppen werden als formell bezeichnet. Die Verhaltensweisen der Gruppenmitglieder sind daher extern vorgegeben und normiert. Formelle Gruppen innerhalb einer Organisation sind alle diejenigen, die im Organisationsplan vorgesehen sind und über längere Zeitabschnitte (z.B. Abteilungen, Stäbe) oder aber zeitlich befristet (z.B. Projektgruppen, Task Forces) eingesetzt werden. Die hierarchische Struktur von formellen Gruppen (Vorgesetzter – Untergebener) kann Mobbing ermöglichen oder fördern (siehe Kapitel E. 1.2.3). Besondere Problematik bezüglich Mobbing geht allerdings von informellen Gruppen aus. Entstehen innerhalb oder neben den formellen Gruppen spontane, ungeplante längerfristige Kontakte, spricht man von informellen Gruppen (Abbildung 21).

Abbildung 21: Formelle und informelle Gruppe nach SCANLON/KEYS (1983) (in STAEHLE 1991, S. 245)

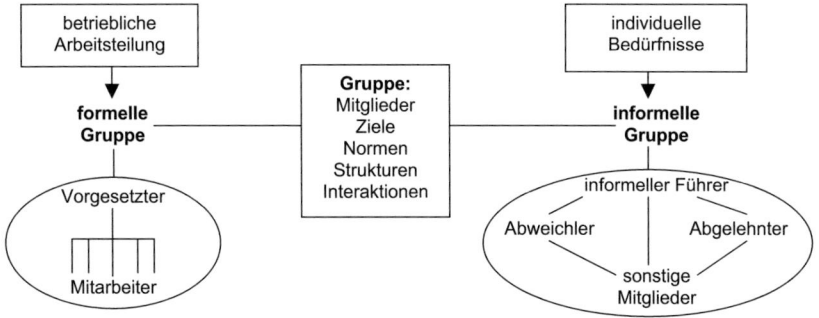

Die Hawthorne-Experimente wiesen nach, dass neben den offiziell vorgesehenen Arbeitsgruppen informelle Gruppen existieren, die von jenen der formellen abweichende Ziele, Normen, Rollen und Statusdifferenzierungen aufweisen (STAEHLE 1991, S. 244) und für die Organisation unerwünschte Verhaltensweisen wie Mobbing praktizieren.

Lange Zeit galten informelle Gruppen und ihre Auswirkungen auf die Organisation als alleinig schädlich und abzustellender Störfaktor. Den unbestreitbar dysfunktionalen Konsequenzen (z.B. den Organisationszielen entgegengesetzte Gruppenziele, Förderung von Gerüchten über informelle Kanäle, Isolierung unliebsamer Mitarbeiter, Mobbing) stehen auch äußerst positive Folgen gegenüber. So schließen die informellen Gruppen Lücken, die selbst bei sorgfältigster Planung der Arbeitsabläufe unvermeidbar sind; dies wird besonders bei passiven Widerstandsformen der Arbeitnehmer, wie etwa Dienst nach Vorschrift, deutlich. Schnelle, unbürokratische Kommunikation innerhalb und zwischen Abteilungen, Befriedigung von Bedürfnissen, die formelle Gruppen nicht gewähren können, besseres Verständnis für Probleme der Kollegen sind weitere positive Begleiterschienungen (a.a.O., S. 245).

LEYMANN (2002www) macht auf Probleme der Kleingruppenforschung aufmerksam und kritisiert die gruppendynamischen Gesetze als Erklärungsmuster von Mobbing, da sie nur bedingt für Gruppen in der Arbeitswelt anzuwenden seien. Sie würden sich mehr auf zufällige und aufgabenlose Gruppen-Arrangements beziehen und nicht auf für die organisierte Produktion gebildete Gruppen mit hohen professionellen und disziplinären Ansprüchen, die seitens straffer Hierarchien gestellt werden. Für Arbeitsgruppen sei sie nur relevant, so LEYMANN (2002www), wenn das Management seinen Führungsaufgaben (auf destruktive Kommunikations- und Verhaltensmuster in Arbeitsgruppen zu reagieren) nicht nachgeht und damit schweigend Verluste an Effektivität und Effizienz der Produktion in Kauf nimmt.

E. 1.7 Personalwirtschaftliche Ursachen

Sicherlich kann eine Ursache von Mobbing sein, dass ein Vorgesetzter einen unliebsamen Mitarbeiter aus „persönlichen" Antipathien oder Problemen „rausekelt". Dies geschieht dann ohne Legitimation der Unternehmensführung, auch wenn dies unter Umständen durch deren Passivität anders scheint. In der Management- und wissenschaftlichen Mobbing-Literatur wird hingegen die Frage brisant diskutiert, ob Mobbing quasi als intentionelle Unternehmensstrategie zum Personalabbau und zur Rationalisierung praktiziert wird. Vorgesetzte würden in diesem Sinne inoffizielle oder „offizielle" Anweisungen von der Unternehmensführung erhalten, Mitarbeiter durch schikanöse Verhaltensweisen zu bewegen, freiwillig das Unternehmen zu verlassen. In der öffentlichen Verwaltung (z.B. Beamtentum) beispielsweise existieren teils kaum legale personalwirtschaftliche Instrumentarien, um sich von Arbeitnehmern zu trennen, die ihrer Dienstvereinbarung nicht nachkommen. Offenbar besteht das Paradox, dass gerade durch formale Kündigungsschutzregelungen die informelle Ausgrenzung mittels Mobbing gefördert wird (HAHNE 1994, S. 192).

Die betriebwirtschaftlich positiven Wirkungen von Mobbing (siehe Kapitel D. 2.2.6) liefern gleichzeitig die Motive von personalwirtschaftlich intentionellem Mobbing: Kostenreduktion bei notwendigem Personalabbau (z.B. Einsparung von Abfindungen und Arbeitsgerichtsprozessen), rasche Zuweisung der Rangordnung und Leistungssteuerung (z.B. zumindest kurzfristige Leistungssteigerung) (NIEDL 1995a). Durch die Presse sind auch einige Fälle von Arbeitnehmern gegangen, die durch ihre Mitgliedschaft und außergewöhnliches Engagement in Gewerkschaft, Betriebsrat oder Personalrat von der Unternehmensführung als besonders „belastend" empfunden wurden, und Mobbing als günstiges Mittel betrachtet wurde, sich dieser Mitarbeiter zu entledigen. Weiterhin zu nennen ist als Führungsstrategie „Spalten und Herrschen", bei dem Mobbing durch Vorgesetzte benutzt wird, um ineffiziente, unproduktive Harmonie und Stabilität in einer Arbeitsgruppe zu verhindern (siehe Kapitel E. 1.2.3). Auch dieses kann eine gewollte Unternehmensstrategie darstellen. LEYMANN (1995d, S. 178) bemerkt, dass besonders in Deutschland Kooperation als institutionell herbeigeführte Arbeitsform häufig „unerwünscht" ist, da unter anderem mit ihr Gefahren von Kriminalität assoziiert werden: *„Stehlen könne man nur, wenn mindestens drei zusammenarbeiten."* Eine repräsentative Umfrage unter 1644 Beschäftigten aus allen Branchen in Westdeutschland, die im Jahr 1994 durch das Institut Arbeit und Technik (IAT) durchgeführt wurde, ergab, dass lediglich 6,9% aller Beschäftigten in Gruppen tätig sind. Nur knapp 2% arbeiten in Systemen der teilautonomem Gruppenarbeit, die ihnen größere Gestaltungsräume ermöglicht (KLEINSCHMIDT/PEKRUHL 1994). Andere Unternehmen in den USA und vor allem in Japan sind viel weiter und nutzen seit Anfang der 80er Jahre das kreative Potential der Mitarbeiter durch branchenunabhängige Produktionsarbeit in Gruppen. *„Die Konkurrenzfähigkeit einer Nation und ihrer Unternehmen wird darauf gründen, daß sich die arbeitenden Menschen ihres Wertes bewusst sind, daß sie in wohlausgewogenen psychosozialen Arbeitsmilieus produzieren, in denen sie ihr Potential optimal entfalten können. Die deutschen Manager sind im Begriff, die Konkurrenzfähigkeit der deutschen Industrie aufs Spiel zu setzen"* (LEYMANN 1995d, S. 179).

So würde in Deutschland so ernsthaft wie in keinem anderen Land der gezielte Einsatz von Mobbing als Instrument der Personalpolitik diskutiert (a.a.O., S. 177). Auch wissenschaftliche Arbeiten an deutschen Hochschulen beschäftigen sich mit Mobbing als Personalabbau. Diese nehmen u.a. an, dass die Kosten für gerichtetes Mobbing hoch seien, darum müsse es vorwiegend beim Abbau von Führungskräften oder bei Mitarbeitern, wo beispielsweise Abfindungskosten sehr hoch wären, eingesetzt werden. Dazu sei eine qualitative Mobbingplanung Voraussetzung, deren Ziel es ist, zum einen den Mobbingverlauf effektiv zu gestalten, um in kürzester Zeit die Eigenkündigung zu erreichen, zum anderen so wenig Kosten wie möglich zu verursachen. Das Phasenmodell dieser Mobbingplanung besteht aus der „Identifikationsphase", in der man sich der „Methode" und dem Opfer zuwendet, einer „Informationsphase", in der nach Angriffspunkten gesucht wird, einer „Vollzugsphase" und einer „Kontrollphase". Des weiteren müsse auf mögliche Betriebsvereinbarungen geachtet werden und Mobbinghandlungen so gewählt werden, dass gerichtliche Klagen kaum möglich sind (a.a.O., S. 177ff).

Die empirischen Beweise für personalwirtschaftliches Mobbing sind noch relativ dürftig, erste Ausführungen existieren aber bereits. In einer Reanalyse von Mobbinginterviews fanden BÜHLER/ZAPF (1998) in 11 von 24 Fällen als Ursache „inoffizielle Personalarbeit" (ZAPF 1999, S. 17). Bei MESCHKUTAT et al. (2002, S. 118) vermutet mehr als jeder zehnte Mobbingbetroffene als Hauptgrund für Mobbing personalwirtschaftliche Ziele: Arbeitsplatzabbau (3,4%), „mich loswerden wollen" (3,2%), Mitgliedschaft im Betriebs-/Personalrat (2,4%) und Umstrukturierungen (1,6%). An anderer Stelle wurden die Teilnehmer der schriftlichen Befragung explizit befragt, ob dem Mobbing ein betriebswirtschaftlicher Aspekt zu Grunde liegen könne. Knapp ein Viertel (24,4%) stimmte zu, dass Mobbing als eine Form des Stellenabbaus im Betrieb genutzt werde (a.a.O., S. 125). In einer kleineren deutschen Untersuchung (DICK/DULZ 1994, S. 4) antworteten auf die Frage nach den vermuteten Hintergründen ihrer Mobbingbetroffenheit die Probanden unter anderem mit „störe als Person im Unternehmen" und „Stellenabbau". Auch HAHNE (1994, S. 191) hält es für möglich, dass durch die Organisation eine Konfliktzuspitzung über Mobbing als Outplacement-Strategie gewollt sein kann. Die Wirkungen von Personalabbau bleiben für die Unternehmen aber höchst ambivalent und vielgestaltig: Die American Management Association (AMA), die 1993 fast 900 Personalchefs befragte, ermittelte, dass Unternehmen, die systematisch ihr Personal abgebaut haben, kaum einen Vorteil dadurch erzielten. Weder stieg die Produktivität bemerkenswert an, noch erhöhte sich der Umsatz pro Beschäftigtem. Dafür sank aber die Arbeitsmoral erheblich (LEYMANN 1995d, S. 180).

E. 1.8 Mikropolitische Ursachen und Spieltheorie

In der jüngsten Vergangenheit hat sich die Organisationstheorie zunehmend mit politischen Prozessen in Unternehmen beschäftigt und verwendet das Etikett „Mikropolitik". Der mikropolitische Ansatz zweifelt an der Dominanz der Rationalität von Entscheidungen und schreibt dem Handeln beteiligter Akteure vor allem politische Motivation zu. Dabei überwiegt das Ziel, eigene Interessen durch den Aufbau und Einsatz von Macht zu realisieren; die Umsetzung von gemeinsamen Sachzielen oder eine vertrauensvolle Kooperation wird nicht verfolgt (NIEDL 1995b, S. 32ff). BOSETZKY/HEINRICH (1989, S. 191) definieren Mikropolitik als *„Bemühung, die systemeigenen materiellen und menschlichen Ressourcen zur Erreichung persönlicher Ziele, insbesondere des Aufstiegs im System selbst und in anderen Systemen, zu verwenden sowie zur Sicherung und Verbesserung der eigenen Existenzbedingungen".*

Überdurchschnittlich oft sind die Mobber Männer in Vorgesetztenpositionen (siehe Kapitel C. 2.6). Die mikropolitische Perspektive vertritt die Auffassung, dass die Täter aufgrund der betrieblichen Machtposition häufig von Mobbing profitieren (NEUBERGER 1995; 1999). Sprich, ein oder mehrere Täter mobben aus einem – mehr oder weniger – nachvollziehbaren Kalkül, um damit den eigenen Einflussbereich zu stabilisieren. Mehrere Untersuchungen zeigen auch, dass Vorgesetzte, Kollegen und Untergebene versuchen, durch bestimmte Beeinflussungsstrategien individuelle oder organisationale Effekte hervorzurufen (NIEDL 1995b, S. 33). Man möchte mit dem Opfer etwas tun, da es aus irgendeinem „individual-politischen" Grund stört. Häufig wird das Opfer vom Arbeitsplatz durch Mobbing vollständig entfernt, da keine anderen legitimen und moralischen Mittel zur Verfügung stehen. Wenn der Täter zu den Vorgesetzten gehört, kann man dies auch als „inoffizielle Personalarbeit" bezeichnen und zu den personalwirtschaftlichen Ursachen klassifizieren (ZAPF 1999, S. 17; siehe Kapitel E. 1.7). Dem Motiv „Mobber wollte meinen Arbeitsbereich an sich ziehen" stimmten 24,8% der Mobbingbetroffenen zu (MESCHKUTAT et al. 2002, S. 111), immerhin 4,2% beurteilten dies sogar als Hauptgrund. Bloße Lust an der Machtausübung beim Mobber nannten 2,9% als Hauptursache (a.a.O., S. 118).

Mobbing als politisches Spiel

In seiner mikropolitischen Interpretation bezeichnet NEUBERGER (1999, S. 190) Mobbing als „grausames Spiel" und setzt die Spieltheorie in Zusammenhang mit Mikropolitik. Mobbing besteht demnach aus Spielen gezielten Taktierens (Intrigen, Wettkämpfe) und findet in Organisationen in einer Situation statt, die durch mikropolitische Charakteristika gekennzeichnet ist. Folgende Bedingungen ermöglichen politisches Handeln:

Ambiguität: eine mehrdeutige, unsichere Situation – wie beim Mobbing.
Zeitabhängigkeit: Die Aufeinanderfolge von Aktionen und die Vorgeschichte ist entscheidend. Mobbing ist stark zeitabhängig (dynamisches Moment).
Inter-Subjektivität: Mikropolitische Situationen sind soziale Situationen zwischen mindestens zwei antagonistischen Subjekten und weiteren Beteiligten. Zwischen den konkreten Akteuren gibt es Spannungen, Koalitionen, Aversionen etc.
Interessengeladenheit: Beteiligte behandeln die Umstände unter dem Blickwinkel der Verwertbarkeit für eigene Interessen.
Wechselseitige Abhängigkeit: Die Beteiligten nutzen einander aus, um eigene Ziele zu erreichen. Der Mobbingtäter braucht das Opfer (damit seine Aktionen nicht ins Leere laufen) und das Mobbingopfer braucht den Täter (weil dieser wichtige Ressourcen wie Einkommen, Arbeitsplatz, Anerkennung, Zugehörigkeit etc. kontrolliert).
Legitimationsbedarf: Beständiger Versuch, Maßnahmen mit Berufung auf übergeordnete Grundsätze legitim erscheinen zu lassen. Zumindest in der Anfangsphase von Mobbing versuchen Täter, das eige-

ne Tun nicht als aggressiv, sondern als Re-Aktion zur Wiederherstellung der „rechten" Ordnung darzustellen.

Machtorientierung: Interaktionen und Transaktionen zielen auf die Ausweitung eigener und/oder Einengung fremder Handlungsmöglichkeiten ab. Widerstand gegen diese Praxis muss sich ebenfalls machtförmig organisieren.

Als theoretisches Konzept, das diese politischen Merkmale integrieren kann, verwendet NEUBERGER (a.a.O., S. 191) die Spiel-Metapher. Mobbing ist demnach kein Spiel, sondern hat Gestalt- und Verlaufsmerkmale („Struktur-Identität"), die aus der Perspektive der Spiel-Metapher betrachtet werden können. Spielen werden folgende Merkmale zugeschrieben (a.a.O., S. 192ff):

(a) Freiwilligkeit der Teilnahme – das „Mobbing-Spiel" ist ein aufgezwungenes, die Opfer sind in einer Situation der Abhängigkeit. „Freiwilligkeit" ist jedoch kein unverzichtbares Merkmal von Spielen, auch bei Wettkampfspielen kann man nicht einfach ausscheiden, wenn es keinen Spaß mehr macht oder eine Niederlage droht; **(b) Identifikation des Spiels** (Bekanntgabe der Spielregeln und -struktur) – Mobbing aber ist eine Situation, bei der über längere Zeit von den beteiligten Parteien nach verschiedenen Regeln gespielt wird. Der Name des Spiels wird nicht angesagt, sondern heißt ganz allgemein „Arbeiten in der Organisation"; **(c) Regelstabilität und -befolgung** – oft besteht der Praxisschock darin, lernen zu müssen, dass die am Arbeitsplatz verkündeten Regeln wenig Bedeutung haben und andere Muster zu erlernen sind. Unter dem Spieltitel „Arbeiten in Organisationen" werden verschiedene Unter-Spiele gespielt, ein gesittetes überwachtes Gesellschaftsspiel existiert nicht; **(d) Chancengleichheit** – das Spiele-Modell besagt jedoch nicht, dass alle Spieler die gleichen Chancen (Fähigkeiten, Können, Übung) haben müssen. Dieses Merkmal ist in Mobbingsituationen besonders relevant: Erfahrene Mobber werden jede Chance nutzen, Schwächen der anderen Partei in eigene Vorteile zu verwandeln.

Wird Mobbing zudem an den Kriterien des Modells regelgeleiteter Gesellschafts- und Wettkampfspiele gemessen, so „scheint(!)" es kein Spiel zu sein: Bei den Mobbing-Beteiligten wissen die Opfer vielfach nicht, ob die Realitäten zwischen Spiel und „normalem Leben" deutlich getrennt sind. Das Spiel ist Wirklichkeit, und dessen Anfang und Ende ist weder vereinbart noch bekannt. Beim Mobbing ist im Vergleich zum Gesellschaftsspiel auch häufig lange nicht klar, wer in welcher Rolle mitspielt. Zuschauer sind möglich, selten finden sich Spielleiter oder Schiedsrichter. Für Mobbing existieren keine verbindlichen Regeln oder verbotene Züge, die die Handlungsmöglichkeiten der Beteiligten einschränken. Es gehört zum Spiel, das Opfer unfair zu behandeln und über den Spielstand im Unklaren zu lassen. Die Opfer im Mobbingspiel sind in einer unterlegenen Position und scheinen, keinerlei Trümpfe (Machtressourcen) zu haben. Der Beginn sowie das Spielziel und -ende des Spiels Mobbing sind weder angekündigt noch bekannt. Auch der Preis, den die Gewinner bekommen und Verlierer zu zahlen haben, ist vorab nicht ausgemacht.

In einem weiteren Schritt zeigt NEUBERGER (a.a.O., S. 195) jedoch, dass man den erweiterten Spielbegriff und die Spiele-Metapher für die Analyse von Mobbingsituationen nutzen kann. NEUBERGER verfolgt dazu den Ansatz von CROZIER/FRIEDBERG (1979), die die Spielmetapher in die Organisationstheorie einführten, weil das Konzept Freiheit und Zwang vereinigt. Um Mobbing als ein Spiel zu definieren, lockert NEUBERGER (1999, S. 197ff) einige Punkte des Spielkonzepts:

- Zum Zeitpunkt des Mobbing muss den Beteiligten nicht klar sein, dass sie ein Spiel spielen. Im Nachhinein muss dies aber erkennbar und vermittelbar sein. Die Mobbingopfer spielen aber nicht unwissentlich oder unwillentlich mit, sondern täuschen sich zunächst nur über die Natur des Spiels. Sie erkennen später, dass ihnen *„übel mitgespielt"* wurde.

- Die Trennung von Spiel und Wirklichkeit scheint nur aufgehoben. Da alle Beteiligten sich über den ursprünglichen Normalzustand bewusst sind, erkennen sie die bestehenden Abweichungen (Mobbing) als besondere Situation.
- Die Teilnahme an einem Spiel ist keineswegs immer eine freie und bewusste Entscheidung. Durch z.B. Schachzüge der Unternehmensleitung können einige Arbeitnehmer „Bauernopfer" werden. Beide Parteien, sowohl Mobbingopfer als auch Mobbingtäter, sind nur Spielfiguren, die in einem viel umfassenderen Spiel mit undurchschauten Regeln mitspielen (siehe Kapitel E. 1.5).
Die Mitspieler im Spiel „Arbeiten in Organisationen" haben voneinander abweichende Erwartungen, wie das Spiel richtig gespielt wird. Sie decken voreinander nicht alle Regeln und Züge auf, die sie für erlaubt halten. Berufsanfänger glauben, es geht hauptsächlich um Leistung, ältere Arbeitnehmer erkennen die Wichtigkeit von Beziehungen, Loyalität, Ausschaltung von Konkurrenten etc. Beim Mobbing sind die Spielregeln und Spielbedingungen nach einiger Zeit bekannt, werden aber nicht gegenseitig anerkannt, da sie vorab nicht festgelegt waren. Das Mobbingopfer appelliert an die Einhaltung bestimmter Spielregeln (Rechte, Gewohnheiten, Absprachen, Zusagen etc.), die andere Seite typisiert die Situation jedoch anders und wendet andere Regeln an. Fehlzeiten werden mit Krankheit oder Drückebergerei erklärt, ein Leistungsabfall mit zu hoher Belastung oder Faulheit; die Qualität seiner „hervorragenden" Leistung sieht der eine nicht gebührend anerkannt, der andere betrachtet sie aufgrund anderer Maßstäbe als normal. Es wird unterschiedlich attribuiert und andere Regeln für sinnvoll und legitim gehalten.
- Mobbing ist nur oberflächlich durch Regellosigkeit gekennzeichnet: Gewaltsame körperliche Attacken sind selten, stattdessen werden „seelische Grausamkeiten" in passender Dosierung eingesetzt. Justiziable Übergriffe werden nach Möglichkeit vermieden.
- Im Laufe des Spiels, also mit Andauern des Mobbinggeschehens, werden die jeweiligen Trümpfe beider Seiten immer schonungsloser eingesetzt, und die Spielmotive verändern sich (siehe Konflikteskalation in Kapitel E. 2.1.2). Zu Beginn dominieren sachliche Differenzen, die immer mehr von personalen Konflikten mit **Spiel**leidenschaft abgelöst werden. Spiele üben einen Sog aus und schaffen kognitiv und motivational einen Zugzwang. Da die Folgezüge von einem selbst und von der anderen Mobbing-Partei nicht zu überschauen sind, muss unter Unsicherheit immer weitergemacht werden. Gerade bei Mobbing spielt das Überraschungsmoment der Spielzüge eine bedeutsame Rolle.

Mobbing als Spiel zu betrachten, bietet aus verschiedenen Aspekten einen Nutzen: Die Spiele-Theorie differenziert zwischen Handlungen (z.B. jemanden beleidigend anreden), Taktiken (z.B. Intrigieren) und Strategien (z.B. jemanden isolieren und schließlich eliminieren). Das Spielen selbst verändert die Spielfertigkeit und bildet durch Training dauerhafte Kompetenzen heraus. Zu Beginn sind die handelnden Parteien zugleich Opfer und Täter. Am Ende einer Spielrunde gibt es vielleicht einen Verlierer, da aber er ebenfalls mitspielte, ist er wiederum Opfer und Täter. Es existieren jedoch auch Situationen aussichtsloser Übermacht einer Partei. Das mikropolitische Spiel ist oft nicht nach einer bestimmten Zeit zu Ende, sondern stellt sich als „repeat business" mit zahlreichen Wiederholungen dar. Mobbing ist ein Machtspiel, bei dem der anderen Seite die Spielregeln diktiert werden. Mobber verfolgen oft den Ausschluss des Opfers, um die eigenen Spiele und Ziele bestmöglich zu realisieren. Wem solche Machtmöglichkeiten genommen sind, zahlt als Verlierer den Preis des Siegers (a.a.O., S. 203).

E. 1.9 Psychodynamische Ursachen

Psychodynamische Interpretationen sind vom individualpsychologisch-psychoanalytischen, vom gruppenanalytischen oder vom systemtherapeutischen (siehe Kapitel E. 1.6) Zugang her möglich (NEUBERGER 1999, S. 187).

Die **psychoanalytische** Perspektive beschäftigt sich mit den Übertragungs- und Gegenübertragungsbeziehungen zwischen den Mobbing-Parteien. THYLEFORS (1987) und CRAWFORD (1992) untersuchten Mobbing psychoanalytisch und sehen eine Ursache von mobbenden Tätern in deren schlechter Konfliktverarbeitung während der Kindheit (ZAPF 1999, S. 17). Täter und Opfer wiederbeleben als Figuren frühkindliche Konstellationen und Probleme, z.B. Ablösung aus einer symbiotischen Beziehung, Identifikation mit und Widerstand gegen väterliche Autorität, Projektion von Schuld- und Schamgefühlen auf andere etc. Zwischen Täter und Opfer entwickelt sich in der interpersonalen Auseinandersetzung eine intrapsychische Dynamik, indem die Täter die bei sich selbst abgelehnten Anteile abspalten und auf das Mobbingopfer projizieren. Den ungelösten inneren Konflikt versucht der Mobbingtäter nun dadurch zu bewältigen, indem er diese andere Person durch Mobbing bekämpft und das umso stärker, je gefährdeter das eigene Selbstbild ist (NEUBERGER 1999, S. 188).

Viele Mobbingfälle sind durch einen regressiven Charakter des Geschehens gekennzeichnet: Soziale und zivilisierte Umgangsformen werden von durchbrechender Triebgewalt verdrängt. Wer unerbittliche Mobbingattacken durchführt, muss damit große eigene Ängste abwehren, die das Mobbingopfer auslöst. So kann das Opfer etwas vorleben, was der Mobber sich nicht erlauben darf und/oder mühsam bei sich unterdrückt (Weichheit, Selbstbewusstsein, Faulheit, Lässigkeit, Unpünktlichkeit, Sexualität etc.). Der Täter fühlt sich vom Opfer bedroht (da es die eigenen Probleme verkörpert), und Mobbing ist eine Form der externen Abarbeitung seelischer Lasten, selbst verdiente Erniedrigungen werden anderen zugefügt. Als zweiter **Gegenübertragungs**-Mechanismus würde Mobbing erfolgen, da die schikanierte Person Attribute besitzt, die der mobbenden Person fehlen (beispielsweise Jugend, gutes Aussehen, Gesundheit, Qualifikationen, Titel etc.) und diese dann aus Ressentiment mobbt (a.a.O.). **Übertragung**sphänomene können sich darin äußern, dass die feindselig behandelte Person den Mobber an eine wichtige Person in der Biographie erinnert. An diese damalige Person geknüpfte und früher nicht ausgelebte starke Emotionen und Handlungstendenzen werden nun am Mobbingopfer ausagiert. So kann eine Geschwisterrivalität durch Parallelen im Arbeitsleben (das Opfer genießt eine geneidete Vorzugsbehandlung, z.B. privilegierter Zugang zum Chef, flexible Arbeitszeitregelung, bessere Arbeitsplatzausstattung) oder der unterdrückte Hass gegen Elternteile (das Opfer ähnelt Autoritätsfiguren) wiederbelebt werden und im Mobbing seine „ausgleichende Gerechtigkeit" bzw. sein Ventil finden (a.a.O.).

Die psychodynamische Perspektive deckt womöglich verborgene Motive auf, die beim Täter durch Mobbing befriedigt werden. Die Täter machen zwar für Mobbing sachliche Gründe (z.B. geringe Belastbarkeit des Opfers, fehlendes Pflichtbewusstsein, schlechtes oder schuldhaftes Verhalten) geltend, diese sind aber eben oft keine hinreichende Erklärung dafür, warum in jedem Mobbingfall extrem emotional agiert wird. So kann der Mobber auch einen Lustgewinn erzielen, wenn er sich beim Quälen anderer Personen über- oder allmächtig erlebt (a.a.O., S. 189).

Das psychodynamische Konzept der **Reaktionsbildung** erklärt, dass manche Menschen persönliche Unsicherheit mit Überkontrolle anderer (d.h. Beschneiden von deren Entscheidungsmöglichkeiten) kompensieren (KETS DE VRIES/MILLER 1984; siehe Kapitel E. 1.1.2). Dies wäre kompatibel mit dem Phänomen, dass Vorgesetzte häufig die Handlungsspielräume der Mobbingbetroffenen reduzieren (ZAPF 1999, S. 17). So berichten 0,8% der Betroffenen als Hauptgrund für Mobbing, dass sich der Vorgesetzte von Entscheidungen übergangen fühlte (MESCHKUTAT et al. 2002, S. 118).

Der **gruppenanalytische Ansatz** (BION 1971) fokussiert auf soziale Aspekte und betrachtet jede „Arbeitsgruppe" als „Grundannahmen-Gruppe". Mit Grundannahmen werden Probleme in intimen sozialen Beziehungen bezeichnet, die bei der Lösung fundamentaler Konflikte im Zusammenhang mit Autorität, Integration und Autonomie auftreten. Diese Grundannahmen liegen zumeist als ungelöste Konflikte vor und verursachen Auseinandersetzungen in Gruppen. Die These besagt, dass eine Gruppe erst dann effektiv funktioniert, wenn die ungelösten Grundannahmen bewusst sind und bearbeitet werden. In einer Aufeinanderfolge von Phasen kommt es zur Bewältigung, und die Gruppe entwickelt sich. Mobbing könnte demnach als Kampf-Flucht-Thematik interpretiert werden: Zur eigenen Standort-Bestimmung werden Positionen in der Gruppe (Rang, Status, Macht etc.) verteilt, verteidigt oder herausgefordert (NEUBERGER 1999, S. 189). Aus einer anderen gruppenanalytischen Sicht (SCHINDLER 1973) könnte Mobbing als Aggression gegen ein „Omega-Mitglied" durch Gamma-Mitglieder untersucht werden, bei der die Gammas an Omega ausagieren, was der Alpha-Führer eigentlich am Gruppenfeind (z.B. der Konkurrenz) vollziehen sollte (NEUBERGER 1999, S. 189).

Betrachtet man die psychoanalytischen Perspektiven kritisch, so würde das Verhalten eines Menschen ausschließlich mit dessen psychogenetischer Entwicklung in den frühen Kindesjahren zusammenhängen, in denen sich die Persönlichkeit unter dem Einfluss der Eltern entwickelt. Wenn bei einem Menschen nicht von einem Kindheitstrauma im Hintergrund ausgegangen werden kann, ist es demzufolge nicht möglich, dass ihm im weiteren Lebensverlauf ein Trauma widerfährt. Hier zeigt sich die Schwierigkeit einer psychodynamischen Interpretation von Mobbing. Das klinische Bild (posttraumatische Belastungsreaktion) und die gesundheitlichen Auswirkungen bei Mobbingbetroffenen bieten deutlich Parallelen zu Traumatisierten anderer Bereiche (Opfer von Unfällen, Katastrophen, Überfällen, Kriegen, Misshandlungen, Vergewaltigungen oder Geiselnahmen) (LEYMANN 1993b, S. 112; LEYMANN 2002www). FREUD hatte mit dem massenweisen Auftreten von Kriegsneurosen im Ersten Weltkrieg bereits erhebliche Probleme, als Neurosen-Ursache bei allen Opfern frühkindliche Traumata festzustellen. Bizarre Stilblüten trieb die Psychoanalyse, als New Yorker Analytiker versuchten, das weitverbreitete KZ-Syndrom bei Überlebenden mit damaligen speziellen Erziehungssituationen in jüdischen Familien zu erklären (zitiert in LEYMANN 2002www; LEYMANN 1989). Die Psychoanalyse kann in einigen Fällen dominante Motive ans Licht bringen und zuweilen wertvolle ergänzende Betrachtungsweisen liefern. Beansprucht die psychoanalytische Betrachtungsweise aber einen Absolutheitsanspruch, ist sie als ernstzunehmender Erklärungsansatz unbrauchbar.

E. 2 Theoretische Erklärungsansätze

E. 2.1 Konflikttheoretische Erklärung

E. 2.1.1 Der Konflikt-Begriff

In der Literatur finden sich divergierende Auffassungen darüber, in welchem Zusammenhang die Begriffe Mobbing und Konflikt stehen (NIEDL 1995b, S. 30). Besonders die defizitäre Konflikthandhabung erinnert an den Mobbingprozess, wenn die Konfliktparteien sozialreduktive Strategien (Vernichtungs- und Unterwerfungskampf) oder Strategien der Lösungsvermeidung durch Konfliktverschiebung auf einen Sündenbock/Außenfeind wählen (KÖNIGSWIESER 1987; siehe Kapitel E. 1.6.1). Alternative Strategien zur Konflikthandhabung wie Kompromiss- oder Konsensbildung bieten dagegen (fast) keine Überschneidungen zum Mobbingansatz.

LEYMANN (1993a, S. 275ff; 1993b, S. 129) unterscheidet in seinem Phasenmodell Konflikt und Mobbing und betrachtet den Konflikt als zeitlich vorgelagertes Ereignis, das Ursache und Auslöser für Mobbing ist. Überzeugt ist LEYMANN (a.a.O.), dass sich Mobbing *„immer aus einem Konflikt heraus"* entwickelt. Dass diese absolutistische Sichtweise nicht ausnahmslos zu übernehmen ist, sondern nur für eine Mehrzahl der Fälle, wird in Kapitel D. 1.2 dargestellt. Weitere Differenzierungen zwischen Mobbing und Konflikt erhält man bei NIEDL (1995b, S. 30ff). So beinhalte der Mobbingansatz auch „unbewusst ausgeführte Feindseligkeiten", bei denen das Bewusstsein des Senders keine Rolle spielt, sondern vielmehr entscheidet, welcher Charakter einer Handlung von der betroffenen Person attribuiert wird. Währenddessen stellt die Konfliktforschung heraus, dass sich die Konfliktparteien stets ihrer Gegnerschaft bewusst sind (a.a.O.). Eine zusätzliche Abgrenzung zu Mobbing findet sich im Aspekt des asymmetrischen Stärkeverhältnisses. In Konfliktsituationen ist das Element der anhaltenden Interaktion entscheidend, in der **ebenbürtige** Parteien einen totalen Vernichtungskrieg gegeneinander führen (GLASL 1980, S. 317). Die Mehrzahl der Mobbingdefinitionen (eine andere Auffassung vertritt NEUBERGER (1999); siehe Kapitel B. 2.1) hingegen zielt auf das Moment der Asymmetrie ab, in der sich die Beziehung einseitig gestaltet, im Verlauf sich mindestens ein Beteiligter unterlegen fühlt und seine Handlungsmöglichkeiten (Abwehr, Flucht) reduziert oder vernichtet sieht. Aufgrund dieses Ungleichgewichts folgert NIEDL (1995b, S. 31), dass Mobbing „eher den chronifizierten Endzustand einer fehlgeschlagenen Konflikthandhabung" darstellt. Neben dem Scheitern existieren zahlreiche Konflikthandhabungsformen, wie Unterdrückung, Lösung und Regelung (Verhandlung, Vermittlung, Schlichtung und Zwangsschlichtung) von Konflikten (STAEHLE 1991, S. 368), die beim Mobbing mehr oder minder erfolgreich Anwendung finden können.

Liest man Texte über Konfliktmanagement in Organisationen (STAEHLE 1991; GLASL 1980), dann findet man eine Fülle von Beispielen und Erklärungen, die in jedem Mobbing-Text stehen könnten (NEUBERGER 1999, S. 182). Zum großen Teil spiegeln Interessen-Konflikte in Organisationen Herrschaftskonflikte in der Gesellschaft wider. „Aus der unterschiedlichen Verteilung von Herrschaftsbefugnissen, Eigentumstiteln und Informationsmöglichkeiten ergeben sich im betrieblichen Bereich Konflikte mit z.T. gravierenden Folgen für den Systembestand wie Streiks, Aussperrungen, Entlassungen, Dienst nach Vorschrift, Materialverschwendung, Absentismus" (STAEHLE 1991, S. 362). Der Begriff Mobbing lässt sich in diese Aufzählung nahtlos einfügen. STAEHLE (a.a.O.) bezeichnet es als wenig sinnvoll, den Begriff Konflikt aufgrund seiner Unterschiedlichkeit von Ursachen, Verläufen etc. allgemein zu definieren und charakterisiert stattdessen konfliktäre Situationen als (a) Interaktion zumindest zweier Personen oder Gruppen miteinander, in der sich (b) einander ausschließende Ziele oder Mittel existieren und die Interaktionen häufig darauf gerichtet sind, die jeweils (c) andere Person/Gruppe zu beeinflussen, zu unterdrücken oder gar zu besiegen, um (d) die eigenen Interessen besser durchsetzen zu können. Die initiierten Aktionen (Reaktionen) stehen teilweise in Widerspruch zueinander (a.a.O., S. 362).

In der Psychologie dient der Begriff Konflikt einerseits zur Beschreibung der Interaktion zwischen zwei oder mehreren Personen (interpersonaler Konflikt, Intergruppen-Konflikt), andererseits zur Darstellung eines inneren Zustandes (intrapersonaler Konflikt) (KOLODEJ 1999, S. 81). Mobbing stellt in der Regel eine Form des interpersonalen Konflikts dar (zu Ausnahmen siehe Strukturelles Mobbing Kapitel E. 1.5), vermittelt aber indirekt über komplexe Versuche der Konfliktbewältigung auch intrapersonale Konflikte (z.B. Entscheidung über Kündigung oder Fortführung des Arbeitsverhältnisses).

KUBICEK (1981, S. 462ff) schlägt eine organisationale Einteilung der Konfliktparteien vor:
   1. Konflikte auf der Ebene Organisation – Umwelt
   (z.B. Konflikte zwischen Gemeinwohl und Privatwohl, zwischen Ökonomie und Ökologie).
   2. Konflikte auf der Organisationsebene
   (z.B. Konflikte zwischen Arbeitgeber und Arbeitnehmer, zwischen Management und Eigentümern).
   3. Konflikte auf der Gruppenebene
   (z.B. Konflikte zwischen Vorgesetzten und Untergebenen, zwischen Stab und Linie, zwischen informalen und formalen Gruppennormen).

Es bietet sich an, Mobbing insbesondere zu den Konflikten auf der Gruppenebene und auf der Organisationsebene (z.B. personalwirtschaftliches Mobbing siehe Kapitel E. 1.7) einzuordnen. Konflikte (zwischen Gemeinwohl und Privatwohl) auf der Ebene der Organisation lassen höchstens Annäherungen an Formen des Strukturellen Mobbing erkennen.

Auf der Gruppenebene treten vor allem **Rollenkonflikte** auf:
(1) Intra-Sender-Konflikt (z.B. widersprüchliche Erwartungen/Anforderungen von ein und demselben Vorgesetzten als Rollensender), **(2) Inter-Sender-Konflikt** (z.B. konfliktäre Erwartungen an einen Arbeitnehmer von verschiedenen Rollensendern wie Gruppe und Vorgesetzter), **(3) Inter-Rollen-Konflikt** (Konflikt durch das gleichzeitige Erfüllen verschiedener Rollen in verschiedenen sozialen Systemen, wie z.b. Arbeitsplatz und Familie) und **(4) Personen-Rollen-Konflikt** (Rollensendung ist unvereinbar mit Werten, Einstellungen etc. des Rollenträgers, z.b. geforderter Personalabbau vom Management an den Personalleiter) (KATZ/KAHN 1966, S. 184ff). Neben Rollenkonflikten führen auch Rollenambiguität (Mehrdeutigkeit von Verhaltenserwartungen, z.B. bei unzureichender Information) und Rollenüberlastung (quantitative Überforderung) zu problemhaltigen Verhaltenserwartungen (STAEHLE 1991, S. 363). Mobbinghandlungen scheinen geradezu prädestiniert zu sein, Rollenkonflikte zu erzeugen. Als besondere Belastungsfaktoren in Unternehmen eruierte RÜTTINGER (1977) darüber hinaus Verteilungskonflikte (begrenzte Ressourcen in der Arbeitswelt, z.B. Arbeitsplätze/Arbeitsmittel/Karrieremöglichkeiten/Handlungsspielraum), Bewertungskonflikte (z.B. hinsichtlich betrieblicher Entscheidungen für die Arbeitsgruppe) und Kommunikationskonflikte (z.B. unvollständiger oder missverständlicher Informationsfluss mit Auswirkungen auf den innerbetrieblichen Ablauf).

Die Betriebswirtschaftslehre, auch die klassischen Management- und Human-Relations-Autoren, hat in der reibungslosen, gut koordinierten und geführten Organisation ihr Ideal von Harmonie, Konsens und Kooperation verwirklicht gesehen. Der Konflikt wird als dysfunktional, kontraproduktiv und störend für den effizienten Betriebs- und Organisationsablauf bewertet (Funktionsstörungen im Organisationsablauf, in Kommunikation und Kooperation; Instabilität in der Organisation; Stress und Unzufriedenheit beim Individuum) (OECHSLER 1979). Dabei ging man von der irrigen Annahme aus, dass Konflikte vermieden werden können und müssen sowie primär in persönlichen Unzulänglichkeiten der Organisationsmitglieder begründet sind. Diese Denkweise hat sich gewandelt: *„Konflikte sind normal, allgegenwärtig, sie treten immer wieder auf und können produktiv genutzt werden. Daher gelten sie gleichzeitig als unvermeidlich, zumeist jedoch schwierig lösbar, wohl eher lediglich handhabbar"* (BERTHEL 1989, S. 306).

Abbildung 22: Konfliktniveau und organisatorische Effizienz nach KAST/ROSENZWEIG (1985) (in STAEHLE 1991, S. 366)

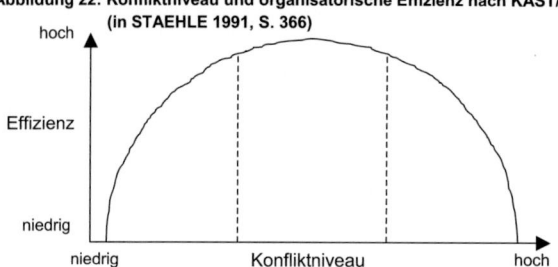

Für die Entwicklung von Personen, Organisationen und ganzen Gesellschaften haben Konflikte auch positive Aspekte, wie Stimulierung von Kreativität, Erhöhung der Gruppenkohäsion, Abbau von Spannungen, Voraussetzung für organisatorischen Wandel etc.

Sowohl ein zu niedriges (fehlende Ideen, Kreativität, Innovationskraft) als auch ein zu hohes Konfliktniveau (Stress, Intrigen, Mobbing, fehlende Integrationskraft) sind demnach mit geringer Effizienz verbunden (Abbildung 22). Dagegen scheint sich ein mittleres Konfliktniveau (ähnlich wie ein mittleres Stressniveau) für die Organisation effizienzsteigernd auszuwirken (STAEHLE 1991, S. 366).

E. 2.1.2 Konflikt-Eskalationsdynamik nach GLASL

Es gibt eine Reihe von Verlaufschemata sozialer Konflikte (von dyadischen bis hin zu internationalen Konflikten), die z.B. bei BERKEL (1984, S. 20-33) oder GLASL (1980) beschrieben werden. Von besonderer Nähe zum Mobbingverlauf ist GLASLs (a.a.O., S. 236-326) „Phasenmodell der Eskalation". Gerade die finalen Stufen des Konfliktes scheinen in ihrer Charakteristik mit Mobbingsituationen verwandt zu sein (a.a.O., S. 311-317), so dass NEUBERGER (1994, S. 77) zweifelt, *„ob es aus wissenschaftlichen Gründen eines Begriffes wie Mobbing überhaupt bedurft hätte"*. Für das Verständnis sozialer Konflikte sind insbesondere die seelischen Faktoren einer Persönlichkeit von Bedeutung, da die Perzeptionen, das Gefühls- und Willensleben und infolgedessen auch das Verhalten derartig beeinträchtigt werden können, dass es nicht nur zum Ausbruch, sondern auch zur steten Eskalation eines Konfliktes kommt. Die Veränderungen der drei seelischen Faktoren vollziehen sich im Laufe der Konflikteskalation nicht isoliert voneinander, sondern beeinflussen und verstärken („korrumpieren") sich gegenseitig (SCHLAUGAT 1999, S. 39).

GLASL (1992) unterscheidet neun ‚Eskalationsstufen', die er in je drei ‚Hauptphasen' unterteilt. Diese drei Hauptphasen sind jeweils durch ‚Hauptschwellen' getrennt, bei deren Überschreiten sich die Konfliktdynamik qualitativ ändert (Abbildung 23). Des weiteren eruierte GLASL (a.a.O., S. 191ff) „Basismechanismen der Eskalationsdynamik", die im paradoxen Verhältnis (z.B. „Beschleunigen durch Bremsen") zueinander stehen und durch deren Zusammenwirken die Konfliktsituation für die Konfliktparteien zu komplex wird, so dass sie eskaliert.

Abbildung 23: Konflikt-Eskalationsverlauf nach GLASL (in NEUBERGER 1999, S. 182)

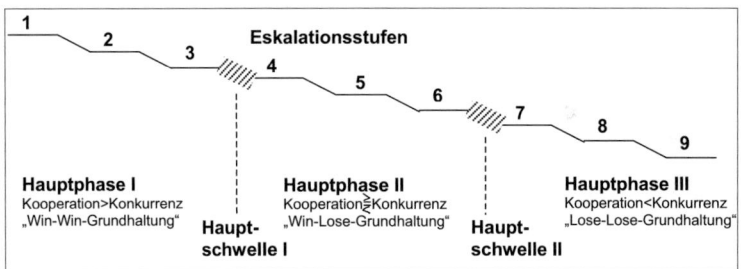

1. „Kooperationsbemühungen bei gelegentlichem Abgleiten in Reibungen und Spannungen"
2. „Polarisation und Debatte"
3. „Nicht Worte, sondern Taten!"

Die **1. Hauptphase** („Verstimmung") ist insgesamt durch die Sachbezogenheit des Konfliktes gekennzeichnet. Auch wenn die Parteien zunehmend von ihren Standpunkten eingenommen sind, kommt es dennoch zu konstruktiven Lösungsversuchen auf der inhaltlichen Ebene **mit** der anderen Partei. Die Möglichkeit, dass alle Parteien aus dem entstandenen Konflikt als Gewinner hervorgehen, ist groß, so dass dieser Konfliktabschnitt auch als „win-win-Phase" bezeichnet wird. Auf der Hauptschwelle zur 2. Hauptphase erkennen die Beteiligten, dass für die anderen die Sachfrage nur Mittel zum Zweck ist: Das Problem ist die Gegenpartei selbst! Nach dem Überschreiten der Hauptschwelle I kommt es zu einer Veränderung: *„Die gegenseitigen Blockaden, Irritationen und Probleme kommen nun hauptsäch-*

lich aus der subjektiven Sphäre" (GLASL 1980, S. 257). Die Parteien können ihre gegenseitigen Wirkungen nicht mehr realistisch einschätzen, die Empfindlichkeit steigt und ungezielte Ausbrüche häufen sich. Mit dem Übergang in die 2. Hauptphase werden geltende Normen nur noch äußerlich respektiert, und es wächst eine „regellose" Bereitschaft.

4. *„Sorge um Reputation und Unterstützung"*
5. *„Kampf mit verlorenem Gesicht"*
6. *„Drohungsstrategien beherrschen das Geschehen"*

In der **2. Hauptphase** („Schlagabtausch") steht nicht mehr das Sachproblem im Mittelpunkt, sondern der Konflikt zwischen den Akteuren auf der Beziehungsebene (a.a.O., S. 273ff). Die Natur der Gegenpartei ist das Hauptproblem: Ihre Auffassungen, Werthaltungen und ihr Denken verhindern eine Problemlösung. Es setzt sich der Glaube durch, dass eine Lösung mit der anderen Partei nicht mehr möglich ist. Der Konflikt wird unübersichtlicher, komplexer und entwickelt sich zur Krise. Die sich steigernden Drohungen beschwören jene soziale Wirklichkeit herauf, die durch die Drohungen eben verhindert werden sollten. Die Parteien unterliegen mehreren „Denkfehlern der Drohung und Abschreckung" und schätzen die Situation hinsichtlich rationaler Kontrolle, kumulativem Effekt, Motiven des Gegners etc. völlig falsch ein, was zur Beschleunigung des Konflikts führt (GLASL 1980, S. 299). *„Das Spielen mit Gefühlen der Angst, unbestimmten, undefinierten Befürchtungen, ist eine der fatalen Erscheinungen der sechsten Eskalationsstufe"* (a.a.O., S. 292). Zumeist geht nur noch eine Konfliktpartei unbeschadet aus der Auseinandersetzung hervor, deshalb gilt dieser Konfliktabschnitt als „win-lose-Phase".

Die folgenden drei Eskalationsstufen thematisieren den Einsatz von Gewalt. Nach GLASL dürften sich innerorganisatorische oder interpersonale Konflikte nur selten bis zu diesen Extremen entwickeln. Das Mobbing-Phänomen zeigt aber, dass die Parteien oft bis zur letzten Konsequenz gehen. Die Parteien sind sich bewusst, *„dass es nichts zu gewinnen gibt (...) Wenn ich in den Abgrund stürzen muss, dann reiße ich wenigstens den Gegner mit"* (a.a.O., S. 311).

7. *„Systematische Zerstörungsschläge gegen das Sanktionspotential"*
8. *„Gezielte Angriffe auf das Nervensystem des Gegners und Zersplitterung"*
9. *„Totale Vernichtung und Selbstvernichtung"*

Die **3. Hauptphase** („Vernichtung") ist durch die totale Verhärtung und Kompromisslosigkeit der Parteien gekennzeichnet. Die Konfliktbewältigung tritt in den Hintergrund, Ziel ist der individuelle Sieg und die bewusste Vernichtung des Gegners (a.a.O., S. 317). Dementsprechend wird dieser Konfliktabschnitt als „lose-lose-Phase" bezeichnet, da alle Parteien geschädigt aus dem Konflikt hervorgehen.

Die Steigerungsstufen des sozialen Konfliktes nach GLASL zeigen ein differenziertes und konsistenteres Bild eines Mobbingverlaufs als viele andere Versuche (z.B. LEYMANN 1993b, S. 59; siehe Kapitel D. 1.2). GLASL räumt ebenfalls ein, dass ein fatalistischer Verlauf nicht unabdingbar ist und es durch einen Bewusstseins- und Willensakt möglich ist, den dynamisierenden Mechanismen entgegenzuwirken. Die Analyse von GLASL liefert vor allem zwei Leistungen: Konflikthafte Interaktionen laufen nicht allein auf der rationalen Sachebene ab, sondern mit zunehmender Beschleunigung der Konflikteskalation spaltet sich das Sachthema vom Emotions- und Beziehungsaspekt ab, und irrationale Momente gewinnen die Oberhand. Zudem ist GLASLs Modell nicht linear aufgebaut, sondern in treppenartigen Schrittfunktionen mit ‚Regressions-Schwellen' angelegt. Bei Konflikten gibt es also Wende- oder Umschlagspunkte, die den Übergang in eine ganz andere Qualität der Auseinandersetzung, von einem Regressionsniveau in ein niedrigeres Regressionsniveau, anzeigen, bei der andere Normen und Regeln des Handelns gelten (SCHLAUGAT 1999, S. 41). Auch beim Mobbing kann es diese Entwicklungen geben: Das Nachher ist nicht einfach eine quantitative Steigerung des Vorher, sondern eine neue Form von Interaktionen, Beziehungen, Emotionen und Beeinflussungsmethoden.

Die Schwellen-Überlegung könnte – auf die Mobbinghandlungen angewandt – zu Klassifizierungen nach bestimmten Intensitäts- und Eskalationsstufen anregen. Nicht das „Wie oft?" und „Wie lange?" irgendwelcher Handlungen wäre dann relevant, sondern die erreichte „Mobbing-Stufe" (NEUBERGER 1999, S. 187). Die Tatsache der Unterlegenheit einer Partei ab einem bestimmten Zeitpunkt berücksichtigt GLASL in seinem Modell leider nicht (SCHLAUGAT 1999, S. 42). Zur Differenzierung der beiden Termini ‚Mobbing' und ‚Konflikt' wäre festzuhalten, dass Mobbing nicht der Konflikt selbst, sondern dessen Eskalation ist (KOLODEJ 1999, S. 87). Nach Auffassung des Autors ließe sich Mobbing ab der 3./4. Eskalationsstufe einordnen.

Weitere wertvolle Aspekte zur Konfliktentwicklung bietet die **Transaktionsanalyse nach Eric BERNE** (HARRIS 1996). Von einer Transaktion (Interaktion zwischen mehreren Personen) kommt es zum Konflikt und in dessen Folge Mobbing, wenn verschiedene Ich-Zustände in einer Nichtkomplementär- oder Überkreuz-Transaktion kommunizieren und Minderwertigkeitsgefühle („Nicht ok" als vorherrschende Lebensanschauung) zutage treten. Dies unterstützt die Vermutung (siehe Kapitel E. 1.1), dass Konflikte und Mobbing vor allem im Arbeitsleben von Personen ausgehen, die versuchen, defizitäres Selbstbewusstsein durch aggressives Verhalten zu kompensieren.

E. 2.2 Stresstheoretische Erklärung

E. 2.2.1 Der Stress-Begriff

Mobbing wird von den meisten Forschungsgruppen in einen stresstheoretischen Kontext gestellt. Dies erscheint sinnvoll, da ein zentraler Gesichtspunkt in der Verknüpfung einer betrieblichen Belastungssituation (Konflikte mit Kollegen, Vorgesetzten oder Untergebenen) und den zum Teil verheerenden gesundheitlichen Folgen von Mobbingbetroffenen liegt (ZAPF 1999, S. 2). Insbesondere LEYMANN (1995c, S. 42ff; 2002www) zieht deutliche Parallelen zwischen Mobbing und dem biologischen Stresskonzept über den Aspekt der posttraumatischen Stressbelastung. Mobbing lässt sich als eine extreme Form sozialer Stressoren einordnen (KNORZ/ZAPF 1996). Stressoren sind Merkmale, die mit einer gewissen Wahrscheinlichkeit Stress auslösen (a.a.O., S. 12). Jedoch ist Mobbing lediglich eine Teilmenge der sozialen Stressoren, die sich zu Mobbing durch ihre hohe Intensität, Systematik und Gerichtetheit auf eine oder mehrere bestimmte Personen entwickeln (ZAPF 1999, S. 2; siehe Kapitel B. 2.1).

Eine Vielzahl betrieblicher und außerbetrieblicher Faktoren und Bedingungen können als Stressoren interpretiert werden. In Bezug auf die Art (Positivum und Negativum) betrieblicher Stressoren führt COOPER (1981, S. 285) aus: „*Ein Überblick über die Literatur erbrachte eine erschreckend lange Liste von Faktoren, die von Forschern als Ursachen für Streß identifiziert wurden [...] Beinahe jeder berufliche Bereich ist für irgendjemanden zu irgendeinem Zeitpunkt stressauslösend. Häufig sind eine Situation und ihr genaues Gegenteil gleichermaßen stressauslösend.*" DUNCKEL/ZAPF (1986, S. 26ff) können folgende Gruppen betrieblicher Stressoren unterscheiden:

(1) **Die Arbeitsaufgabe oder der Arbeitsinhalt:** Arbeitskomplexität und Handlungsspielraum, Variabilität sowie Konzentration und Zeitdruck;
(2) **die Arbeitsorganisation:** ablauforganisatorische Probleme, Kooperations- und Zeitzwänge;
(3) **die Umgebungsbedingungen:** Einflüsse physikalischer Art wie Lärm, Hitze, Schmutz etc.;
(4) **die sozialen Bedingungen am Arbeitsplatz:** sozialer Stress, Kommunikation/Isolation und soziale Unterstützung;
(5) **die sonstigen betrieblichen Rahmenbedingungen:** Arbeitsplatzsicherheit, Aufstiegsmöglichkeiten, Arbeitszeit, Mitwirkungsmöglichkeiten etc.

Eine Stressempfindung kann sich aus jeder einzelnen dieser Stressquellen oder einer Kombination jener ableiten. Abbildung 24 verdeutlicht die Beziehungen zwischen den einwirkenden betrieblichen

Umwelt-Stressoren auf die Persönlichkeit (und deren moderierenden Einflussvariablen) sowie möglichen resultierenden Konsequenzen (z.B. Erleben von Mobbing).

Abbildung 24: Modell zur Analyse des Job-Stress (verändert nach STAEHLE 1991, S. 232)

Moderierenden Einfluss auf Stress wird auch den Variablen Handlungsspielraum (Grad an Autonomie und Kontrolle, der in einer Arbeitssituation zugestanden wird) und soziale Unterstützung (Ausmaß an emotionaler und instrumenteller Hilfe durch das soziale Umfeld) zugestanden (NIEDL 1995b, S. 152ff; siehe Kapitel D. 2.1.3). Hohe Belastungen sind nach KARASEK/THEORELL (1990, S. 31ff) nur dann als negativ zu bewerten, wenn kein ausreichender Handlungsspielraum gegeben ist (*high-strain job*). Ist dieser vorhanden, werden hohe Belastungen als Herausforderung interpretiert (*active job*).

Mobbing ist einerseits dadurch charakterisiert, die aufgeführten Stressoren absichtlich bzw. „künstlich" zu produzieren und auf den Betroffenen anzuwenden. Andererseits können diese Stressoren mit Mobbing auch sekundär einhergehen: So kann der Stressor „ablauforganisatorische Probleme" erst durch isolierende Mobbinghandlungen auftreten, oder es entwickelt sich eine Mobbing-Problematik unter mit dem Stressor „Zeitdruck" belasteten Arbeitnehmern.

DUNCKEL/ZAPF (1986, S. 14) definieren Stress bezogen auf den Arbeitsplatz als *„ein Ungleichgewichtszustand zwischen der Umwelt und den persönlichen Voraussetzungen. Dieser Ungleichgewichtszustand ist persönlich bedeutsam und wird von der Person als unangenehm erlebt"*. Den teilweise sehr unterschiedlichen Ansätzen der Stresstheorie ist die Annahme gemeinsam, dass Stress eine Art Ungleichgewichtszustand, eine Instabilität ist, was auf eine „abnormale" Anforderung aus der Umgebung zurückzuführen ist (SEMMER 1980, S. 486). In diesem Sinne könnte Mobbing am Arbeitsplatz als abnormale berufliche Anforderung an ein Organisationsmitglied aufgefasst werden.

E. 2.2.2 Das transaktionale Stresskonzept

Die **reaktions-/aktivationsorientierten** Ansätze verstehen Stress nicht als Auslöser für bestimmte Reaktionen, sondern als die Reaktion selbst. SELYE (1988, S. 58) definiert Stress allgemein als *„die unspezifische Reaktion des Körpers auf jede Anforderung, die an ihn gestellt wird"*. In einem solchen Verständnis müsste Mobbing als schädlicher Reiz aufgefasst werden, der eine unspezifische Reaktion im Sinne des „Allgemeinen Adaptionssyndroms" auslöst. Im **stimuluszentrierten** Ansatz hingegen werden Bedingungen in der Umgebung des Individuums – wie etwa neuartige, schmerzhafte oder intensive Reize von großer Bedeutung („life events" wie Krankheit, Katastrophen, sexuelle Belästigung am Arbeitsplatz, Mobbing etc.) oder die Abwesenheit von Stimuli (z.B. bei monotoner Arbeit) – als Stress interpretiert (SEMMER 1980, S. 486). Mobbing würde in diesem Sinne entweder als soziales „life-event" verstanden (z.B. schwere Kränkung durch Menschen am Arbeitsplatz, Existenzbedrohung) oder als singulärer Stimulus charakterisiert werden (NIEDL 1995b, S. 146).

Aus der Kritik an den zu mechanistischen Stimulus- und Responseansätzen (SEMMER 1980, S. 486) entwarf LAZARUS bereits 1966 sein noch heute anerkanntes **transaktionales Konzept**. Stress stellt sich demnach als eine Auseinandersetzung (kognitive Prozesse) – als Transaktion – der Person mit den sie umgebenden Bedingungen dar. Sowohl Auslösebedingungen als auch Reaktionen werden unter dem Stressbegriff subsumiert. Person und Umwelt sind durch komplexe Wechselwirkungen sowie komplizierte Rückkopplungen miteinander verbunden und verändern sich im Laufe der Beziehung (SCHLAUGAT 1999, S. 48; siehe Kapitel D. 1.4). Zentral für das transaktionale Konzept sind die Elemente (kognitive) Bewertung *(appraisal)* und Bewältigungsprozesse *(coping)*. Durch subjektive Bewertung erfolgt eine Einschätzung über die Relevanz einer Situation hinsichtlich des persönlichen Wohlbefindens (=**primäre Bewertung**) und über den Bedrohungscharakter einer Situation hinsichtlich verfügbarer Bewältigungsfähigkeiten und -möglichkeiten (=**sekundäre Bewertung**) (LAZARUS/LAUNIER 1981, S. 233). So kann z.B. die Wahrnehmung einer Person, nicht über ausreichend und flexibel verwendbare Qualifikationen zu verfügen (=Bewältigungsfähigkeit), einen entscheidenden Einfluss auf die Bewertung einer Arbeitssituation (z.b. Mobbing) als bedrohlich (=primäre Bewertung) haben (a.a.O., S. 238ff). Die *„Problemsituation wird zur Streßsituation, da die Person das Ereignis als negativ für das eigene Wohlbefinden einschätzt und nicht über ausreichende Möglichkeiten der Situationsbewältigung verfügt"* (DUNCKEL 1985, S. 24).

Von der deutschen Forschergruppe um GREIF wird Stress im **handlungstheoretischen Ansatz** als Problem der Handlungsregulation bzw. Minder- oder Fehlregulation begriffen. GREIF (1991, S. 13) konkretisiert den Bewertungsprozess des transaktionalen Konzepts: *„'Streß' ist ein subjektiv empfundener unangenehmer Spannungszustand, der aus der Befürchtung entsteht, daß eine stark aversive, subjektiv zeitlich nahe (oder bereits eingetretene) und subjektiv lang andauernde Situation sehr wahrscheinlich nicht vollständig kontrollierbar ist, deren Vermeidung aber subjektiv wichtig erscheint."* Im Sinne des transaktionalen Konzeptes entsteht Stress also dann, wenn die Beziehung zwischen der Umwelt und einer Person gestört ist. LAZARUS/LAUNIER (1981, S. 226) verstehen somit Stress als jedes Ereignis, *„in dem äußere oder innere Anforderungen (oder beide) die Anpassungsfähigkeit eines Individuums, eines sozialen Systems oder eines organischen Systems beanspruchen oder übersteigen"*. Der **Person-Environment-Fit-Ansatz** von FRENCH et al. (1974) fokussiert ebenfalls auf diesen Zusammenhang: Demnach entsteht Stress als Folge einer mangelhaften Kongruenz (sogenannter „misfit") zwischen den Eigenschaften/Bedürfnissen einer Person und den Eigenschaften/Anforderungen ihrer Umwelt. Im Gegensatz zu LAZARUS/LAUNIER (1981) werden auch Situationen der Unterforderung (z.B. bei monotonen Arbeitsabläufen) integriert, was der Mobbing-Problematik besser gerecht wird. Kapitel C. 1.3 zeigt, dass **systematische** Mobbinghandlungen exakt darauf abstellen, dieses Ungleichgewicht zwischen Arbeitswelt und Individuum herzustellen. Trotz einzelner kritischer Einwände (DUNCKEL 1985, S. 28; SCHLAUGAT 1999, S. 52) werden die Kernelemente der Konzeption von LAZARUS – die Beachtung sowohl objektiver Bedingungen als auch subjektiver Bewertungen – allgemein akzeptiert.

Mobbing wurde bei den meisten Autoren, stresstheoretisch gesehen, bislang reizdefiniert; als Reaktionen gelten die allgemeinen Stressindikatoren, die in der Literatur behandelt werden. Bei SCHLAUGAT (1999) findet man eine gelungene Anwendung des transaktionalen Konzeptes auf das Mobbinggeschehen (siehe Kapitel D. 1.4). Die Stressdefinition steckt einen weiteren inhaltlichen Rahmen als nur Mobbing ab – Mobbing stellt vermutlich eine spezifische extreme Form von Stress dar (a.a.O., S. 52ff). Im Gegensatz zu den Stressmodellen präsentiert sich Mobbing als eine Kette verschiedener Stressreize oder Belastungen und ist nicht ein explizites Ereignis einer kurzfristigen episodischen Person-Umwelt-Auseinandersetzung. Stress müsste daher als langzeitiges Geschehen aufgefasst werden.

F.

Lösungsmöglichkeiten und rechtliche Grundlagen

F.1 Lösungsmöglichkeiten

In nahezu jeder Mobbing-Literatur findet sich eine Aufstellung von „Anti-Mobbing-Maßnahmen" (LEYMANN 1993b; HESSE/SCHRADER 1995; ARDELT et al. 1993; KOLODEJ 1999), die auf der Individual-, Gruppen- oder Organisationsebene ansetzen oder alternativ in Prävention, Intervention und Rehabilitation klassifiziert sind. Diese Differenzierung soll hier verlassen werden, stattdessen wird eine Grobeinteilung nach „innerbetrieblich" (Kapitel F. 1.1), „außerbetrieblich" (Kapitel F. 1.2) und „individuell" (Kapitel F. 1.3) vorgeschlagen. Wichtig scheint bei Gegenmaßnahmen zusätzlich die Beachtung des Prozesscharakters von Mobbing: Nach GLASL (1992) ist die Erfolgswahrscheinlichkeit verschiedener Interventionen je nach erreichter Mobbing-Phase äußerst unterschiedlich.

F. 1.1 Maßnahmen durch das (Personal-) Management

Im Rahmen der Analyse von Ursachen betrieblicher Bedingungen (siehe Kapitel E. 1.2.1 bis E. 1.2.5) ist bereits auf eine Vielzahl von Missständen in Unternehmen eingegangen worden: Arbeitsorganisation, Aufgabengestaltung der Arbeit, Führungsverhalten, Unternehmenskultur und -kommunikation etc. Bei der Darstellung (betrieblicher) Lösungsmöglichkeiten möchte der Verfasser auf eine spiegelbildliche Repetition der Mobbingursachen als „Heilmittel" gegen Mobbing verzichten. Zudem sind bereits einige Ansätze zu Verbesserungsmöglichkeiten aufgezeigt worden, die vor allem auf die **Reduzierung mobbingbegünstigender betrieblicher Faktoren** als Prävention abzielen und an dieser Stelle kurz plakativ zusammengefasst werden (MESCHKUTAT et al. 2002, S. 134ff; NEUBERGER 1999, S. 114; KOLODEJ 1999, S. 114-146):

- Schaffung klarer arbeitsorganisatorischer Strukturen, Aufgaben und Verantwortlichkeiten,
- offensive Information und transparente Entscheidungen,
- beteiligungsorientierte Gestaltung von Planungs- und Entscheidungsprozessen (z.B. Moderation, betriebsinternes Coaching, Mitarbeitergespräche),
- Abbau vorhandener Defizite im Führungsverhalten durch Schulungen zur Mitarbeiterführung, Motivation, Kommunikation, Kooperation und zum Konfliktmanagement (siehe Kapitel E. 2.1),
- Entwicklung eines Gefühls für kritische Situationen, in denen das Betriebsklima gefährdet ist (z.B. in Phasen dynamischer Personal- und Organisationsentwicklung); darüber hinaus Begleitung durch Informationsveranstaltungen und Weiterbildungsangebote (z.B. zur Vorbereitung auf neue fachliche Aufgaben oder zur Teamentwicklung), um Klarheit über die zukünftige Organisationsentwicklung herzustellen und damit Verunsicherungen zu reduzieren sowie Akzeptanz für den Erneuerungsprozess zu erhöhen,
- Sensibilisierung, Aufwertung und Aufklärung für/über die Thematik Mobbing, insbesondere durch die Unternehmensleitung, Vorgesetzte, Personal- bzw. Betriebsräte, Gleichstellungsbeauftragte und spezielle Arbeitskreise, um Verhaltensweisen und Einstellungen der Mitarbeiter zu ändern (z.B. Informationen im Rahmen von Betriebs-/Personalversammlungen, in Firmenzeitschriften, als Aushänge etc., Schulungen betrieblicher Akteure wie Vorgesetzte und Interessenvertretungen),
- Vorbildfunktion durch das Vorgesetztenverhalten: Ächtung von Mobbing als Mittel zum Umgang mit Konflikten,
- Gestaltung von Leitbildern, Grundsätzen und Selbstverpflichtungen der fairen Zusammenarbeit im Rahmen der Unternehmenskultur und -kommunikation („weiche Instrumente"),
- Durchführung von Mitarbeiterbefragungen (z.B. zur Arbeitszufriedenheit oder zu Arbeitszeitwünschen) durch die Betriebsleitung oder die Interessenvertretung in Verbindung mit Organisationsentwicklung,

- Personalauswahl und -entwicklung (Fach- und Sozialcoaching, Patenschaften, Exit-Interviews als post-aufklärendes Mobbing-Instrument etc.; siehe Kapitel F. 1.1.1).

Generalisierende Aussagen über die allzeit „richtige" Ausgestaltung von Arbeitsorganisation, Aufgabengestaltung der Arbeit, Führungsverhalten, Unternehmenskultur etc. sind kaum möglich. Analog dem Ansatz der Situationstheorie (STAEHLE 1991, S. 322; siehe Kapitel E. 1.2.3) entscheidet eine Vielzahl von Variablen (Branche, Betriebsgröße, politische und wirtschaftliche Umgebungsfaktoren, weiterer situativer Kontext etc.) im konkreten Einzelfall über die erfolgreiche und effiziente Wirkung spezifischer betrieblicher Bedingungen auf das Mobbinggeschehen in der Organisation.

In den folgenden Kapiteln F. 1.1.1 bis F. 1.1.3 werden daher mehr „allgemeingültige" Managementbilder (die den Arbeitnehmer nicht als „homo oeconomicus", sondern als Menschen mit diversen Bedürfnissen betrachten) und arbeitsorganisatorische Gestaltungen vorgestellt sowie sich auf Instrumente (u.a. der Personalpolitik) konzentriert, die im präventiven Sinne vor allem strukturell empfundenem Mobbing entgegenwirken sollen. Der Einsatz dieser Maßnahmen liegt zeitlich in der Regel weit vor dem Konflikt.

F. 1.1.1 Von der Personalverwaltung zum Human Resource Management (HRM)

Klassischerweise kommt dem Personalwesen im Unternehmen die Aufgabe zu, den Faktor ‚Arbeit' an die zuvor personenunabhängig entworfenen Arbeitsstrukturen, die Organisation, anzupassen („Personal wird verwaltet"). *„Die einzelnen Unternehmensbereiche melden einen Personalbedarf, die Personalabteilung hat die personellen Ressourcen in der gewünschten Quantität und Qualität, zur rechten Zeit und am rechten Ort bereitzustellen. Das benötigte Personal wird beschafft, ausgelesen, nach der Einstellung verwaltet..."* (STAEHLE 1991, S. 718). Nicht (mehr) benötigtes Personal wird entlassen, verrentet, abgefunden. Diese Objektstellung und Instrumentalfunktion des Personals im „Traditionellen Modell" (Tabelle 11) missachtet die mittlerweile vielfältigen Bedürfnisse (z.B. nach Selbstverwirklichung, Mitbestimmung, Autonomie und Freiheit) des Menschen am Arbeitsplatz und versteht den Arbeitnehmer als fremdbestimmten, (lohn-)abhängigen Beschäftigten, der kontrolliert werden muss (TÜRK 1981, S. 27). Auch wenn eine Änderung der Abhängigkeitsverhältnisse kaum möglich erscheint, so hängt der Erfolg einer Unternehmung – mit geringer Mobbingbetroffenheit – in besonderem Maße von der richtigen Auswahl, Entwicklung und Entlohnung sowie dem richtigen Einsatz und Training der menschlichen Ressourcen ab (STAEHLE 1991, S. 718).

Im „Human Relations Modell" wird ebenso wie beim „Human Resource Management" Personalarbeit nicht auf die bloße Anwendung von Personaltechniken, wie Personalplanung, -einsatz, -entwicklung oder -entlassung reduziert, sondern die Wertschätzung des Personals ist gestiegen und hat zu dessen Anerkennung als strategischer Erfolgsfaktor der Unternehmung geführt (Tabelle 11). Diese Sichtweise dürfte bei der Unternehmensleitung eine Sensibilität für Mobbing schaffen, die mobbingverursachendes Vorgesetztenverhalten (siehe Kapitel E. 1.2.3) sanktioniert und reduziert. Das HRM strebt eine Gleichstellung der Personal- mit der Unternehmenspolitik an und versucht, die Personalpolitik vor die Gestaltung der Unternehmensstruktur (Organisation) zu stellen (STAEHLE 1991, S. 719), so dass die Arbeitsorganisation entsprechend den Bedürfnissen und Motiven der Mitarbeiter ausgestaltet wird. Das Management von wenig erfolgreichen Unternehmen, in denen zudem Mobbing gedeihen kann, hat einen Einstellungswandel verpasst: Nicht zuletzt aufgrund der chronischen Knappheit hochqualifizierter Fachleute und der zentralen Bedeutung einer hochmotivierten Stammbelegschaft für den Unternehmenserfolg muss heute das Personal als Pool von Ressourcen angesehen werden, den es gezielt aufzubauen, zu pflegen und anforderungsgerecht weiterzubilden gilt (KOSSBIEL 1982, S. 5ff). Zukünftig dürfte sich allerdings für die beliebig disponierbaren Randbelegschaften, die kein notwendiger Adressat betrieblicher Weiterbildung sind, weiter Mobbing als spezifisches (strukturelles) Problem darstellen.

Tabelle 11: Das Bild vom Mitarbeiter in drei Managementmodellen nach MILES (1975) (in STAEHLE 1991, S. 722)

		Traditionelles Modell	Human Relations Modell	Human Resources Modell
Annahmen		1. Die meisten Menschen empfinden Abscheu vor der Arbeit.	Menschen wollen sich als bedeutend und nützlich empfinden.	Menschen wollen zu sinnvollen Zielen beitragen, bei deren Formulierung sie mitgewirkt haben.
		2. Lohn ist wichtiger als die Arbeit selbst.	Menschen benötigen Zuneigung und Anerkennung. Dies ist im Rahmen der Arbeitsmotivation wichtiger als Geld.	Die meisten Menschen könnten viel kreativere und verantwortungsvollere Aufgaben übernehmen, als es die gegenwärtige Arbeit verlangt.
		3. Nur wenige können oder wollen die Aufgaben übernehmen, die Kreativität, Selbstbestimmung und Selbstkontrolle erfordern.		
Empfehlungen		1. Der Manager hat seine Untergebenen eng zu überwachen und zu kontrollieren.	Der Manager sollte jedem Arbeiter ein Gefühl der Nützlichkeit und Wichtigkeit geben.	Der Manager sollte verborgene Anlagen und Qualitäten der Mitarbeiter nutzen.
		2. Er soll Aufgaben in einfache, repetitive, einfach zu lernende Schritte aufteilen.	Er soll seine Mitarbeiter gut informieren, auf ihre Einwände hören.	Er soll eine Atmosphäre schaffen, in der die Mitarbeiter sich voll entfalten können.
		3. Er soll detaillierte Arbeitsanweisungen entwickeln und durchsetzen.	Er soll den Mitarbeitern Gelegenheit zur Selbstkontrolle bieten.	Er soll Mitbestimmung praktizieren und dabei die Fähigkeit zur Selbstbestimmung und Selbstkontrolle entwickeln.
Erwartungen		1. Menschen ertragen die Arbeit, wenn der Lohn stimmt und der Vorgesetzte fair ist.	Informationen und Mitsprache befriedigen die Bedürfnisse nach Anerkennung und Wertschätzung.	Mitbestimmung, Selbstbestimmung und Selbstkontrolle führen zu Produktivitätssteigerungen.
		2. Wenn die Aufgaben einfach genug sind und die Arbeiter eng kontrolliert werden, erreichen sie das Soll.	Die Befriedigung dieser Bedürfnisse führt zur Zufriedenheit und baut Widerstände gegen die formale Autorität ab.	Als Nebenprodukt kann auch die Zufriedenheit steigen, da die Mitarbeiter all ihre Fähigkeiten nutzen können.

Für jede Organisation – insbesondere für Vorgesetzte – sollte ein konstruktiver und offensiver Umgang mit berechtigter Kritik oberstes Gebot sein. Dies begünstigt ein Diskussionsklima, aus dem Verbesserungen des Führungsverhaltens, der Arbeitsorganisation, der Organisationsstrukturen oder der Zusammenarbeit resultieren. Im traditionellen „Vorschlagswesen" oder neueren (Management-) Konzepten, wie **„Kontinuierliche Verbesserungsprozesse** (KVP)", bis hin zu Konzepten lernender Organisationen wird dieses Diskussionsklima strategisch erzeugt (MESCHKUTAT et al. 2002, S. 132). Weitere Ansätze, wie beispielsweise das Konzept des **„Managing Diversity"**, haben erkannt, dass insbesondere „Außenseiter" – Mitarbeiter, die oft aufgrund ihres abweichenden Arbeits- und Lebensstils oder auffälligen Aussehens durch einen (kollektiven) Anpassungsdruck schikaniert werden (siehe Kapitel E. 1.1.1) – besondere Potentiale darstellen, die sich Organisationen zu Nutze machen können. Dieses Managementbild basiert darauf, dass durch eine „diverse" vielfältige Belegschaft, die als Abbild aller gesellschaftlichen Strömungen gelten kann, besondere Marktvorteile zu realisieren sind (a.a.O.).

Etwas konkreter und ins Detail geht der Ansatz der **wertorientierten Personalpolitik**, die BMW bereits vor einigen Jahren einführte, um die Distanz zwischen den gesellschaftlichen Werten und der Wertewelt des Unternehmens zu reduzieren (SCHWARZ 1989, S. 258ff; siehe Kapitel E. 1.3.2). Durch das

„Abdecken des Wertespektrums der Mitarbeiter" soll eine Identifikation und in der Folge eine Erhöhung der Leistungsmotivation erreicht werden (a.a.O., S. 258), welche bei Mobbingsituationen häufig gestört ist (siehe Kapitel D. 2.2.3, Absatz b). Beispielhaft zeigt Tabelle 12 die Realisierung des Wertebereichs „Individualität und Selbstständigkeit" in der konkreten Personalpolitik. Für insgesamt 16 weitere aktuelle gesellschaftliche Grundwerte hat BMW strukturelle und personalpolitische Maßnahmen entwickelt, die ermöglichen sollen, die Ziele der Mitarbeiter mit den Zielen des Unternehmens abzustimmen (SCHWARZ 1989, S. 260ff) und somit Arbeitsunzufriedenheit und in der Folge Mobbing zu verhindern.

Tabelle 12: Wertorientierte Personalpolitik bei BMW am Beispiel des Wertebereiches „Selbständigkeit und Individualität" (in SEIDLER 1997, S. 78)

Realisierung von Werten in der konkreten Personalpolitik			
Gesellschaft/Mitarbeiter		Personalpolitik	
Grundwerte	Ziele	Strategien/Konzepte	Instrumente/Maßnahmen
- Selbständigkeit und Individualität	- Schaffung persönlicher Freiräume und Wahlmöglichkeiten	- Flexibilisierung des Zusatzleistungsprogramms	- Cafeteria-System
		- Flexibilisierung der Arbeitszeit	- Teilzeit - Trennung von Arbeitszeit/Betriebszeit - Gleitzeit - Brückentageregelungen - vorzeitige Pensionierung - alternative Schichtpläne
	- Förderung der Selbständigkeit	- Förderung der Übernahme persönlicher bzw. gemeinsamer Verantwortung	- Führungsstil - Prinzipien der Delegation (Übertragung von Aufgaben, Befugnissen und Verantwortung) - Projektmanagement/ Teamarbeit
		- System der Zielvereinbarung	- Beteiligung der Mitarbeiter an der Zielvereinbarung
		- Beteiligung der Betroffenen an Entscheidungen	- Lernstatt/Qualitätszirkel - Organisationsentwicklungsmaßnahmen - Einbeziehung der Mitarbeiter in Arbeitsgestaltungskreise

F. 1.1.2 Komplexe Gestaltung der Arbeitsaufgaben

Einerseits kann Zufriedenheit von Mitarbeitern, vermittelt über den Gesundheitszustand, durch Maßnahmen zur Prävention von Erkrankungen, durch Informationsangebote und eine Reduktion von Belastungsgrößen erreicht werden. Eine längerfristige Arbeits- und Anwesenheitsmotivation kann allerdings nur über eine tatsächliche Veränderung bzw. Verbesserung der Motivierungspotentiale von Arbeitstätigkeiten und durch Berücksichtigung der Motive der Person erzielt werden. Diese Motivierungspotentiale können mit der Schaffung vollständiger Aufgaben, der Delegation von Verantwortung, der Bildung teilautonomer Gruppen und der Einführung partizipativer Führung erfüllt werden (KLEINBECK/WEGGE 1996, S. 169; siehe Kapitel D. 2.2.3, Absatz b und F. 1.1.3). An dieser Stelle soll auf die Arbeitsstrukturierung der Aufgaben näher eingegangen werden. Bei der Aufgabengestaltung ihrer Arbeit berichten Mobbingbetroffene häufig von verringertem Handlungsspielraum und Über- bzw. Unterforderung (siehe Kapitel E. 1.2.2). Ziel der Arbeitsstrukturierung ist es, den Arbeitsinhalt sowohl nach ökonomischen als auch nach humanen Kriterien zu gestalten. Während bei der Arbeitsinhalts-Verkleinerung (Arbeitsteilung, Spezialisierung) in der Tradition TAYLORs überwiegend ökonomische Überlegungen dominieren, zielen Arbeitsinhalts-Vergrößerungen zugleich auch auf die Herstellung von Arbeitssystemen ab, die auf die Bedürfnisse des arbeitenden Menschen zugeschnitten sind (STAHLE 1991, S. 647) und somit dem Erleben der Arbeitserledigung als Mobbing entgegenwirken.

Jeder Arbeitsinhalt ist mit einem mehr oder weniger umfangreichen Handlungsspielraum verbunden, der sich aus der (a) **horizontalen Dimension des Tätigkeitsspielraums** (quantitative Arbeitsinhalts-Vergrößerung wie Arbeitserweiterung und -wechsel) und der (b) **vertikalen Dimension des Entscheidungs- und Kontrollspielraums** (qualitative Arbeitsvergrößerung, z.B. Arbeitsbereicherung) zusammensetzt (ULICH 1972). Abbildung 25 zeigt Möglichkeiten der Erweiterung des Handlungsspielraums.

Abbildung 25: Möglichkeiten der Erweiterung des Handlungsspielraums (STAEHLE 1991, S. 648)

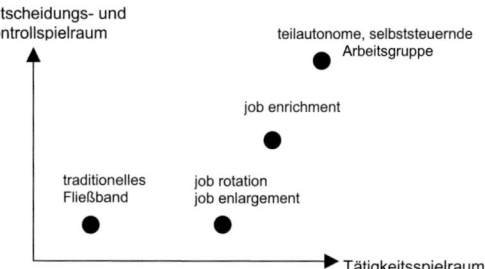

Das Konzept des **job enlargement** vergrößert den quantitativen, horizontalen Arbeitsinhalt: So werden beispielsweise verschiedene Tätigkeiten, die bislang von mehreren Personen ausgeübt wurden, zu einer Einmann-Aufgabe zusammengefasst, so dass ein Arbeitnehmer u.U. ein Produkt komplett selbst herstellt. Damit wird Monotonie verringert und die Identifikation mit der eigenen Arbeitsleistung erhöht (STAEHLE 1991, S. 648). **Job rotation** gilt ebenfalls als eine horizontale Form der Reorganisation von Arbeit. Sie beinhaltet ein geplantes Rotieren zwischen Arbeitsplätzen mit unterschiedlichen Arbeitsinhalten. Die Häufigkeit des Wechsels und die Verweildauer auf einem Arbeitsplatz können je nach den Bedürfnissen der Arbeiter und des Managements unterschiedlich geregelt werden. Mit diesem Konzept sollen einseitige Belastungen abgebaut, mehr Abwechslung gefördert und damit die Arbeitszufriedenheit gesteigert sowie Mobbing verhindert werden. Darüber hinaus sollen über eine (bescheidene) Weiterqualifikation die Einsatzmöglichkeiten der Mitarbeiter und damit deren Flexibilität erhöht werden. Werden allerdings die als monoton empfundenen Arbeitsplätze beibehalten oder ist Mobbing auf der Vorgesetztenebene in allen Abteilungen verbreitet, so bedeutet dies für den Arbeiter nur einen Wechsel von einer langweiligen oder schikanösen Arbeit zur anderen. Außerdem kann mit dem häufigen Arbeitsplatzwechsel das Bedürfnis nach stabilen sozialen Kontakten während der Arbeit nicht befriedigt werden, so dass möglicherweise job rotation als Arbeitsstrukturierungskonzept selbst bei den Betroffenen als Mobbing wahrgenommen wird (STAEHLE 1991, S. 649).

Einen Schritt weiter gehen die Ansätze zur qualitativen, vertikalen Vergrößerung des Arbeitsinhalts (**job enrichment**), bei denen neben der Addition von Arbeiten vergleichbarer Schwierigkeiten Managementaufgaben wie Planung und Kontrolle integriert werden. Dieses Konzept geht auf die theoretischen Überlegungen der Zwei-Faktoren-Theorie von HERZBERG (siehe Kapitel C. 1.3 und D. 2.2.3, Absatz b) zurück, wonach Arbeitszufriedenheit u.a. durch die Arbeit selbst erreicht werden kann, und zwar unter der Voraussetzung, dass sie stimulierend und sinnhaft ist und Gelegenheit zur Entwicklung, Anerkennung und Höherqualifikation bietet. Wie bei job rotation gilt auch für job enrichment, dass Arbeitsinhalts-Vergrößerung nicht generell Zufriedenheit und Leistung erhöht und starke Arbeitsteilung nicht prinzipiell zu Langeweile, Unzufriedenheit und Mobbing führt (a.a.O.). Die Verhaltenswirkungen unterschiedlicher Arbeitssysteme sind ganz entscheidend von den jeweiligen Bedürfnissen und Einstellungen der Mitarbeiter abhängig. In empirischen Untersuchungen finden sich immer wieder Hinweise darauf, dass bestimmte Arbeitnehmer repetitive, monotone Tätigkeiten vorziehen und/oder großen Handlungsspielraum und Verantwortung ablehnen (STAEHLE 1991, S. 649ff; FRESE et al. 1994). Für solche Mitarbeiter kann job enrichment als Mobbing wirken und ist weniger eine präventive Maßnahme zu dessen Verhinderung.

F. 1.1.3 Dezentrale Organisationsformen als Lösung

Vor allem bürokratische Organisationen (siehe Kapitel E. 1.2.1) scheinen die Entwicklung von Mobbing zu begünstigen, andererseits können auch dezentrale Organisationsformen Mobbing strukturell induzieren (siehe Kapitel E. 1.4.2). Die Mobbing-Gefahr in dezentralen Organisationen muss jedoch nicht zwingend größer sein als bei anderen Organisationsformen (KRÄKEL 1997, S. 550). Insbesondere durch komplementäre Maßnahmen können neuere dezentrale Organisationen – im Vergleich zu bürokratischen – die Entstehung von Mobbing verringern. In Kapitel F. 1.1.3 (Absatz b) werden die zahlreichen personalpolitischen Instrumente, die Mobbing einerseits verhindern und andererseits für die Unterstützung dezentraler Organisationsformen besonders geeignet sind, vorgestellt.

(a) Positive Veränderungen durch dezentrale Organisationsstrukturen
Eine Zunahme von Mobbing in dezentralen Organisationen wurde vor allem durch den mit dem Hierarchieabbau einhergehenden **Wettbewerbs- und Knappheitseffekt** begründet. Karrierepfade von Mitarbeitern müssen jedoch nicht strikt hierarchieaufwärts gerichtet sein, was insbesondere für dezentrale Organisationen und (dadurch) flache Hierarchien gilt. Hier werden horizontale Karriereschritte verstärkt durch vertikale Aufstiegsmobilität substituiert. Auch wenn Arbeitnehmer weiterhin hierarchisch aufsteigen können (z.B. in ein höheres Team), liegt der Schwerpunkt jedoch bei horizontalen Karriereschritten in Form von Versetzungen zwischen den verschiedenen Teams. Diese Versetzungen führen nicht zwingend zu höherer Entlohnung, so dass sich keine direkten ökonomischen Anreize für Mobbing ergeben. Möglicherweise lässt sich die Mobbing-Gefahr über eine duale Hierarchie, die parallel zur Weisungshierarchie angelegt wird, noch weiter verringern. Hierin müssten zusätzliche hierarchische Aufstiegsmöglichkeiten geschaffen und/oder Aufstiegskontrahenten voneinander getrennt werden (KRÄKEL 1997, S. 550ff). Durch den Übergang auf dezentrale Organisationsformen verringert sich schließlich die Gefahr von vertikalem Mobbing, da Vorgesetzte einen großen Teil ihrer **Sanktionsmacht** gegenüber untergeordneten Teammitgliedern verlieren. Damit entschwindet letztlich die Basis für zahlreiche, in bürokratischen Organisationsformen noch mögliche Mobbing-Aktivitäten („Schikanierung von Untergebenen") (a.a.O., S. 551).

Der statistische Effekt, dass mit der erhöhten Anzahl der **Arbeitskontakte** eine Zunahme möglicher Mobbing-Kontakte einhergeht, kann bereits mit entgeltpolitischen Maßnahmen weitestgehend aufgehoben werden (siehe Kapitel F. 1.1.3, Absatz b). Die erwarteten Erträge bzw. erwarteten Kosten aus Mobbing lassen ein solches (Mobbing-)Verhalten bereits für einen einzelnen Arbeitskontakt irrational erscheinen. Zusätzlich wird in Kapitel E. 1.4.2 angeführt, dass das „**Politisierungsdilemma**" verstärktes Mobbing aufgrund von Mikropolitik auslösen kann. Sollten dezentrale Organisationskonzepte optimal implementiert werden, dürfte diese Problematik keine wesentliche Rolle spielen. Zum einen können nen zwischen den Gruppen durch genaue Formulierung von Gruppenkompetenzen Entscheidungsspielräume abgesteckt werden. Zum anderen können Gruppen, die in überschaubarer Größe gestaltet sind, durchaus ohne Dilemma kollektive Entscheidungen treffen und umsetzen. Zudem kann bei ernsten Politisierungsproblemen auch in dezentralen Organisationen immer noch die Unternehmensleitung als Träger der strategischen Unternehmenspolitik in interne Abläufe eingreifen (KRÄKEL 1997, S. 551).

Beim Übergang zu dezentralen Organisationsformen ist durch die Auflösung bisher bestehender **Vertrauensbeziehungen** eine höhere temporäre Mobbing-Gefahr, während sowie unmittelbar nach der Restrukturierung, möglicherweise nicht zu verhindern. Mittel- bis langfristig jedoch entstehen neue Vertrauensbeziehungen, die in Verbindung mit den anderen personalpolitischen Instrumenten die Mobbing-Gefahr sogar verringern (a.a.O.).

(b) Komplementäre personalpolitische Maßnahmen in dezentralen Organisationsformen
Der Übergang auf neuere dezentrale Organisationsformen muss nicht zwangsläufig mit dem Preis erheblicher Mobbing-Probleme (siehe Kapitel E. 1.4.2) erkauft werden. Bei der Implementation der neuen Organisationskonzepte müssen bestehende Komplementaritätseffekte zwischen Personalpolitik und Organisationsgestaltung beachtet werden. Zu einer Organisationsgestaltung existiert üblicherweise eine spezifische Personalpolitik, die die Umsetzung des (dezentralen) Organisationskonzepts unterstützt und horizontale sowie vertikale Mobbing-Aktivitäten verhindern kann (a.a.O., S. 543).

Aktive Entgeltpolitik bei Teamarbeit: Die Unternehmensleitung kann durch ein geeignetes Design des Entlohnungsschemas das Verhalten der Arbeitnehmer so beeinflussen, dass Mobbing aus Sicht des individuellen Arbeitnehmers nicht mehr lohnenswert erscheint (a.a.O., S. 544). Um horizontalem Mobbing aus individuell rationalem Verhalten entgegenzuwirken, sollte die Entlohnung jedes Teammitglieds stärker von übergeordneten Erfolgsgrößen, unter anderem vom Erfolg des eigenen Teams (sowie vom Unternehmenserfolg), abhängen. Jedes Teammitglied würde nun durch horizontales Mobbing die Effizienz des eigenen Teams verringern, den Teamerfolg schmälern und letztlich Selbstschädigung verursachen. Möglicherweise könnte sich jedoch horizontales Mobbing für leistungsstarke gegen leistungsschwache Teammitglieder langfristig lohnen, um diese aus dem Team zu vertreiben und quasi „Olympiamannschaften" aufzubauen (HENSELER 1992, S. 150). Das Problem verschärft sich noch, wenn der Teamchef ebenfalls zu einem beträchtlichen Teil am Teamerfolg beteiligt ist, da der Teamchef dann Mobbing eher unterstützt als verhindert.

Deshalb müssen weitere personalpolitische Regelungen ergänzt werden. Eine Regel wäre die „**Unterbesetzungsdrohung**": Scheidet ein Teammitglied mit typischen Mobbing-Symptomen aus der Arbeitsgruppe aus, so muss das Team eine bestimmte Frist in Unterbesetzung arbeiten. Damit würde es auch aus Sicht der leistungsstärkeren Teammitglieder nicht ratsam sein, leistungsschwächere Kollegen zu tyrannisieren oder zu gesundheitsschädigender Überarbeitung zu zwingen (KRÄKEL 1997, S. 545). Eine ähnliche Wirkung hätte die weitere Regel, **Teams** in regelmäßigen Zeitabständen **neu zusammenzustellen**. Auch bei Ausscheiden eines Mitglieds würden keine personellen Veränderungen oder Neuerungen vorfristig wahrgenommen. Teammitglieder mit geringer Leistungsbereitschaft („Freifahrer-Problem" bei Teamarbeit) würden hingegen durch die Gruppe diszipliniert, damit sie eine individuell adäquate Leistung wählen (HAHNE 1994). Solch eine Disziplinierung kann nur wirksam werden, wenn die Unternehmensleitung für nicht zu große Teams sorgt, damit dessen Mitglieder die Leistungsbereitschaft von der Leistungsfähigkeit eines Individuums differenzieren können (KRÄKEL 1997, S. 546).

Als weitere Maßnahme gegen horizontales und vertikales Mobbing könnte von der Unternehmensleitung sowohl für die Teammitglieder als auch für die Teamchefs (bzw. den Vorgesetzten) ein im Zeitablauf **steigendes Gehaltsfixum** gewählt werden. Analog zum Lohnpfandmodell von LAZEAR (1979) würden in den Anfangsperioden quasi Entlohnungsbestandteile als Pfand zurückbehalten und durch ein im Zeitablauf steigendes Fixum erst später an den Arbeitnehmer ausbezahlt. Ein solcher Arbeitnehmer riskiert, bei nachgewiesenem Mobbing entlassen zu werden und somit seinen Lohnpfand zu verlieren. Seine erwarteten Nachteile werden erhöht und damit sein Kosten-Nutzen-Kalkül als Folge der Entgeltpolitik gezielt verändert (KRÄKEL 1997, S. 546ff). Über eine **qualifikationsabhängige Entlohnung** kann zudem ein Ausgleich für die unterschiedlichen Fähigkeiten der Teammitglieder erreicht werden. Es wurde gezeigt, dass für leistungsstarke Teammitglieder Anreize existieren können, schwächere Mitglieder durch Mobbing zum Verlassen des Teams zu bewegen („olympiareifes Team"). Durch die Berücksichtigung der Fähigkeiten der Arbeitnehmer über eine monetäre Kompensation können diese Mobbinganreize in heterogenen Gruppen verringert werden (a.a.O., S. 547).

Teamarbeit erlaubt definitionsgemäß keine Messung individueller Arbeitsergebnisse, sondern lediglich die Messung eines Teamoutputs sowie eine subjektive Bewertung individueller Leistungsinputs. Hierbei kann eine absolute Bewertung individueller Leistung oder aber eine relative Bewertung im Sinne relativer (subjektiver) Leistungsturniere erfolgen. Gegen horizontales Mobbing bietet sich als personalpolitische Maßnahme dabei an, die **Entgeltunterschiede** zwischen den verschiedenen erreichbaren Rangplätzen zu **verringern**, damit den Teammitgliedern Anreize für Mobbing genommen sind (a.a.O.).

Es existieren also zahlreiche entgeltpolitische Gestaltungsmöglichkeiten, um die Mobbing-Gefahr in Teams zu verringern. Diese Maßnahmen wirken nicht etwa der Intention dezentraler Organisationsgestaltung entgegen, sondern unterstützen sie: Eine stärkere Beteiligung der Mitglieder am Teamerfolg sowie die Bildung überschaubarer Gruppen führt (zusammen mit ergänzenden personalpolitischen Regelungen) sowohl zur Eindämmung des Mobbing als auch zur Verringerung des Freifahrer-Problems und zum verstärkten Wissensaustausch zwischen den Teammitgliedern (HENSELER 1992, S. 158). Über eine qualifikationsabhängige Entlohnung wird ein monetärer Ausgleich für die Heterogenität unter den Teammitgliedern erreicht und gleichzeitig die Gefahr horizontalen Mobbing abgeschwächt. Parallel dazu wird das Erlernen neuer Teiltätigkeiten und ein flexibler Personaleinsatz in dezentralen Organisationen gefördert (KRÄKEL 1997, S. 548).

Durch **job rotation** (siehe Kapitel F. 1.1.2) und Versetzungen der Teammitglieder und/oder Vorgesetzten zwischen verschiedenen Teams kann das Problem horizontalen und vertikalen Mobbing zusätzlich entschärft werden. Mobbing gegen (potentielle) Karrierekonkurrenten im Aufstiegswettbewerb wird vorgebeugt, da die Interaktionsdauer zwischen den Arbeitnehmern verringert wird. Konkurrenten um den betrieblichen Aufstieg können nur relativ kurze Zeit durch Mobbing geschädigt werden, wodurch der erwartete Nutzen eines Arbeitnehmers aus Mobbing sinkt, während die erwarteten Kosten weitgehend unverändert bleiben. Job rotation nimmt in der idealtypischen Form japanischer Arbeitsorganisation einen hohen Stellenwert ein (KRÄKEL 1997, S. 549). Im Prinzip wirkt eine verstärkte monetäre Beteiligung der Arbeitnehmer am Teamerfolg einer kollektiven Leistungszurückhaltung entgegen. Für die Gruppen kann es sich aber trotz der Anreizgestaltung lohnen (z.B. aufgrund sehr hohen Arbeitsleids), eine gemeinsame Leistungszurückhaltung abzusprechen. So muss befürchtet werden, dass horizontales Mobbing gegen individuelle Abweichler eingesetzt wird. Regelmäßige Versetzungen von Arbeitnehmern zwischen Teams können dieses Problem von Mobbing als absprachesichernde Maßnahme weitgehend verhindern. Abweichler müssen nicht mehr befürchten, für ihr Verhalten dauerhaft von der Gruppe bestraft zu werden (a.a.O., S. 548). Auch job rotation/Versetzungen sind nicht nur gegen Mobbing wirkungsvoll einsetzbar, sondern fördern außerdem die Ziele dezentraler Organisationsgestaltung. Arbeitnehmer erlernen vielfältige Tätigkeiten, sind damit flexibler einsetzbar und können bei überraschenden Störungen im Arbeitsprozess schneller reagieren. Allgemein steigt die Wahrscheinlichkeit für Innovationen, da die Arbeitnehmer ihr dezentrales Wissen weiter verbreiten können. Der Einsatz von job rotation wird allerdings mit dem Auseinanderreißen von „eingespielten Teams" und der Zerstörung von produktiven Vertrauensbeziehungen erkauft (a.a.O., S. 549).

Als präventive Maßnahme gegen horizontales Mobbing können dem Team (umfassende) **Mitspracherechte** zugestanden werden, beispielsweise Partizipationsrechte bei der Einstellungsentscheidung neuer externer Arbeitnehmer (HENSELER 1992, S. 153). Gute Teams werden aus Eigeninteresse keine leistungsschwachen Mitglieder zulassen, schlechte Teams würden weniger fähige Arbeitnehmer nicht generell ablehnen. Die schlechten Teams würden zwar auch sehr fähige Mitarbeiter akzeptieren, diese würden jedoch mittel- oder langfristig zu besseren Teams wechseln. Auf diese Weise werden vergleichsweise homogene Gruppen geschaffen, die horizontalem Mobbing aufgrund zu großer Heterogenität innerhalb einer Gruppe präventiv begegnen. Einem Team könnte ebenfalls ein Mitspracherecht für unternehmensinterne Bewerbungskandidaten zugestanden werden. Es würden kaum Mitglieder von den Teams akzeptiert, die für ihre Mobbing-Aktivitäten bekannt sind. Bei hinreichender Transparenz des internen Arbeitsmarktes eines Unternehmens werden so Arbeitnehmer im Vorfeld abgeschreckt, aufgrund von Mobbing ihre interne Reputation und damit auch gute Karrierechancen aufs Spiel zu setzen (KRÄKEL 1997, S. 549). Weiterhin können Teams **Mitspracherechte bei entgeltpolitischen Entscheidungen** gewährt werden. Beispielsweise bei der Verteilung von Boni oder außerordentlichen Zulagen auf die Teammitglieder könnte durch das Team ein Vetorecht ausgeübt werden. Durch die Vorenthaltung von Bonusauszahlungen können so mobbende Arbeitnehmer durch das Team sanktioniert und damit deren erwartete Kosten von Mobbing-Aktivitäten erhöht werden. Verschiedene weitere Partizipationsrechte für Teams können vertikales Mobbing durch den Teamchef verhindern helfen: (Anonyme) Vorgesetztenbeurteilungen und Wahl des Teamchefs durch das Team disziplinieren, da ein mobbender Teamchef seine Chancen auf eine Wiederwahl verschlechtert (a.a.O., S. 550).

Insgesamt bleibt festzuhalten, dass Mobbing-Aktivitäten durch den Übergang von bürokratischen auf dezentrale Organisationsformen – isoliert betrachtet – zwar strukturell induziert werden, dennoch neuere dezentrale Organisationen als Lösung von Mobbing-Problemen anzusehen sind. Durch Beachtung der Komplementaritätseffekte zwischen organisationstheoretischer Gestaltung und Personalpolitik bei der Implementation von dezentralen Organisationen *„lassen sich die effizienzmindernden strukturellen Einflüsse auf das Rent-seeking- bzw. Mobbing-Verhalten von Organisationsmitgliedern neutralisieren und allgemein Mobbing-Aktivitäten verhindern"*, so dass die Mobbing-Gefahr in dezentralen Organisationen eher geringer ist als in anderen Organisationen (a.a.O., S. 552). Die verbreitete Euphorie durch Team-/Gruppenarbeit scheint aber zu überhöht, nur wenige sehen einen persönlichen Nutzen für Arbeit und Karriere, wie eine deutsche Befragung von 376 Führungskräften quer durch alle Branchen ergibt (LÖWER 2002). Lediglich ein knappes Viertel der Befragten bescheinigen der Teamarbeit, dass man dabei von den Kollegen lerne. 15 Prozent geben an, in der Gruppe besser die persönlichen Fähigkeiten einbringen zu können, mehr Spaß an der Arbeit haben lediglich 14 Prozent. Nur jeder Fünfte ist der Meinung, dass die zwischenmenschlichen Kontakte die Arbeit beförderten. Mit dem Etikett „Team" kann nicht automatisch ein besseres Klima, mehr Effizienz und Leistungsfähigkeit erreicht werden: *„Mitarbeiter merken [...] schnell, wenn hier ein Begriff nur benutzt wird, weil er gut klingt und ein Mitspracherecht vorspiegelt, das es tatsächlich nicht gibt"* (a.a.O.).

F. 1.1.4 Betriebliche Instrumente und Institutionen zur Intervention

Ein weiterer, wichtiger Regelungsbereich umfasst betriebliche Instrumente, die den Umgang mit Mobbing im konkreten Fall festlegen (Intervention) und/oder dazu präventive Wirkung besitzen. Hierzu zählt z.B. der Abschluss von **Betriebs- oder Dienstvereinbarungen** gegen Diskriminierung oder speziell gegen Mobbing („hartes Instrument"). Die Betriebsvereinbarung kann auf Antrag der Belegschaftsvertreter mit dem Arbeitgeber abgeschlossen werden und hat für beide Seiten rechtliche Bindung. Dort wird im einzelnen dann definiert, welcher Tatbestand geregelt ist, wer für die Einführung und Überwachung der neuen Regelung verantwortlich zeichnet, wie und wann die Umsetzung überprüft wird und welche Konsequenzen bei Verstößen oder der Nichterfüllung vorgesehen sind (NEUBERGER 1999, S. 114). Vorbildcharakter liegt immer noch bei der Dienstvereinbarung von Volkswagen, die bereits 1996 in Kraft trat. Betriebs- oder Dienstvereinbarungen können auch die Schaffung bestimmter Institutionen vorsehen (wie z.B. Mobbing- oder Konfliktbeauftragte, Mobbing-Kommissionen etc.) und regeln, wie diese Stellen zu besetzen und auszustatten sind (a.a.O., S. 118).

Als weitere Instrumente sind die Bearbeitung des Themas im betrieblichen Arbeits- und Gesundheitsschutz (z.B. in Gesundheitszirkeln), die Entwicklung von Schlichtungsmodellen für konkrete Mobbingfälle oder die Installation eines klaren Beschwerdeweges für die Betroffenen zu nennen. Auch für Führungskräfte, die in ihrem Verantwortungsbereich einen Mobbingfall zu behandeln haben, ist eine **Unterstützungsstruktur**, z.b. betriebliche Mobbing-Ansprechpartner und klare Verfahrenswege, hilfreich, um ihnen Sicherheit für problemadäquates Handeln zu geben. Oft genug kann nicht erwähnt werden, dass die Führungskraft oder der Personalverantwortliche nicht dann versagt haben, wenn Mobbing in ihrer Abteilung/Arbeitsgruppe auftritt – vielmehr sind Negieren, Tabuisieren und die daraus resultierende Passivität die entscheidenden Versäumnisse (MESCHKUTAT et al. 2002, S. 133ff). Die Anforderungen an Führungskräfte haben sich in letzter Zeit mehr zur Koordination von Spezialisten gewandelt, bei der Integrationsaufgaben zu übernehmen und Konflikte konstruktiv zu bewältigen sind (REGNET 1992). Der Umgang mit Konflikten bildet den Kern moderner Führung, wobei weniger diese das Problem selbst zu lösen hat, sondern den Problemlöseprozess initiieren und steuern muss (KOLODEJ 1999, S. 136). In fortgeschrittenen Phasen eines Mobbingverlaufs kann zur Konfliktbereinigung auch ein (autoritärer) Machteingriff durch Vorgesetzte notwendig werden (ESSER/WOLMERATH 1997, S. 191ff). Selten haben jedoch Machteingriffe kurative Wirkung: *„Sie bestehen in der Hauptsache in der akuten Konfliktbeherrschung bzw. Konfliktreduktion. Präventivwirkung ist nur gegeben, insofern die Drittpartei die Situation weiter unter Kontrolle behält"* (GLASL 1992, S. 396). In jedem Unternehmen sollte eine Auseinandersetzung mit Arbeits- und Kooperationsproblemen, Anforderungsdruck, Qualifikationsdefiziten, Enttäuschungen und Frustrationen im Beruf sowie aktuellen Krisensituationen zum festen und professionellen Bestandteil werden (ECHTERHOFF et al. 1997, S. 37).

Professionelle Hilfe für Betroffene bietet sich durch **interne Mobbingbeauftragte** an oder, insbesondere für größere Betriebe, durch interne Mobbingberatungsstellen („institutionalisierte Anlaufstellen"), die mit adäquat ausgebildeten Ansprechpersonen zu besetzen sind. Hier taucht die problematische Frage der organisatorischen Verankerung auf. Es gibt mehrere Optionen: bei der Personalabteilung, beim Werksarzt, bei einer externen Stelle (Unternehmensberater, Psychotherapeut, Arzt etc.) – oder im Regelfall beim Betriebsrat. In dieser Option kommt dem **Betriebs- bzw. Personalrat** eine besondere Bedeutung zu, da dieser über die Wirksamkeit des Beschwerderechts der Arbeitnehmer „entscheidet". Zwei Lösungen sind dabei denkbar: Ein Betriebsrat übernimmt die Aufgabe des Mobbingbeauftragten, oder dieser ist unabhängig, berichtet aber dem Betriebsrat (NEUBERGER 1999, S. 118). Bei Interventionen in Sachen Mobbing stellt sich oftmals eine dilemmatische Situation für den Betriebsrat bzw. die Personalvertretung ein (ESSER/WOLMERATH 1997, S. 51-62). *„Als Interne verfügen Betriebsräte zwar über zahlreiche Informationsquellen und Insiderwissen, müssen sich aber gegenüber allen Teilen der Belegschaft fair, loyal und vorurteilsfrei verhalten. Gerade bei Mobbingkonflikten, in denen sich Vorgesetzte und größere Teile der Belegschaft gegen einzelne Opfer verbünden, tauchen [...] Probleme auf. (...). Mikropolitisch gesehen ist auch der Betriebsrat in ein enges Geflecht sozialer Beziehungen eingebunden, er darf es sich nicht mit seiner Wählerschaft verderben und auch die vertrauensvolle Zusammenarbeit mit dem Arbeitgeber nicht aufs Spiel setzen..."* (NEUBERGER 1999, S. 118).

Externe Unterstützung (z.B. über Unternehmensberatungen) können Mitarbeiter und Unternehmen durch **Supervision** („Konfliktbearbeitung unter Anleitung") und **Mediation** („Streitschlichtung durch Vermittlung") erhalten (TEWES/WILDGRUBE 1992), die der Prävention bzw. Lösung akuter Konfliktfälle dienen (MESCHKUTAT et al. 2002, S. 136). Mit zahlreichen Hilfsangeboten nehmen derzeit vor allem Gewerkschaften (z.B. ver.di, IG Metall, DGB) eine Vorreiterrolle auf diesem Gebiet ein.

Aufschlussreich zeigt sich die **Bewertung** der Maßnahmen als effektiv oder ineffektiv **aus Betroffenensicht** in der deutschen Repräsentativstudie von MESCHKUTAT et al. (2002, S. 105ff). Auf der innerbetrieblichen Ebene appellieren fast alle Befragten, Mobbing in Unternehmen grundsätzlich ernster zu nehmen (98,4%). Die Mehrzahl erwartet auch von den Organisationsmitgliedern, wie Betriebs- bzw. Personalrat (79,6%), Kollegen (68,2%) und Vorgesetzten (67,0%), mehr Engagement gegen Mobbing, und etwa zwei Drittel fordern Schulungen für diese zu Mobbing oder artverwandten Themen (Führungsverhalten, Mitarbeitermotivation, Konfliktmanagement). Als weitere betriebliche Maßnahmen fordert knapp die Hälfte den Abschluss einer Betriebs-/Dienstvereinbarung oder spricht sich für die Einrichtung einer Beratungsstelle (59,7%) sowie Ernennung eines Mobbingbeauftragten (45,4%) aus. Auch eine Verbesserung der innerbetrieblichen Kommunikation wird als zentrales Mittel für die Bekämpfung von Mobbing genannt.

Fast jeder vierte Gemobbte (23,0%) suchte keinerlei innerbetriebliche Unterstützung, vor allem aus antizipierter Chancenlosigkeit und Angst um den Arbeitsplatz. Mehr als zwei Drittel des anderen Teils der Mobbingbetroffenen wandte sich an den Betriebs-/Personalrat oder sprach Kollegen an (62,3%), die nicht gemobbt haben. Fast die Hälfte der Gemobbten schaltete den Vorgesetzten ein, knapp jeder Zwölfte den Gleichstellungsbeauftragten, und 8,1% richteten sich direkt an die Leitungsspitze (Chef/Geschäftführung). Allerdings werden von den Betroffenen Ansprechpersonen vor allem außerhalb des Betriebes gesucht (93,6%). Über drei Viertel wandten sich an ihren Partner bzw. Familie, von jedem Dritten wurde die Gewerkschaft kontaktiert (a.a.O., S. 96ff).

Im Gegensatz zu außerbetrieblicher Unterstützung (siehe Kapitel F. 1.2) werden betriebliche Maßnahmen als wenig wirksam erlebt. In der Befragung von KNORZ/ZAPF (1995, S. 33) schalteten jeweils 40% der Mobbingbetroffenen den Vorgesetzten bzw. den Betriebs- oder Personalrat ein. Während noch knapp jeder Sechste angab, durch den Vorgesetzten habe sich die Situation verbessert, konnte der Betriebs- oder Personalrat nicht in einem Fall helfen. Im Gegenteil: In 61% der Fälle verschlimmerte sich die Situation; das Einschalten von Vorgesetzten verschlechterte in über der Hälfte die Lage der Betroffenen. Auch durch Anrufung der Gewerkschaft kam es bei Betroffenen mehr zur Verschlechterung (28%) als Verbesserung (17%). Neben den innerbetrieblichen Vorschlägen erhält man von den Befragten in der Repräsentativstudie auch gesellschaftspolitische Anregungen. Gut drei Viertel wünschen sich die Einrichtung von Mobbingberatungsstellen, und 59,1% plädieren für die Einführung eines Anti-Mobbing-Gesetzes (MESCHKUTAT et al. 2002, S. 108) – mehr dazu im folgenden Kapitel F. 1.2.

F. 1.2 Außerbetriebliche Maßnahmen

Parallel zur innerbetrieblichen Bearbeitung des Themas Mobbing sind Hilfsangebote der Gesellschaft und der Politik (legislative und judikative Grundlagen) notwendig. Lobenswerte Aktivitäten sind u.a. die Verabschiedung des **Anti-Mobbing-Gesetzes** im August 2002 in der Bundesrepublik, zumal sich juristische Gegenwehr aus Gründen der Beweisbarkeit als kompliziert darstellt (DÄUBLER 1995; siehe Kapitel F. 2). Vielfach sind jedoch die Mobbingsituationen so verfahren und mit Rechtsbrüchen behaftet, dass eine juristische Klärung herbeigeführt werden muss. In Skandinavien hat sich eine Zwischenform der „Vermittlung" (Mediation) bewährt, ein unterhalb des offiziellen Rechtsstreits liegendes Schlichtungsverfahren (NEUBERGER 1999, S. 103).

Aufgrund der Kosten von Mobbing (siehe Kapitel D. 2.3) ist insbesondere auf Seiten der Sozialversicherungsträger ein primäres Interesse an der Reduzierung von Mobbing zu identifizieren. Als erste wichtige Schritte sind die bereits umgesetzten (telefonischen) **Mobbingberatungen** durch Krankenkassen, Gewerkschaften, kirchliche Träger und z.B. das Land Nordrhein-Westfalen zu nennen. MESCHKUTAT et al. (2002, S. 136) kritisieren, dass aber ein „flächendeckendes Netz an Beratungsstellen und Zugängen zu Datenbanken, in denen Mobbingexpert/innen unterschiedlicher Profession (Ärzt/innen, Rechtsanwält/innen, Psychlog/innen etc.) wohnortnah erfasst sind, [...] trotz zahlreicher regionaler Einzelaktivitäten zur Zeit noch nicht vorhanden" ist.

Neben den klassischen Zielen (kollektive Interessenvertretung, Regelung der Verteilungsfragen in Tarifverhandlungen) zählen zu den wichtigsten Handlungsfeldern der **Gewerkschaften** im Rahmen des Mobbing heute Information, Bildungsarbeit, Rechtsberatung für Betroffene, betriebliche „No-Mobbing-Kampagnen", Unterstützung der Arbeit von Selbsthilfegruppen sowie Aufbau lokaler Hilfsnetze und Einwirkung auf den Gesetzgeber in Sachen Gesundheitsschutz (GRUND 1995, S. 97, S. 106). Darüber hinaus sollte der **Fortbildung des Gesundheitsbereichs** (z.B. Ärzte, Betriebsärzte, Arbeitsmediziner und Arbeitsschutzexperten) und der **Justiz** (z.B. Anwälte, Arbeitsrichter, Staatsanwälte) mehr Priorität eingeräumt werden, um die Aufmerksamkeit für ein immer noch unterschätztes oder nicht ernst genommenes Problem zu schärfen (a.a.O.) und den Betroffenen angemessene juristische wie psychosoziale Rehabilitation zu ermöglichen (NEUBERGER 1999, S. 103; LEYMANN 1993b, S. 158, S. 163ff). Als Reaktion auf medizinische Fehldiagnosen und stigmatisierende Gutachten, die Mobbingbetroffene erlebt haben (siehe Kapitel D. 1.2), sind u.a. auf Initiative von Heinz LEYMANN (1995a, S. 26; BECKER 1995) in den letzten Jahren spezielle **Mobbingkliniken** zur verbesserten ärztlichen Betreuung entstanden, die allerdings teils wieder geschlossen wurden (LEYMANN 2002www). Den lange entbehrten emotionalen Rückhalt können den Betroffenen **Selbsthilfegruppen** bieten, bei denen man auch Ratschläge zu professioneller Hilfe erhalten kann (LEYMANN 1993b, S. 169).

Die Mobbingbetroffenen in der deutschen Repräsentativstudie suchen vor allem außerhalb des Arbeitsplatzes rechtliche und soziale Unterstützung (93,6% der Betroffenen; siehe Kapitel D. 2.1.3) und empfinden diese entscheidend wirksamer als betriebliche Maßnahmen: Zwischen 39,3% und 57,3% der Aktivitäten verschiedener Ansprechpersonen (Familie, Freunde, Ärzte, Psychologen, Rechtsanwalt, Gewerkschaft, Beratungsstellen, Selbsthilfegruppen) „konnten helfen" (MESCHKUTAT et al. 2002, S. 96ff).

F. 1.3   Individuelle Maßnahmen

Neben den inner- und außerbetrieblichen Maßnahmen versuchen Mobbingbetroffene, gerade in den frühen Stadien, durch eigene Handlungen und Entscheidungen selbständig der misslichen Lage Herr zu werden. In Verbindung mit juristischen Möglichkeiten der Gegenwehr wird Mobbingbetroffenen oft empfohlen, zur Beweissicherung ein sogenanntes „Mobbing-Tagebuch" anzulegen (KOLODEJ 1999, S. 144ff; ARDELT et al. 1993).

Auch die empirischen Ergebnisse zeigen, dass die Mehrzahl der Gemobbten nicht passiv in ihrer Opferrolle verharrt (KNORZ/ZAPF 1995). Vielmehr wird versucht, durch individuelle **Bewältigungsstrategien** und Verhaltensänderungen der systematischen, ungerechten Behandlung **aktiv** zu begegnen, die Mobbingsituation konstruktiv zu lösen oder sich zu verteidigen. Als häufigste Strategie der direkten Gegenwehr ermittelten MESCHKUTAT et al. (2002, S. 94ff) den Versuch, eine Aussprache mit den mobbenden Personen herbeizuführen (74,3%), über die Hälfte setzte sich sprachlich massiv zur Wehr und immerhin 6,3% versuchten „zurück zu mobben". Wie die Daten belegen, ist eine direkte Gegenwehr jedoch in 83,1% der Fälle erfolglos. Auch KNORZ/ZAPF (1995, S. 33) fanden als häufige Bewältigungsstrategien Gespräche mit dem Mobber (66%) und das Wehren mit gleichen Mitteln (36%), die aber überwiegend ohne positive Wirkung blieben.

In seinem Sammelreferat resümiert ZAPF (1997, S. 55), dass die Ergebnisse letztendlich aussagen, "*dass von den untersuchten Personen keine einzige aus eigener Kraft und ohne fremde Hilfe die Mobbingsituation in positivem Sinne bewältigen konnte*". Zudem wird deutlich, dass intuitiv häufig empfohlene Strategien, wie z. B. das Gespräch mit dem Mobbingtäter, viel weniger als erwartet bringen und, wie KNORZ/ZAPF (1995, S. 33) ermittelten, in der Mehrzahl der Fälle (89%) sogar zur Verschlechterung führen. Zusammenfassend zeigt sich, dass diejenigen, die seltener aktive Strategien wählten und im Sinne einer passiven Strategie Handlungen vermieden, die zur Konflikteskalation hätten beitragen können, eher eine – aber kurzfristige und trügerische – Verbesserung der Situation herbeiführten: „*Insgesamt scheinen solche Coping-Strategien überlegen zu sein, bei denen [...] der konstruktive Gedanke im Mittelpunkt steht [...] Auch in der Bewältigungsforschung ist darauf hingewiesen worden, dass aktive, problemorientierte Strategien nicht immer die beste Lösung sein müssen...*" (a.a.O., S. 21).

Die „inneren", **passiven Bewältigungsstrategien** (Coping) beweisen dennoch ein hohes Maß an Hilflosigkeit und Vermeidung. Am häufigsten nannten die Gemobbten bei MESCHKUTAT et al. (2002, S. 101), die Situation einfach zu ignorieren (18,8%) oder sich auf die Arbeit zu konzentrieren (18,5%). 16,8% versuchten, die Angreifer zu meiden und damit weitere Attacken zu verhindern. In der kleineren Befragung von KNORZ/ZAPF (1995, S. 33) wichen sogar 56% der Mobbingsituation aus oder ignorierten die Situation am Arbeitsplatz (50%). Immerhin hat sich bei jeweils zwei Dritteln die Lage dadurch verbessert, andererseits erkennt auch jeweils die Hälfte Verschlechterungen durch diese Coping-Strategien. Im Rückblick sehen die Befragten, deren Fälle abgeschlossen sind, verdrängende Bewältigungsansätze als Fehler – sie empfehlen Betroffenen eher frühzeitige und massive Gegenwehr wie Arbeitsplatzwechsel oder arbeitsrechtliche Schritte (MESCHKUTAT et al. 2002, S. 100). Die Ergebnisse von KNORZ/ZAPF (1995, S. 21, S. 33) bestätigen diese Sichtweise: „*a) Betroffene sollten frühzeitig Grenzen ziehen und konsequent aus dem ‚üblen Spiel' Mobbing aussteigen. b) eine persönliche Stabilisierung ist notwendig. c) Mobbing kann nur dauerhaft abgestellt werden, wenn eine einschneidende objektive Veränderung bezüglich der Form der Zusammenarbeit oder der Interaktion von Mobbern und Gemobbten durchgesetzt werden kann.*" In Bezug auf die Verschlechterung durch aktive Strategien ergänzen sie, nicht voreilig den Schluss zu ziehen, „*dass es sich hierbei um ‚schlechte' Copingstrategien für Mobbing handelt. Denn es ist denkbar, dass es gerade aufgrund der Verschlechterung der sozialen Arbeitsplatzsituation nötig war, aktiv zu werden und solche Wege zu beschreiten*" (a.a.O., S. 21). Allerdings geben 77,4% in der großen deutschen Studie an, mit oder ohne Verteidigung keine Möglichkeit gehabt zu haben, das Mobbing zu verhindern. Auch hier konnte das Mobbing oft (in über der Hälfte der Fälle) erst durch Kündigung bzw. Auflösung des Arbeitsvertrages beendet werden (MESCHKUTAT et al. 2002, S. 100ff; siehe Kapitel D. 2.1.4 und D. 2.2.2).

F. 2   Rechtliche Grundlagen

F. 2.1   Dimension der Persönlichkeitsrechte, des Straf- und Zivilrechts

Da auch im Arbeitsleben die **Persönlichkeitsrechte** Gültigkeit besitzen, stellen Belästigungen und Beleidigungen durch Kollegen oder Vorgesetzte ebenso einen klaren Eingriff in die im Grundgesetz verankerten Grundrechte dar und verletzen diese. Dazu gehören u.a. die Menschenwürde (Art. 1 Abs. 1 GG), das Recht auf die freie Entfaltung der Persönlichkeit und in Bezug auf Körperverletzung durch Mobbing die körperliche Unversehrtheit nach Art. 2 Abs. 1, Abs. 2 GG. Kränkungen und Beleidigungen verletzen die persönliche Ehre und verstoßen damit u.a. gegen Art. 5 Abs. 2 GG. In bestimmten Fällen können ebenso Art. 3 Abs. 2, Abs. 3 GG über die Gleichheit vor dem Gesetz, aber auch Art. 4 Abs. 1, Abs. 2 GG über die Glaubens- und Bekenntnisfreiheit zur juristischen Sanktionierung von Mobbing herangezogen werden.

Strafrechtlich besteht bei Mobbing das juristische Problem, bestimmte Zulässigkeitsgrenzen zu definieren: Als komplexer Vorgang lässt es sich nicht auf ein oder zwei konkrete Handlungen reduzieren, die man als „*noch rechtmäßig*" oder „*schon rechtswidrig*" qualifizieren kann (DÄUBLER 1995, S. 77). So ergeben sich für strafrechtliche Konsequenzen Schwierigkeiten: Der Tatbestand der Körperverletzung liegt vor, sobald nach ärztlichem Urteil Behandlungsbedürftigkeit besteht. Das eigentliche Problem hängt aber mit dem Rechtfertigungsgrund des sogenannten „**erlaubten Risiko**" zusammen, wonach das Zusammenleben von Menschen ersichtlich mit Risiken verbunden ist (a.a.O., S. 78ff). Nach der Rechtssprechung handelt eine Person nicht rechtswidrig – auch wenn sie einen Schaden verursacht hat – solange diese die objektive Sorgfaltspflicht nicht verletzt hat. Hiermit soll verhindert werden, dass das „*soziale Leben*" nicht „*zu einem ständigen Balanceakt zwischen Recht und Unrecht*" wird (KOLLMER 1997, S. 69). Ist also ein Verhalten unter solchen Umständen rechtmäßig („sozialadäquat": Realisierung von unvermeidbaren Lebensrisiken), so tritt auch dann keine Strafbarkeit ein, wenn im Einzelfall der andere bewusst geschädigt werden sollte – die Schädigungsabsicht wäre in aller Regel nicht beweisbar. „*Das ‚Schneiden' durch andere Menschen mag unschön und unmoralisch sein – es gehört zur Normalität des Lebens wie die Ansteckung mit Erkältungskrankheiten. Bereitschaft zur Kommunikation ist rechtlich nicht erzwingbar*" (DÄUBLER 1995, S. 79). Deshalb handeln mobbende Arbeitskollegen in der Regel nicht rechtwidrig, so dass nicht mehr entscheidend ist, ob sie die gesundheitlichen Folgen bewusst in Kauf genommen haben (dann evtl. vorsätzliche Körperverletzung nach §§ 223ff StGB) oder ob sie sie hätten zumindest erkennen müssen (dann fahrlässige Körperverletzung nach § 230 StGB). Ähnliche Probleme mit dem Begriff der **Sozialadäquanz** ergeben sich, wenn das Verhalten der Arbeitskollegen den Tatbestand der Beleidigung nach § 185 StGB erfüllen soll (a.a.O., S. 80).

ESSER/WOLMERATH (1999, S. 274) berichten, dass nur ca. 8% aller Privatklagen zu einer Verurteilung des Mobbingtäters führen. Weitere relevante Straftatbestände bei Mobbing können sein: Sachbeschädigung (§ 303 StGB), Nötigung (§ 240 StGB), üble Nachrede (§ 186 StGB), Verleumdung (§ 187 StGB), Beleidigung trotz Wahrheitsbeweises (§ 192 StGB) und Straftaten gegen Betriebsverfassungsorgane und ihre Mitglieder (§ 119 BetrVG) (a.a.O., S. 242).

In der **zivilrechtlichen Dimension** ist die erste „echte" gesetzliche Maßnahme gegen Mobbing am 1. April 1994 in Schweden in Kraft getreten („Anti-Mobbing-Verordnung"). In fünf Regelungen werden u.a. organisatorische Prävention, Missbilligung von Mobbing, Frühwarnsysteme, Gegenmaßnahmen und Hilfe durch den Arbeitgeber thematisiert (BIELER/HEILMANN 1996, S. 431). In Deutschland kann seit dem 1. August 2002 durch das „Zweite Gesetz zur Änderung schadensrechtlicher Vorschriften" nach Absatz 2 (neu) des § 253 BGB erstmals Schmerzensgeld und Schadensersatz für psychosoziale Schäden wie beim Mobbing gefordert werden („**Anti-Mobbing-Gesetz**"). Der Arbeitgeber ist zur Zahlung verpflichtet, wenn er nicht ausreichend versucht hat, seine Beschäftigten vor „*Gesundheitsverletzungen durch Mobbing oder Verletzungen der sexuellen Selbstbestimmung in seinem Unternehmen*" zu schützen. Damit wird die Rechtsposition der Arbeitnehmer gestärkt und der Druck auf den Arbeitgeber erhöht, geeignete präventive Maßnahmen gegen Mobbing und sexuelle Belästigung am Arbeitsplatz zu ergreifen (BMA 2002). Darüber hinaus gibt es noch eine Vielzahl von Präzedenz-Urteilen der Landesarbeitsgerichte (LAG), der Bundesarbeitsgerichte (BAG) und des Bundesverfassungsgerichts (BVerG), die den Gegenstand des Mobbing im Einzelfall rechtlich regeln.

Da zwischen Kollegen und/oder Vorgesetzten keine vertraglichen Beziehungen bestehen – diese existieren nur im Verhältnis zum Arbeitgeber – kamen vor dem August 2002 lediglich Ansprüche aus unerlaubter Handlung nach §§ 823ff des BGB in Betracht. § 823 Abs. 1 BGB verpflichtet denjenigen zum Schadensersatz, der vorsätzlich oder fahrlässig die Gesundheit eines anderen schädigt. Wie beim

Strafrecht stellen sich auch hier Fragen zum „erlaubten Risiko" und der Kausalitätsbeziehung (DÄUBLER 1995, S. 81): *„Die Gerichte werden sich [...] schwertun, jemanden deshalb zum Schadensersatz zu verurteilen, weil er aufgrund zwischenmenschlicher Beziehungen für die Krankheit des anderen eine Ursache setzte."* Weitere zivilrechtliche Möglichkeiten ergeben sich für Gemobbte aus Unterlassungsansprüchen nach dem BGB (§ 12, 862 und 1004) und dem eigenen besonderen (außerordentlichen) Kündigungsrecht (§ 626 BGB) (GRUND 1995, S. 105).

F. 2.2 Öffentlich-rechtlicher Arbeitsschutz und Arbeitsrecht

Die Verantwortung des Arbeitgebers gegenüber den Mitarbeitern ist im Rahmen seiner gesetzlich vorgeschriebenen Fürsorgepflicht und seinen Arbeitsschutzpflichten geregelt (**öffentlich-rechtlicher Arbeitsschutz**). Diese Verpflichtung ergibt sich u.a. nach BGBl. I (S. 1246) aus dem „Arbeitsschutzgesetz" (ArbSchG) vom 7. August 1996, das für alle Tätigkeitsbereiche und Beschäftigtengruppen in der Privatwirtschaft und im öffentlichen Dienst gilt. Es räumt Betroffenen ein Beschwerderecht und im Notfall ein Leistungsverweigerungsrecht ein. Nach § 3 Abs. 1 ArbSchG ist es übergeordnetes Ziel, den Schutz vor Gesundheitsgefahren am Arbeitsplatz zu regeln und zu verbessern (MESCHKUTAT et al. 2002, S. 133). Als äußerst wichtig erscheint dabei im Zusammenhang mit Mobbing der Hinweis in § 2 Abs. 1 ArbSchG auf die menschengerechte Gestaltung der Arbeit und damit die implizite Interpretation von Mobbing als arbeitsbedingte Gesundheitsgefährdung. Weiterhin werden als Gestaltungsgrößen ausdrücklich die „Arbeitsorganisation" und die „sozialen Beziehungen" genannt und damit unmittelbarer Kontext zum Thema Mobbing hergestellt (§ 4 ArbSchG). Seit längerer Zeit berücksichtigt auch eine EU-Direktive über Gesundheitsschutz und Arbeitssicherheit (89/91 EEC) ausdrücklich den Bereich der psychosozialen Belastungen (LEYMANN 1995a, S. 26).

Das verwandte Phänomen der sexuellen Belästigung am Arbeitsplatz hat im Gegensatz zu „klassischem" Mobbing eine intensive rechtswissenschaftliche Bearbeitung erfahren und ist in Deutschland bereits seit dem 24. Juni 1994 im Beschäftigtenschutzgesetz (BGBl. I, S. 1412) ausdrücklich gesetzlich geregelt (DÄUBLER 1995, S. 77).

Im **Arbeitsrecht** regelt das Betriebsverfassungsgesetz (BetrVG) nicht nur die Mitbestimmungs- und Mitwirkungsrechte des Betriebs/Personalrats, sondern bietet auch Schutzrechte für Gemobbte: (GRUND 1995, S. 105):
- Beschwerderecht gegenüber dem Arbeitgeber (§ 84 BetrVG) und gegenüber dem Betriebs-/Personalrat (§ 85 BetrVG), das jeder Arbeitnehmer nutzen kann, *„wenn er sich vom Arbeitgeber oder von Arbeitnehmern des Betriebes benachteiligt oder ungerecht behandelt oder in sonstiges Weise beeinträchtigt fühlt. Er kann ein Mitglied des Betriebsrats zur Unterstützung oder Vermittlung hinzuziehen".*
- Entfernung betriebsstörender Arbeitnehmer (Antragsrecht des Betriebsrates) nach § 104 BetrVG bzw. § 77 Bundespersonalvertretungsgesetz (BPersVG).

Neben den Rechten resultieren aus dem Betriebsverfassungsgesetz bzw. Bundespersonalvertretungsgesetz für den Betriebs-/Personalrat auch Pflichten in der Bekämpfung von Mobbing. Der Betriebsrat hat nach § 80 Abs. 1 BetrVG (bzw. § 68 Abs. 1 (2) BPersVG) die Aufgabe, *„darüber zu wachen, daß die zugunsten der Arbeitnehmer geltenden Gesetze, Verordnungen [...] und Betriebsvereinbarungen durchgeführt werden"*, wodurch ihm ein umfassendes Kontrollrecht zukommt. Bei Abweichungen und Beschwerden kann er entsprechende Gegenmaßnahmen beim Arbeitgeber beantragen. Darüber hinaus ergeben sich für den Betriebs-/Personalrat umfassende Möglichkeiten der Mobbing-Prävention über seine vielfältigen Mitbestimmungsrechte (§ 87 BetrVG bzw. §§ 75-76 BPersVG). Durch Mitbestimmung bei „personellen Einzelmaßnahmen" (§ 99 BetrVG bzw. §§ 75-77 BPersVG) und „Kündigungen" (§ 102 und 105 BetrVG bzw. § 79 BPersVG) bieten sich weitere Einfluss-Alternativen (BECK 1999; MEURER 1985).

Ansprüche gegen den Arbeitgeber: Im Verhältnis des Arbeitnehmers zum Arbeitgeber besteht eine vertragliche Beziehung mit gesteigerten Pflichten beider Seiten. Aufgrund des Arbeitsvertrags muss nicht nur der Arbeitnehmer arbeiten und der Arbeitgeber Geld bezahlen, es bestehen auch zahlreiche arbeitsvertragliche Nebenpflichten. Nach § 75 Abs. 2 BetrVG hat der Arbeitgeber im Rahmen der allgemeinen Fürsorgepflicht die positive, humane Gestaltung der Arbeitsbedingungen zu gewährleisten und *„die freie Entfaltung der Persönlichkeit der im Betrieb beschäftigten Arbeitnehmer zu schützen und zu fördern"*. Zusätzlich muss der Arbeitgeber laut § 75 Abs. 1 BetrVG darüber wachen, *„daß jeder Arbeitnehmer nach den Grundsätzen von Recht und Billigkeit behandelt wird"*. Wird diesen Prinzipien zuwidergehandelt, so entsteht eine Verpflichtung zum Schadensersatz. Entscheidend ist nicht das Verhalten des Arbeitsgebers als solchem, vielmehr muss er sich nach § 278 BGB das Verhalten der Personen (z.B. Personalleiter, Vorgesetzter) zurechnen lassen, die an seiner Stelle handeln („Erfüllungsgehilfen") (DÄUBLER 1995, S. 83). Wird die Kündigung des Arbeitsvertrages durch vertragswidriges Verhalten des Arbeitgebers herbeigeführt, so ergeben sich für den Arbeitnehmer weitere Schadensersatz-Ansprüche aus § 628 Abs. 2 BGB (Haftung bei sogenanntem Auflösungsverschulden) (a.a.O., S. 84). Schmerzensgeld ist (bzw. war bisher) im Vertragsrecht grundsätzlich nicht vorgesehen. Nach § 847 BGB kommt es nur dann in Betracht, wenn auch der Arbeitgeber eine unerlaubte Handlung begangen hat. Das Verhalten von Vorgesetzten muss er sich nach § 831 BGB nur dann zurechnen lassen, wenn er unsorgfältig ausgewählt oder beaufsichtigt hat (a.a.O., S. 85).

Für die Betroffenen sind die Probleme der Beweisbarkeit (siehe auch Kapitel F. 2.1) noch weit umfassender. Vor Gericht wird es – gerade bei Kollegen-Mobbing – eine Vielzahl von Zeugen geben, die den Aussagen des Gemobbten entgegenstehen. Nach BIELER/HEILMANN (1996, S. 433) kann *„es sich bei potentiellen Zeugen eigentlich nur um Befangene handeln"*. Das Gericht aber ist an die Regeln über die Beweislast gebunden: Der Geschädigte muss zumindest den Nachweis erbringen, dass die Beeinträchtigung seiner Gesundheit eine betriebliche Ursache hatte. Erst dann kann der Arbeitgeber über § 282 BGB belastet werden, seinerseits fehlendes Verschulden nachweisen zu müssen (DÄUBLER 1995, S. 85ff). Neben dem Darlegungs- und Beweisproblem (ist der Vorgang zudem verkehrsüblich und in seiner Wirkung nur geringfügig?) gibt es bei Mobbing weitere Schwierigkeiten der rechtlichen Ahndung durch das Subsumtions- (welcher Tatbestand ist erfüllt?), das Kausalitäts- und das Zurechnungsproblem (muss sich der Beklagte das Ergebnis zurechnen lassen?), die Ausschöpfung aller vorgerichtlichen Möglichkeiten sowie der Zweck der Klage (NEUBERBER 1999, S. 121).

Nähe zur Mobbing-Problematik besitzen in der Rechtssprechung auch einige Entscheidungen (Bundesarbeitsgericht AP Nr. 10 und 12 zu § 626 BGB) zur sogenannten Druckkündigung (Kollegen oder Vorgesetzte üben Druck auf den Arbeitgeber aus, eine von ihnen abgelehnte Person zu entlassen). In diesen Fällen musste der Arbeitgeber die Kündigung rechtfertigen und beweisen, dass er den angegriffenen Arbeitnehmer schützte und z.B. Versetzungen als Alternative anbot (DÄUBLER 1995, S. 88).

Rechtliche Maßnahmen gegen Mobbingtäter: Zu den arbeitsvertraglichen Nebenpflichten des Arbeitnehmers gegenüber dem Arbeitgeber gehört die allgemeine Treuepflicht, die aus dem Arbeitsvertrag in Verbindung mit § 242 BGB hervorgeht. Der Arbeitnehmer muss seine Verpflichtungen so erfüllen, dass die Interessen des Arbeitgebers und auch der anderen im Betrieb beschäftigen Arbeitnehmer gewahrt bleiben. Mobber verstoßen gegen diese Nebenpflicht erheblich (z.B. keinerlei Rücksichtnahme gegenüber Kollegen), so dass arbeitsrechtliche Konsequenzen möglich sind (HALLER/KOCH 1995, S. 359).

G.

Fazit
und betriebswirtschaftliche Definition

Die vorangegangenen Ausführungen gaben einen Überblick, dass Mobbing nicht nur als soziales Problem zu begreifen ist, sondern hinsichtlich der Ursachen und Folgen die betriebswirtschaftliche Komponente einen erheblichen Stellenwert einnimmt.

Vor allem die umfassende Analyse der Ursachen bot ein komplexeres und differenzierteres Bild eines Phänomens, das mehr als nur von personenbedingten (Kapitel E. 1.1), sozialpsychologischen („Ausstoßung des Sündenbocks") und gruppendynamischen (Kapitel E. 1.6) sowie psychodynamischen Ursachen (Kapitel E. 1.9) bedingt ist. Von übergeordneter Bedeutung ist hierbei ein schlechtes Arbeitsklima, das in der deutschen Repräsentativstudie (MESCHKUTAT et al. 2002) von 65,3% der Mobbingbetroffenen angegeben wird und welches auf unterschiedliche Ursachen zurückzuführen ist. Es zeigte sich, dass insbesondere bestimmte betriebliche Bedingungen Mobbing-Problematiken in Unternehmen und Organisationen verursachen können (Kapitel E. 1.2). Zu diesen mangel- oder fehlerhaft ausgestalteten Rahmenbedingungen zählen beispielsweise die Arbeitsorganisation (Kapitel E. 1.2.1), die Aufgabengestaltung der Arbeit (Kapitel E. 1.2.2), das Führungsverhalten (Kapitel E. 1.2.3) sowie die Unternehmenskultur und -kommunikation (Kapitel E. 1.2.4). Als wesentliche Kernelemente wurden die Wirkungen von bürokratischer versus dezentraler Arbeitsorganisation, von Unter- versus Überforderung durch Arbeitsaufgaben, von autoritärem versus kooperativem Führungsstil, von unethischen Unternehmenskulturen sowie ineffizienter Unternehmenskommunikation vorgestellt. Hierbei müssen zwei Effekte unterschieden werden: Einerseits ist es möglich, dass betriebliche Missstände den „Arbeitsstress" erhöhen und in dessen Folge zur vermehrten Auftretenshäufigkeit von Konflikten unter den Mitarbeitern führen (Kapitel E. 2.2). Diese Konflikte können sich unter gewissen Umständen zu eskalierenden Mobbingverläufen entwickeln (Kapitel E. 2.1). Andererseits können negative betriebliche Rahmenbedingungen von bestimmten Mitarbeitern selbst als stressend wahrgenommen, als „ungerecht" interpretiert und damit bereits selbst als Mobbing erlebt werden.

Der Begriff des „Strukturellen Mobbing" wurde in Kapitel E. 1.5 eingeführt. Mobbende Organisationsmitglieder werden nicht als „verursachende" Täter, sondern als Weisungsgebundene betrachtet, die betriebliche Missstände an andere Organisationsmitglieder lediglich vermitteln und ebenfalls Strukturen und Vorstellungen (unbewusst) unterliegen. Für das Modell des Strukturellen Mobbing ist die Annahme nötig, dass das betriebliche System durch übergeordnete, abstrakte Instanzen – „dem Unternehmen" bzw. „der Wirtschaft" – geformt und nicht oder kaum direkt durch den Steuerungswillen der aktuell tätigen Organisationsmitglieder gestaltet wird. Auf der Meta-Ebene erhält man mit dem strukturellen Ansatz eine weitsichtigere Perspektive zur Erklärung von Mobbing. In wirtschaftlichen Organisationen besteht auch heute noch fast durchgängig, oder zumindest subtil, das Bild des faulen „homo oeconomicus": Der Mensch, der nur aus Geldsucht arbeitet und versucht, mit Minimaleinsatz sein Einkommen zu realisieren und daher von übergeordneten Hierarchieebenen kontrolliert werden muss. Vorgesetzte haben dieses Bild oft unbewusst verinnerlicht und glauben, dass es ihre Berufsaufgabe ist, zu kontrollieren und den Handlungsspielraum der Untergebenen auf das kleinst mögliche Maß zur Aufgabenerledigung zu reduzieren. Das Führungsverhalten gestaltet sich also von den grundlegenden, für richtig gehaltenen Ansprüchen (Werte und Normen) her autoritär und ist weniger auf sadistischen, personenbedingten Motiven begründet. Beim „untergebenen" Arbeitnehmer hingegen ist im Laufe der Sozialisation die extrinsische durch überwiegend intrinsische Motivation abgelöst worden: Der vielfältige Mitarbeiter mit Bedürfnissen nach Anerkennung, Vertrauen, Selbstverwirklichung und Freiheit. Ein **Mit**arbeiter, der nicht aus Geld-Motiven arbeitet und daher Kontrolle und Einengung als Mobbing – als ein den Bedürfnissen entgegengesetztes Verhalten – wahrnimmt.

Ähnlich verhält es sich mit der antiquierten Vorstellung, dass Unternehmen nur mit einem ausgeprägten Maß an Arbeitsteilung und hohem Grad an Spezialisierung effizient tätig sein können. Allzu oft hält die Unternehmensleitung noch an den alten Modellen der tayloristischen Wirtschaftlichkeit fest. Ihre Instruktionen sind dadurch gekennzeichnet, dass der Arbeitnehmer sich auf seine im Vertrag festgeschriebenen Arbeitsaufgaben zu konzentrieren hat und die Überschreitung von Zuständigkeiten sanktioniert wird. Das Gros der Mitarbeiter verlangt allerdings nach einer integrierten, ganzheitlichen und abwechslungsreichen Aufgabengestaltung der Arbeit mit Verantwortung und erlebt daher monotone und zerstückelte Arbeitsabläufe als Mobbing. Zu Ende gedacht heißt das: Unternehmen könnten auch dann wirtschaftlich arbeiten, wenn Mitarbeiter vollständige Aufgaben erhalten und die sich dadurch entwickelnde Motivation überdurchschnittliche Leistungen hervorruft.

Kapitel E. 1.4 stellte die spiegelbildlichen Bedürfnisse in den Mittelpunkt. Das Auftreten von Mobbing wird durch rationale ökonomische Ursachen erklärt, dem „Rent-seeking" in Organisationen. Das Motiv des einzelnen Organisationsmitglieds nach Steigerung des eigenen Einkommens und/oder der Beförderung veranlasst, potentielle Konkurrenten durch Mobbing zu schädigen oder Kollegen eigennützig zu beeinflussen. Dadurch kann der Mobber eine Kooperationsrente erwirtschaften, das Unternehmen wird allerdings durch verminderte Anreiz- und Allokationseffizienz geschädigt. In Kapitel E. 1.4.2 wurde dargestellt, dass neben bürokratischen auch dezentrale Organisationsformen bei ungenügender Beachtung personalpolitischer Maßnahmen Mobbing induzieren können, da vor allem der Hierarchieabbau zu verschärftem Karrierewettbewerb führen kann. Auf die mikropolitischen Motive des Mobbing stellte Kapitel E. 1.8 ab. In Verbindung mit der Spieltheorie wird angenommen, dass beim Handeln der Organisationsmitglieder das Ziel überwiegt, eigene Interessen durch den Aufbau und Einsatz von Macht zu realisieren und politische Spielleidenschaft rationale Motive verdrängt. Die Möglichkeit, dass Unternehmen Mobbing als gezielte Strategie zum „günstigen" oder „bequemen" Personalabbau einsetzen, wurde als personalwirtschaftliche Ursache in Kapitel E. 1.7 diskutiert. Personalwirtschaftlich kann es weiters sinnvoll erscheinen, Mobbing als Instrument zu nutzen, um ungewollte Kooperation und ineffiziente Harmonie zu verhindern.

Mit der Fragestellung, inwieweit gesellschaftliche Ursachen zum Auftreten von Mobbing beitragen, beschäftigte sich Kapitel E. 1.3. Die Sozialisations- und Lerntheorie beschreibt, dass „Ellenbogenverhalten" als wirksame Handlungseinstellung erlebt wird und insbesondere in Wirtschaftssystemen mit ausgeprägtem Konkurrenzdenken sowie negativen Wirtschaftslagen erlernt wird. Auch der gesellschaftliche Wandel individueller Werte und Normen kann zu Konflikten zwischen dem Arbeitnehmer und konservativen Unternehmenswerten (z.B. im Falle der Selbstverwirklichung) oder zu Konflikten zwischen den Mitarbeitern (z.B. im Falle der Individualisierung) führen.

Zusammenfassend lässt sich sagen, dass jede Ursache Mobbing singulär verursachen kann. Aber – und das ist die Mehrzahl der Fälle – es können mehrere Ursachen parallel auftreten und/oder sich gegenseitig bedingen und/oder verstärken. Beispielsweise kann in einem bürokratischen Unternehmen (**betrieblich bedingt**) ein cholerischer Vorgesetzter (**personenbedingt**) tätig sein, von dem ein Neueingestellter keine Hilfe zur Integration in die Gruppe (**sozialpsychologische Ursache**) erhält. Die Ergebnisse der deutschen Repräsentativstudie (MESCHKUTAT et al. 2002) bestätigen, dass in der Regel ein Geflecht aus individuellen Motiven und Verhaltensweisen, Ursprungskonflikten und begünstigenden Rahmenbedingungen mit je unterschiedlich starken Anteilen zur Entstehung eines Mobbingfalls beitragen. Der Wert der Analyse betriebsbedingter Ursachen liegt darin, dass wirksame Lösungsmöglichkeiten an **veränderbaren** Komponenten ansetzen können. Im Gegensatz hierzu ist es bei psychodynamischen (wie ein Kindheitstrauma beseitigen?), gruppendynamischen (welches Ventil statt des Sündenbocks?) oder personenbedingten Ursachen (wie wird aus einem Charakterschwächling ein guter Mensch?) kaum möglich, präventiv oder nachhaltig interventiv gegen Mobbing vorzugehen.

Die Relevanz eines betrieblichen Problems bemisst sich natürlich am Wissen um dessen Folgen (Kapitel D. 2). Beim Mobbing ist dieser Aspekt entscheidend – so wird häufig geglaubt, mit gesundheitlichen (Kapitel D. 2.1.1), privaten (Kapitel D. 2.1.2) und arbeitsvertragsrechtlichen Auswirkungen (Kapitel D. 2.1.4) die Konsequenzen hinreichend beschrieben zu haben. Die weiterreichende Brisanz für die betriebswirtschaftliche Unternehmung wurde jedoch bei der Analyse der Folgen für die Organisation deutlich (Kapitel D. 2.2). Einerseits erhöht sich durch die auftretenden Gesundheitsbeeinträchtigungen beim Arbeitnehmer der „ungewollte" Krankenstand, die durch Schikanen verminderte Anwesenheitsmotivation erzeugt andererseits auch einen „beabsichtigten" Absentismus (Kapitel D. 2.2.1). Weitere Kosten entstehen der Unternehmung durch Fluktuation: Gemobbte Mitarbeiter verlassen die Organisation, da sie keine andere Möglichkeit sehen, sich dem Mobbing zu entziehen, oder es zu Rechtsbrüchen gekommen ist (Kapitel D. 2.2.2). Der erhebliche Kostenaspekt wird besonders deutlich, da häufig leistungsfähige und engagierte Mitarbeiter attackiert werden (Kapitel E. 1.1 und E. 1.6). Mobbingbetroffene, die am Arbeitsplatz „ausharren", reagieren oft mit Änderungen ihres Arbeitsverhaltens. Die Produktivität des Arbeitnehmers sinkt auf der einen Seite, da unter dem psychosozialen Stress ‚Mobbing' ineffizient gearbeitet wird und Arbeitsabläufe durch verschlechterte Kommunikation gestört werden (Kapitel D. 2.2.3, Absatz a). Auf der anderen Seite verringert Mobbing die Arbeitszufriedenheit, senkt die Arbeitsmotivation und damit die willentliche Einstellung („Dienst nach Vorschrift", „Innere Kündigung"), über das arbeitsvertraglich nötige Maß engagiert tätig zu sein (Kapitel D. 2.2.3, Absatz b). Außerdem kann während der Mobbingaktivitäten sowohl vom Täter als auch vom Opfer nicht den Arbeitsaufgaben nachgegangen werden (Kapitel D. 2.2.3, Absatz c). Kapitel D. 2.2.4 beschrieb die komplexe Wechselwirkung, dass Mobbing durch schlechtes Betriebsklima begünstigt werden kann oder aber dieses erst erzeugt. Auch eine Beschädigung des Unternehmensimage ist denkbar: Die gesenkte Produktivität kann zu Qualitätsmängeln und Problemen in der Zuverlässigkeit (z.B. Lieferung) führen. Kapitel D. 2.2.6 stellte die möglichen positiven Wirkungen von Mobbing vor: Zu Beginn des Mobbing zeigen einige Betroffene erhöhte Arbeitsleistungen, um etwaige Vorwürfe zu entkräften. Weitere Überlegungen gehen in Richtung der Leistungsteuerung durch gezieltes Einsetzen von „Zuckerbrot und Peitsche" sowie der rationellen Zuweisung von Rangordnungen. Insgesamt verursachen der Unternehmung Fehlzeiten, Fluktuation, verringerte Produktivität und beschädigtes Unternehmensimage erhebliche Kosten und schmälern das Betriebsergebnis (Kapitel D. 2.2.5). Auch der Volkswirtschaft entstehen Kosten, da die Sozialversicherungsträger durch kranke Arbeitnehmer belastet werden (Kapitel D. 2.3).

Bei der Darstellung der Lösungsmöglichkeiten (Kapitel F. 1) wurde das Konzept des Strukturellen Mobbing weiter verfolgt. Kapitel F. 1.1 erläuterte Maßnahmen des Personalmanagements, die zur menschengerechten, leistungsfördernden, aber ergebnisorientierten Gestaltung von Arbeit, Technik und Organisation auf der Basis personalwirtschaftlicher Erfordernisse und Entscheidungen beitragen: Das Human Resource Management betrachtet den Arbeitnehmer weniger als Personal, das dem Produktionsprozess gemäß verwaltet werden muss, sondern bezieht in Führungsleitbildern dessen individuelle Bedürfnisse ein (Kapitel F. 1.1.1). Job rotation und job enlargement sind Modelle, um Arbeitsaufgaben komplexer zu gestalten und Mitarbeitern Kontroll- und Handlungsspielraum zu übertragen (Kapitel F. 1.1.2). In Verbindung mit personalpolitischen Instrumenten können dezentrale Organisationsformen einen Lösungsweg zur Verhinderung von Mobbing bieten (Kapitel F. 1.1.3). Dabei steht die Idee der Team- bzw. Gruppenarbeit im Mittelpunkt: Durch Hierarchieabbau und Gewährung von Mitspracherechten für die gesamte Mitarbeiterschaft wird die klassische Funktion des Vorgesetzten aufgelöst. Dies kann eine wirkungsvolle Reaktion auf die empirischen Daten sein, dass Vorgesetzte überproportional als Mobbingtäter vertreten sind und Machtasymmetrien ausnutzen (Kapitel C. 2.6.2). Kapitel F. 1.1.4 ergänzte die innerbetrieblichen Maßnahmen um Instrumente und Institutionen zur Intervention, wie Betriebsvereinbarungen, Betriebs- und Personalrat etc.

Abschließend möchte der Verfasser auf Basis der betriebwirtschaftlichen Analyse der Ursachen und Folgen eine eigene **betriebswirtschaftliche Definition** vorstellen:

> Mit Mobbing am Arbeitsplatz wird ein systematisch feindseliges Verhalten (Schikanen, Diskriminierung, ungerechte Verteilungen) gegen Mitarbeiter bezeichnet, das vom Arbeitgeber oder anderen Arbeitnehmer(n) ausgeht oder durch diese(n) strukturell vermittelt wird. Neben soziologischen und psychologischen Faktoren wird Mobbing insbesondere durch bestimmte betriebliche Rahmenbedingungen verursacht. In der Folge führt Mobbing zur Schädigung des Mitarbeiters (Krankheit, Anwesenheits- und Arbeitsmotivation) sowie der Organisation (Produktivität) und verursacht erhebliche Kosten. Unter Umständen kann Mobbing betriebswirtschaftlich erwünschte, positive Effekte hervorrufen.

Auch zukünftig wird sich das Thema Mobbing in der Unternehmung bzw. Organisation nicht erledigen. Mit dem fortschreitenden Einsatz neuer Technologien und flexibilisierter Arbeitszeitmodelle haben und werden sich die Belastungsspektren am Arbeitsplatz weiter verändern. Es entstehen Leistungsverdichtung, beschleunigter Zeit- und Termindruck, hohe Verantwortung, informatorische Belastung und die Notwendigkeit der Selbstorganisation von Arbeit. Neue Anforderungen in der Arbeitswelt müssen aber nicht a priori negative Belastungen darstellen. Die sozialen Auswirkungen von arbeitsorganisatorischen Veränderungen sollten in Unternehmen durch Unterstützungsmaßnahmen begleitet und interpersonelle Probleme weniger durch „wildwüchsige" Selbstorganisation und -steuerung gelöst werden. In diesem Klima gedeihen Ängste, den neuen Anforderungen nicht gerecht zu werden, und es wird versucht, Unsicherheiten durch unfaire Verhaltensweisen zu kompensieren. Weiter ist anzunehmen, dass die Verbreitung von Mobbing unterschätzt wird. Bei einer veränderten Konzeptionsstruktur (Stichwort Definition) der Erhebungsmethoden und -studien sowie Aufklärung „unwissender" Betroffener würde man wahrscheinlich deutlich höhere Zahlen als die 2,7% der deutschen Repräsentativstudie bzw. die häufig zitierten 3,5% erhalten.

Abbildungs- und Tabellenverzeichnis   149

Abbildungsverzeichnis

Seite

Abbildung 1:	Die internen und externen Akteure im System Mobbing	22
Abbildung 2:	Die 45 Handlungen – was die "Mobber" tun	24
Abbildung 3:	Häufigkeit der Mobbinghandlungen	31
Abbildung 4:	Dauer des Mobbingprozesses	32
Abbildung 5:	Inhalte der Mobbinghandlungen gestaffelt nach Häufigkeit des Auftretens	33
Abbildung 6:	Mobbingquote differenziert nach Geschlecht	34
Abbildung 7:	Mobbingquote differenziert nach Alter	34
Abbildung 8:	Anteil der Mobber-Altersgruppen an Gesamtheit der Mobber	35
Abbildung 9:	Hierarchische Position der Mobber	36
Abbildung 10:	Phasen des Mobbingverlaufs nach LEYMANN	41
Abbildung 11:	Phasen der Veränderung personenspezifischer Arbeitsverhältnisse	44
Abbildung 12:	Element des hypothetischen Prozessmodells	46
Abbildung 13:	Job Characteristics Model nach HACKMAN	55
Abbildung 14:	Motivationspsychologisches Modell zur Erklärung der Arbeits- und Anwesenheitsmotivation von Mitarbeitern	56
Abbildung 15:	Modell der Inneren Kündigung als Reaktionsform auf den Bruch Innerer Verträge	59
Abbildung 16:	Zeitliche Verlaufsmuster der Verhaltensänderungen von Mobbingbetroffenen	60
Abbildung 17:	Autoritärer und kooperativer Führungsstil nach TANNENBAUM/SCHMIDT	84
Abbildung 18:	Harte und weiche Erfolgsfaktoren: Das 7-S-Modell entwickelt von McKinsey	89
Abbildung 19:	Spektrum einer Unternehmenskultur	90
Abbildung 20:	Vier Kulturtypen nach DEAL/KENNEDY	93
Abbildung 21:	Formelle und informelle Gruppe nach SCANLON/KEYS	109
Abbildung 22:	Konfliktniveau und organisatorische Effizienz nach KAST/ROSENZWEIG	118
Abbildung 23:	Konflikt-Eskalationsverlauf nach GLASL	119
Abbildung 24:	Modell zur Analyse des Job-Stress	122
Abbildung 25:	Möglichkeiten der Erweiterung des Handlungsspielraums	131

Tabellenverzeichnis

Tabelle 1:	Geschlechterverteilung von Tätern und Opfern beim Mobbing	35
Tabelle 2:	Krankheitsverlauf von Mobbingbetroffenen	47
Tabelle 3:	Betriebliche Situation zum Zeitpunkt des Mobbing	75
Tabelle 4:	Aston-Dimensionen der Organisationsstruktur	76
Tabelle 5:	Funktionale und dysfunktionale Folgen bürokratischer Strukturen	77
Tabelle 6:	Zusammenhang von Verhaltensweisen und Aufgaben	80
Tabelle 7:	Erwartete Reaktionen auf unterschiedliche Arbeitssituationen nach PORTER et al.	80
Tabelle 8:	Typologie von Führungsstilen	83
Tabelle 9:	Unternehmenskulturen Typ A und Typ J nach OUCHI	94
Tabelle 10:	Wertewandel in der Gesellschaft nach WEVER	100
Tabelle 11:	Das Bild vom Mitarbeiter in drei Managementmodellen nach MILES	129
Tabelle 12:	Wertorientierte Personalpolitik bei BMW am Beispiel des Wertebereiches „Selbständigkeit und Individualität"	130

Abkürzungsverzeichnis

Das Abkürzungsverzeichnis erklärt nur die Abkürzungen, welche im Text nicht näher erläutert werden.

a.a.O.	an angegebenem Ort
Abs.	Absatz
AOK	Allgemeine Ortskrankenkasse
Art.	Artikel
BGB	Bürgerliches Gesetzbuch
BGBl.	Bundesgesetzblatt
BMA	Bundesministerium für Arbeit
BMW	Bayerische Motoren-Werke
bzw.	beziehungsweise
DAK	Deutsche Angestellten Krankenkasse
DGB	Deutscher Gewerkschaftsbund
d.h.	das heißt
DM	Deutsche Mark
ERG	Existence-Relatedness-Growth
et al.	et alteri (und andere)
etc.	etcetera (und so weiter)
EU	Europäische Union
evtl.	eventuell
ff.	folgende Seite(n)
GG	Grundgesetz
GmbH	Gesellschaft mit beschränkter Haftung
GRP	Generation Research Program
HBR	Harvard Business Review
HdA	Hochschuldidaktische Arbeitsstelle
Hrsg.	Herausgeber
IG Metall	Industriegewerkschaft Metall
IW	Institut der deutschen Wirtschaft/für Wirtschaftsforschung
JSP	Journal of Social Psychology
Mrd.	Milliarde
Nr.	Nummer
S.	Seite
StGB	Strafgesetzbuch
u.a.	unter anderem
USA	United States of America
usw.	und so weiter
u.U.	unter Umständen
ver.di	Vereinigte Dienstleistungsgewerkschaft
Vol.	Volume (Band)
WIST	Wirtschaftswissenschaftliches Studium
www	world wide web (Internet)
z.B.	zum Beispiel
ZfbF	Zeitschrift für betriebswirtschaftliche Forschung
z.T.	zum Teil
§	Paragraph

Literaturverzeichnis

ALDERFER, C.P. (1972): Existence, relatedness, and growth. Human needs in organizational settings. New York und London.
ALTHAUS, D. (1979): Zur Psychopathologie des Alltagslebens am Arbeitsplatz. Frankfurt/M.: Campus.
ARDELT, E./BUCHNER, R./GATTINGER, E. (1993): Mobbing aus psychologischer Sicht. In: Mobbing. Psychoterror am Arbeitsplatz und wie man sich dagegen wehren kann. Salzburg: Kammer für Arbeiter und Angestellte für Salzburg, S. 27-31.
ASHFORTH, B.E. (1994): Petty tyranny in organizations. In: Human Relations, 47, S. 755-778.

BABIAK, P. (1995): When psychopaths got to work: A case study of an industrial psychopath. In: Applied Psychology: An International Review, 44, S. 171-188.
BAILLOD, J./SEMMER, N. (1994): Fluktuation und Berufsverläufe bei Computerfachleuten. In: Zeitschrift für Arbeits- und Organisationspsychologie, 38, S. 152-163.
BAMME, A./FEUERSTEIN, G./HOLLING, E. (1982): Destruktiv-Qualifikationen. Zur Ambivalenz psychosozialer Fähigkeiten. Bensheim: pädagogischer extra buchverlag.
BARON, R.A./NEUMANN, J.H. (1996): Workplace Violence and Workplace Aggression: Evidence on their relative frequency and potential causes. Aggressive Behavior, 22, S. 161-173.
BASSMAN, E.S. (1992): Abuse in the workplace. Management remedies and bottom line impact. Westport, London usw.: Quorum.
BAUMEISTER, R.F./SMART, L./BODEN, J.M. (1996): Relation of threatened egoism to violence and aggression: The dark side of high self-esteem. In: Psychological Review, 103, S. 5-33.
BECK (1999): Arbeitsgesetze. 55. Auflage Beck-Texte. München: dtv.
BECKER, M. (1995): Rückwege zum Selbstbewußtsein. Ein Beispiel für die Behandlung in der Mobbingklinik. In: LEYMANN, H. (Hrsg.): Der neue Mobbing-Bericht. Erfahrungen und Initiativen, Auswege und Hilfsangebote. Reinbek: Rowohlt, S. 124-144.
BERKEL, K. (1984): Konfliktforschung und Konfliktbewältigung. Berlin: Duncker&Humblot.
BERKOWITZ, L. (1989): The frustration-aggression hypothesis: An examination and reformulation. In: Psychological Bulletin, 106, S. 59-73.
BERTHEL, J. (1989): Personalmanagement: Grundzüge für Konzeptionen betrieblicher Personalarbeit. Stuttgart: Poeschel.
BIELER, F./HEILMANN, J. (1996): Mobbing – ein bekanntes Ärgernis unter neuem Namen (?). Arbeit und Recht 44 (11/96), S. 430-434.
BIERHOFF, H.W. (1980): Hilfreiches Verhalten. Soziale Einflüsse und pädagogische Implikationen. Darmstadt: Steinkopff.
BION, W.R. (1971): Erfahrungen in Gruppen. Stuttgart: Klett.
BJÖRKQVIST, K. (1992): Trakassering förekommer bland anställda vid ÅA. In: Meddelanden från Åbo Akademi, Nr. 9, 1992, S. 14-17.
BJÖRKQVIST, K./ÖSTERMAN, K./HJELT-BÄCK, M. (1994): Aggression among University Employees. Submitted to "Aggressive Behavior". Åbo: Åbo Akademi.
BKK (2002): „Immer mehr psychisch Kranke". Pressemitteilung der BKK vom 27.11.2002. In: Lausitzer Rundschau vom 28.11.2002, S. 1.
BMA (2002): Neue Rechte bei Mobbing und sexueller Belästigung. Pressemitteilung des Bundesministeriums für Arbeit vom 30. Juli 2002.
BOSETZKY, H./HEINRICH, P. (1989): Mensch und Organisation: Aspekte bürokratischer Sozialisation. Köln: Kohlhammer.
BROCKHAUS, F.A. (1993): Der Brockhaus in fünf Bänden. Mannheim usw.: Brockhaus.
BRODSKY, C. (1976): The Harassed Worker. Toronto: Lexington Books, DC Heath and Company.
BROMANN, P./PIWINGER, M. (1992): Gestaltung der Unternehmenskultur. Stuttgart: Schäffer-Poeschel.
BÜCHI, W. (1992): Die aktive Laufbahngestaltung als Instrument zur Überwindung und Verhinderung der Inneren Kündigung. In: HILB, M. (Hrsg.): Innere Kündigung: Ursachen und Lösungsansätze. Zürich, S. 65-73.
BÜHLER, K./ZAPF, D. (1998): Stigmatisierung am Arbeitsplatz. Eine qualitative Studie mit Mobbingopfern. Universität Konstanz, Sozialwissenschaftliche Fakultät.
BUNGARTEN, T. (1994): Die Sprache in der Unternehmenskommunikation. In: BUNGARTEN, T. (Hrsg.): Unternehmenskommunikation. Linguistische Analysen und Beschreibungen. Tostedt: Attikon, S. 29-42.

COHEN, S. (1980): Aftereffects of stress in human performance and social behavior: A review of research and theory. In: Psychological Bulletin, 88, S. 82-108.
COOPER, C. (1981): Streß auf verschiedenen Stufen der Managementhierarchie. In: FRESE, M. (Hrsg.): Streß im Büro. Bern usw.: Huber, S. 282-305.
CRAWFORD (1992): In: ADAMS, A. (1992): Bullying at work. How to confront and overcome it. London: Virago Press.
CROZIER, M./FRIEDBERG, E. (1979): Macht und Organisation. Königstein: Athenäum.

DÄUBLER, W. (1995): Zurückhaltung des Rechts. Mobbing und das Arbeitsrecht. In: LEYMANN, H. (Hrsg.): Der neue Mobbing-Bericht. Erfahrungen und Initiativen, Auswege und Hilfsangebote. Reinbek: Rowohlt, S. 76-92.

DAK (2002) : DAK Gesundheitsreport 2002. Hamburg: DAK.
DEAL, T.E./KENNEDY, A.A. (1982): Corporate Cultures: The Rites and Rituals of Corporate Life. Reading, Mass., S. 16.
DEPUE, R.A./MONROE, S.M. (1986): Conceptualization and measurement of human disorder in life stress research. In: Psychological Bulletin, 99, S. 36-51.
DICK, U./DULZ, K. (1994): Zwischenbericht Mobbing-Telefon. Zeitraum 23.8.1993 - 22.2.1994. Hamburg: AOK.
DILL, P./HÜGLER, G. (1997): Unternehmenskultur und Führung betriebswirtschaftlicher Organisationen – Ansatzpunkte für ein kulturbewußtes Management. In: HEINEN, E./FANK, M. (Hrsg.): Unternehmenskultur. Perspektiven für Wissenschaft und Praxis. München usw.: Oldenbourg, S. 141-210.
DSM III R (1987): American Psychiatric Association. Washington, DC.
DUNCKEL, H. (1985): Mehrfachbelastungen am Arbeitsplatz und psychosoziale Gesundheit. Frankfurt/M. usw.: Peter Lang.
DUNCKEL, H./ZAPF, D. (1986; 1996): Psychischer Streß am Arbeitsplatz. Belastungen, gesundheitliche Folgen, Gegenmaßnahmen. Köln: Bund.
ECHTERHOFF, W./POWELEIT, D./SCHINDLER, U./KRENZ, A. (1997): Innere Kündigung. Überwindung von Motivationsblockaden in Wirtschaft und Verwaltung. In: Zeitschrift Führung+Organisation, 66. Jahrgang, 1/1997, S. 33-37.
EINARSEN, S./RAKNES B. (1991): Mobbing i arbeidslivet. En undersøkelse av forekomst og helsemessige konsekvenser av mobbing på norske arbeidsplasser. Bergen: Forskningssenter for Arbeidsmiljø, Helse og Sikkerhet (FAHS), Universitetet i Bergen.
EINARSEN, S./RAKNES, B./MATTHIESEN, S./HELLESØY, O. (1994): Mobbing og harde personkonflikter. Helsefarlig samspill pa arbeidsplassen. Soreidgrend: Sigma Forlag.
EINARSEN, S./SKOGSTAD, A. (1996): Prevalence and risk groups of bullying and harassment at work. In: HERRIOT, P. (Hrsg.): Mobbing and Victimization at Work. European Journal of Work and Organizational Psychology, 5, S. 185-202.
EISSING, G. (1991): Fehlzeiten. Betriebliche Ursachenanalyse und Maßnahmen. In: Angewandte Arbeitswissenschaft, 130, S. 44-104.
ESSER, A./WOLMERATH, M. (1997; 1999): Mobbing. Der Ratgeber für Betroffene und ihre Interessenvertretung. Köln: Bund.

FALLER, M. (1991): Innere Kündigung. Ursachen und Folgen. München: Rainer Hampp.
FELSON, R.B. (1992): „Kick'em when they're down": Explanations of the relationships between stress and interpersonal aggression and violence. In: Sociology Quarterly, 33, S. 1-16.
FODELL, C. (1989): Miteinander oder Gegeneinander. Wiesbaden: Deutscher Universitäts-Verlag.
FORGAS, J.P. (1992): Soziale Interaktion und Kommunikation: Eine Einführung in die Sozialpsychologie. Weinheim: Union.
FRENCH, J./RODGERS, W./COBB, S. (1974): Adjustement as person-environment fit. In: COELHO, G./HAMBURG, D./ADAMS, J. (Hrsg.): Coping and adaption. New York: BasicBooks, S. 316-333.
FRESE, M./ERBE-HEINBOKEL, M./GREFE, J./RYBOWIAK, V./WEIKE, A. (1994): „Mir ist es lieber, wenn ich genau gesagt bekomme, was ich tun muß". Probleme der Akzeptanz von Verantwortung und Handlungsspielraum in Ost und West. In: Zeitschrift für Arbeits- und Organisationspsychologie, 38, N.F. 12 (1), S. 22-33.
FRESE, M./ZAPF, D. (1994): Action as the core of work psychology: A German approach. In: TRIANDIS, H.C./DUNNETTE, M.D./HOUGH, J.M. (Hrsg.): Handbook of industrial and organizational psychology. Vol. 4 (S. 271-340). Palo Alto, CA: Consulting Psychologists Press.
FREUD, S.: zitiert in LEYMANN, H. (2002www).

GALTUNG, J. (1975; 1981): Strukturelle Gewalt. Reinbek: Rowohlt.
GEHRMANN, G. (2002): Krankheiten zunehmend durch Stress und Mobbing verursacht. Mitteilung des Präsidenten der Fachvereinigung Arbeitssicherheit (Fasi). In: Lausitzer Rundschau vom 16.10.2002.
GLASL, F. (1980; 1992): Konfliktmanagement. Diagnose und Behandlung von Konflikten in Organisationen. Bern usw.: Paul Haupt.
GREIF, S. (1991): Streß in der Arbeit. Einführung und Grundbegriffe. In: GREIF, S./BAMBERG, E./SEMMER, N. (Hrsg.): Psychischer Streß am Arbeitsplatz. Göttingen usw.: Verlag für Psychologie – Hogrefe, S. 1-83.
GREIF, S./BAMBERG, E./SEMMER, N. (Hrsg.) (1991): Psychischer Streß am Arbeitsplatz. Göttingen usw.: Verlag für Psychologie – Hogrefe.
GRÜNE, P. (1999): SynBA-3K. Verfahren zur Analyse von Konflikten und Strategien der Konfliktbewältigung in Organisationen. In: Zeitschrift für Arbeits- und Organisationspsychologie, 43, N.F. 17 (4), S. 216-225.
GRUND, U. (1995): Wenn die Hemmschwellen sinken. Die Aufgabe der Gewerkschaft. In: LEYMANN, H. (Hrsg.): Der neue Mobbing-Bericht. Erfahrungen und Initiativen, Auswege und Hilfsangebote. Reinbek: Rowohlt, S. 93-107.
GUSSMANN, B./BREIT, C. (1997): Ansatzpunkte für eine Theorie der Unternehmenskultur. In: HEINEN, E./FANK, M. (Hrsg.): Unternehmenskultur. Perspektiven für Wissenschaft und Praxis. München usw.: Oldenbourg, S. 107-140.

HACKMAN, J.R. (1977): Work design. In: HACKMAN, J.R./SUTTLE, J.L. (Hrsg.): Improving life at work. Santa Monica.
HACKMAN, J.R./OLDHAM, G.R. (1976): Motivation through the design of work: Test of a theory. In: Organizational Behavior and Human Performance, 16, S. 250-279.

Literaturverzeichnis

HAHNE, A. (1994): Mobbing: Konflikte unter Kollegen. In: Zeitschrift Führung+Organisation, 63. Jahrgang, 3/1994, S. 188-193.
HALAMA, P./MÖCKEL, U. (1995): „Mobbing". Acht Beiträge zum Thema Psychoterror am Arbeitsplatz. In: Evangelischer Pressedienst (Hrsg.): epd-Dokumentation (Band 11/95), Frankfurt/M.
HALLER, R./KOCH, U. (1995): Mobbing – Rechtsschutz im Krieg am Arbeitsplatz. In: Neue Zeitschrift für Arbeitsrecht, Heft 8/95, München usw.: Beck'sche Verlagsbuchhandlung, S. 256-260.
HARRIS, T.A. (1996): Ich bin o.k. Du bist o.k. Eine Einführung in die Transaktionsanalyse. Reinbek: Rowohlt.
HATCH, M.J. (1997): Organization Theory. Modern Symbolic and Postmodern Perspectives. Oxford, New York: Oxford University Press.
HEINEMANN, P. (1972): Mobbning – gruppvåld bland barn och vuxna. Stockholm: Natur och Kultur.
HEINEN, E. (1997): Unternehmenskultur als Gegenstand der Betriebswirtschaftslehre. In: HEINEN, E./FANK, M. (Hrsg.): Unternehmenskultur. Perspektiven für Wissenschaft und Praxis. München usw.: Oldenbourg, S. 1-48.
HENSELER, H. (1992): Organisationsprinzip Gruppenarbeit: Arbeitsorganisatorische Trends in der Automobilindustrie. In: BUBB, H./EIFF, W. VON (Hrsg.): Innovative Arbeitssystemgestaltung, S. 143-159.
HERZBERG, F./MAUSNER, B./PETERSON, R.O./CAPWELL, D.F. (1957): Job attitudes. A review of research and opinions. Pittsburgh: Psychological Service of Pittsburgh.
HERZBERG, F. et al. (1967): The Motivation to Work. 2. ed. New York.
HESSE, J./SCHRADER, H. (1995): Krieg im Büro. Frankfurt/M.: Fischer Taschenbuch.
HILDEBRANDT, S. (1994): Kollegen-Terror. In: Management&Seminar, 1994 (2), S. 14-17.
HILL, J.M./TRIST, E.L. (1953): A consideration of industrial accidents as a means of withdrawal from the work situation. In: Human Relations, 6, S. 357-380.
HJELT-BÄCK, M. (1992): Arbetsplatrakassering vid Åbo Akademi – en undersökning om upplevda orsaker till, förekomst och följder af vuxentrakassering. Åbo: Åbo Akademi, humanistiska fakulteten, psykologiska institutionen.
HÖHN, R. (1989): Die innere Kündigung in der öffentlichen Verwaltung. Stuttgart und München.
HOFFMANN, F. (1990): Unternehmenskultur in Amerika und Deutschland. In: SIMON, H. (Hrsg.): Herausforderung Unternehmenskultur. USW-Schriften für Führungskräfte. Stuttgart, S. 164-173.
HOLZEN-BEUSCH, E. VON/ZAPF, D./SCHALLBERGER, U. (1998): Warum Mobbingopfer ihre Arbeitsstelle nicht wechseln. Zürich: Universität Zürich, Institut für Psychologie.
HOPFGARTNER, A./ZEICHEN, M. (1988): Sexuelle Belästigung am Arbeitsplatz. Forschungsberichte aus Sozial- und Arbeitsmarktpolitik, Nr. 20. Wien: Bundesministerium für Arbeit und Soziales, Frauenreferat.

KARACIYAN-BERNDT, M. (1995): Mobbing – Psychoterror am Arbeitsplatz: Ursachen, Folgen, Gegenmaßnahmen. Unveröffentliche Diplomarbeit. Berlin: FH Alice-Salomon.
KARASEK, R./THEORELL, T. (1990): Healthy work. Stress, Productivity, and the Reconstruction of Working Life. BasicBooks.
KAST, F.E./ROSENZWEIG, J.E. (1985): Organization and management, a systems and contingency approach. Tokyo usw.
KATZ, D./KAHN, R.L. (1966): The social psychology of organizations. 1. Auflage. New York und London.
KETS DE VRIES, M.F.R./MILLER, D. (1984): The neurotic organization: Diagnosing and changing counterproductive styles of management. San Francisco: Jossey-Bass.
KILE, S. (1990): Helsefarlege leiarskap. Ein eksplorerande studie. Rapport til Norge Almenvitenskapleige Forskningsråd. Bergen: Universitetet i Bergen.
KIPNIS, D. (1976): The powerholders. Chicago: Chicago University Press.
KLEINBECK, U./WEGGE, J. (1996): Fehlzeiten in Organisationen: Motivationspsychologische Ansätze zur Ursachenanalyse und Vorschläge für die Gesundheitsförderung am Arbeitsplatz. In: Zeitschrift für Arbeits- und Organisationspsychologie, 40, N.F. 14 (4), S. 161-172.
KLEINSCHMIDT, M./PEKRUHL, U. (1994): Kooperative Arbeitsstrukturen und Gruppenarbeit in Deutschland. Gelsenkirchen: Institut für Arbeit und Technik.
KNORZ, C./ZAPF, D. (1995): Mobbing – eine extreme Form sozialer Stressoren am Arbeitsplatz. Unveröffentliches Manuskript.
KNORZ, C./ZAPF, D. (1996): Mobbing – eine extreme Form sozialer Stressoren am Arbeitsplatz. In: Zeitschrift für Arbeits- und Organisationspsychologie, 40, N.F. 14 (1), S. 12-21.
KÖNIGSWIESER, R. (1987): Konflikthandhabung. In: KIESER, A./REBER, G./WUNDERER, R. (Hrsg.): Handwörterbuch der Führung. Stuttgart: Poeschel, Sp. 1240-1246.
KOLLMER, N. (1997): Mobbing im Arbeitsverhältnis. Heidelberg: Forkel.
KOLLMER, N. (2000): Rechtsberater. Mobbing im Arbeitsverhältnis. Heidelberg: C.F. Müller.
KOLODEJ, C. (1999): Mobbing. Psychoterror am Arbeitsplatz und seine Bewältigung. Wien: WUV-Universitätsverlag.
KOSSBIEL, H. (1982) (Hrsg.): Personalentwicklung. Zfbf-Sonderheft 14/1982.
KOWALSKI, H. (1994): Was kränkt macht krank. In: Psychologie Heute, Heft September, S. 27-34.
KRÄKEL, M. (1997): Rent-seeking in Organisationen – eine ökonomische Analyse sozial schädlichen Verhaltens. In: Schmalenbachs Zeitschrift für betriebswirtschaftliche Forschung, 6, 6/97, S. 535-555.
KRIEGER, W. (1992): Soziale Beziehungen am Arbeitsplatz: Belastung oder Stütze? In: Psychosozial, 15. Jahrgang, Heft IV, S. 23-32.
KRUMM, H. (1995): Mobbing – eine unethische Form der Kommunikation am Arbeitsplatz. Unpublished diploma thesis, Technical University of Darmstadt.

Literaturverzeichnis

KRYSTEK, U. et al. (1995): Innere Kündigung. Ursachen, Wirkungen und Lösungsansätze auf Basis einer empirischen Untersuchung. München: Rainer Hampp.
KUBICEK, H. (1981): Unternehmungsziele, Zielkonflikte und Zielbildungsprozesse. In: WIST 10/1981, S. 458-466.
KUNCZIK, M. (1972): Der Stand der Forschung. In: Ders., Führung: Theorien und Ergebnisse. Düsseldorf und Wien, S. 260-302.
LATTMANN, C. (1975): Führungsstil und Führungsrichtlinien. Bern und Stuttgart.
LAZARUS, R. (1966): Psychological Stress and the Coping Process. New York usw.: McGraw Hill.
LAZARUS, R./LAUNIER, R. (1981): Streßbezogene Transaktionen zwischen Person und Umwelt. In: NITSCH, J. (Hrsg.): Stress: Theorien, Untersuchungen, Maßnahmen. Stuttgart: Huber, S. 213-259.
LAZEAR, E.P. (1979): Why Is There Mandatory Retirement? In: Journal of Political Economy, Vol. 87, S. 1261-1284.
LAZEAR, E.P. (1989): Pay Equality and Industrial Politics. In: Journal of Political Economy, Vol. 97, S. 561-580.
LEWIN, K./LIPPITT, R./WHITE, R.K. (1939): Patterns of aggressive behavior in experimentally created 'social climates'. In: JSP 10/1939, S. 271-299.
LEYMANN, H. (1989): Presentation av LIPT-formuläret: konstruktion, validering, utfall. Stockholm: Praktikertjänst AB.
LEYMANN, H. (1991): Delrapport 1 - 3 zu Mobbing (einzelne Bände in NIEDL (1995b)). En rikstäckande undersökning med 2438 intervjuer. Stockholm: Arbetarskyddsstyrelsen.
LEYMANN, H. (1993a): Ätiologie und Häufigkeit von Mobbing am Arbeitsplatz. Eine Übersicht über die bisherige Forschung. In: Zeitschrift für Personalforschung, 7, 2/93, S. 271-284.
LEYMANN, H. (1993b): Mobbing. Psychoterror am Arbeitsplatz und wie man sich dagegen wehren kann. Reinbek: Rowohlt.
LEYMANN, H. (1993c): Handanleitung für den LIPT-Fragebogen. Unveröffentlichtes Manuskript. Stockholm.
LEYMANN, H. (1995a): Einführung: Mobbing. In: LEYMANN, H. (Hrsg.): Der neue Mobbing-Bericht. Erfahrungen und Initiativen, Auswege und Hilfsangebote. Reinbek: Rowohlt, S. 13-26.
LEYMANN, H. (1995b): Theorien – aber welche? In: LEYMANN, H. (Hrsg.): Der neue Mobbing-Bericht. Erfahrungen und Initiativen, Auswege und Hilfsangebote. Reinbek: Rowohlt, S. 27-41.
LEYMANN, H. (1995c): Wenn Mobbing krank macht. In: LEYMANN, H. (Hrsg.): Der neue Mobbing-Bericht. Erfahrungen und Initiativen, Auswege und Hilfsangebote. Reinbek: Rowohlt, S. 42-54.
LEYMANN, H. (1995d): Konkurrenz und Kooperation oder Vom Mythos der Konkurrenzgesellschaft. In: LEYMANN, H. (Hrsg.): Der neue Mobbing-Bericht. Erfahrungen und Initiativen, Auswege und Hilfsangebote. Reinbek: Rowohlt, S. 173-182.
LEYMANN, H. (1996): The content and development of mobbing at work. In: HERRIOT, P. (Hrsg.): Mobbing and Victimization at Work. European Journal of Work and Organizational Psychology, 5 (2), S. 165-184.
LEYMANN, H. (2002www): Mobbing-Encyklopedia: Bullying, Whistleblowing. In: http://www.leymann.se/deutsch/00002d.html bis 12100d.html.
LEYMANN, H./GUSTAFSSON, A. (1996): Mobbing at Work and the Development of Post-traumatic Stress Disorders. In: HERRIOT, P. (Hrsg.): Mobbing and Victimization at Work. European Journal of Work and Organizational Psychology, 5 (2), S. 251-275.
LEYMANN, H./GUSTAVSSON, B. (1984): Psykiskt våld i arbetslivet. Stockholm.
LEYMANN, H./NIEDL, K. (1994): Mobbing: Psychoterror am Arbeitsplatz. Ein Ratgeber für Betroffene. Wien: Verlag des Österreichischen Gewerkschaftsbundes.
LEYMANN, H./TALLGREN, U. (1990): Investigation into the Frequency of Adult Mobbing in a Swedish Steel Company using the LIPT Questionnaire. Stockholm: Unveröffentlichtes Manuskript.
LINDEMEIER, B. (1996): Mobbing. Krankheitsbild und Intervention des Betriebsarztes. In: Die Berufsgenossenschaft, Juni, S. 428-431.
LÖFFLER, R./SOFSKY, W. (1986): Macht, Arbeit und Humanität. Zur Pathologie organisierter Arbeitssituationen. Augsburg: Cromm.
LÖHNERT, W. (1990): Innere Kündigung. Eine Analyse aus wirtschaftspsychologischer Sicht. Frankfurt/M. usw.
LÖWER, C. (2002): Das Dogma der Gruppenarbeit. In: Süddeutsche Zeitung vom 26.10.2002.
LORENZ, K. (1991): Hier bin ich – wo bist du? Ethologie der Graugans. München usw.: Piper.

MARCH, J.G./SIMON, H.A. (1958): Organizations. New York.
MARKEFKA, M. (1984): Vorurteile – Minderheiten – Diskriminierung. Ein Beitrag zum Verständnis sozialer Gegensätze. Neuwied usw.: Luchterhand.
MASLOW, A. (1954): Motivation and personality. New York.
MATTHIESEN, S./RAKNES, B./RØKKUM, O. (1989): Mobbing på arbeidsplassen. Bergen: Forskningssenter for Arbeidsmiljø, Helse og Sikkerhet (FAHS), Universitetet Bergen.
MAYO (1949): In: HODGETTS, R.M. (1980): Modern Human Relations. Hinsdale, Ill., S. 91.
MESCHKUTAT, B./STACKELBECK, M./LANGENHOFF, G. (2002): Der Mobbing-Report. Repräsentativstudie für die Bundesrepublik Deutschland. Forschung, Fb 951. Dortmund usw.: Schriftenreihe der Bundesanstalt für Arbeitsschutz und Arbeitsmedizin.
MEURER, D. (1985): Bundespersonalvertretungsrecht. Neuwied: Luchterhand.
MEYER, A. (1991): Intrigen, Schikanen, Rufmord. In: Stern, 44, S. 23-27.
MILES, R.E. (1975): Theories of management. New York usw.
MOEBIUS, M. (1988): Psychoterror im Betrieb. In: Psychologie Heute, Nr. 1/88, S. 32-39.

Literaturverzeichnis

MÜLLER, G.F. (1998): Prozedurale Gerechtigkeit in Organisationen. In: BLICKLE, G. (Hrsg.): Ethik in Organisationen. Göttingen: Verlag für Angewandte Psychologie, S. 57-70.
MÜLLER, G.F. (1999): Organisationskultur, Organisationsklima und Befriedigungsquellen der Arbeit. In: Zeitschrift für Arbeits- und Organisationspsychologie, 43, N.F. 17 (4), S. 193-201.
MULDER, M./DE JONG, R.D./KOPPELAAR, L./VERHAGE, J. (1986): Power, situation and leaders' effectiveness: An organizational field study. In: Journal of Applied Psychology, 71, S. 566-570.

NACHBAGAUER, A./RIEDL, G. (1999): Innere Kündigung. Leistungszurückhaltung zwischen individueller Motivationsblockade und organisatorischer Normsetzung. In: Zeitschrift Führung+Organisation, 68. Jahrgang, 1/1999, S. 10-15.
NATIONAL BOARD OF OCCUPATIONAL SAFETY AND HEALTH (1993): Offensive Discrimination at Work. Ordinance of the National Board of Occupational Safety and Health. Vorlage vom 21.09.1993. Stockholm: National Board of Occupational Safety and Health.
NEUBERGER, O. (1994; 1999): Mobbing. Übel mitspielen in Organisationen. München: Rainer Hampp.
NEUBERGER, O. (1995): Mikropolitik. Der alltägliche Aufbau und Einsatz von Macht in Organisationen. Stuttgart: Enke.
NIEDER, P. (1992): Absentismus. In: GAUGLER, E./WEBER, W. (Hrsg.): Handwörterbuch des Personalwesens. Stuttgart: Poeschel, S. 1-9.
NIEDL, K. (1995a): Wem nützt Mobbing? Psychoterror am Arbeitsplatz und die Personalwirtschaft von Unternehmen. In: LEYMANN, H. (Hrsg.): Der neue Mobbing-Bericht. Erfahrungen und Initiativen, Auswege und Hilfsangebote. Reinbek: Rowohlt, S. 55-75.
NIEDL, K. (1995b): Mobbing/Bullying am Arbeitsplatz. Personalwirtschaftliche Schriften. Band 4. München: Rainer Hampp.

OECHSLER, W.A. (1979): Konfliktmanagement: Theorie und Praxis industrieller Arbeitskonflikte. Wiesbaden: Gabler.
OLWEUS, D. (1978): Aggression in the schools: Bullies and whipping boys. Washington: Hemisphere Publishing Corporation.
OUCHI, W.G. (1981): Theory Z. Reading, Mass. usw.

PAPAIOANNOU, S./SJÖBLOM, L. (1992): Arbetsplatstrakassering i kvinnodominerad vårdmiljö. Åbo: Åbo Akademi, humanistiska fakulteten, psykologiska institutionen.
PAWLOWSKY, P. (1988): Aus Kollegen werden Konkurrenten. In: Redaktion Psychologie Heute (Hrsg.): Arbeit: Die seelischen Kosten. Weinheim usw.: Beltz, S. 27-34.
PFAFF, H. (1981): Arbeitsbelastungen, soziale Beziehungen und koronare Herzkrankheiten. In: BADURA, B. (Hrsg.): Soziale Unterstützung und chronische Krankheit. Frankfurt/M.: Suhrkamp, S. 120-167.
PIKAS, A. (1989): The Common Concern Method for the treatment of Mobbing. In: ROLAND, E./MUNTHE, E. (Hrsg.): Bullying: An International Perspective. London: David Fulton Publishers, S. 91-104.
PILGRAM, J. (2002): Dienst nach Vorschrift. In: Süddeutsche Zeitung vom 14.9.2002.
PORTER, L.W./LAWLER III, E.E./HACKMAN, J.R. (1975): Behavior in organizations, New York usw.
PROSCH, A. (1995): Mobbing am Arbeitsplatz. Literaturanalyse mit Fallstudie. Konstanz: Hartung-Gorre.
PÜMPIN, C./KOBI, J.-M./WÜTHRICH, H.A. (1985): Unternehmenskultur. Basis strategischer Profilierung erfolgreicher Unternehmen. In: Die Orientierung, Schriftenreihe der Schweizerischen Volksbanken Nr. 85. Bern.

RAYNER, C. (1997): The incidence of workplace bullying. In: Journal of Community&Applied Social Psychology, 7, S. 199-208.
REGNET, E. (1992): Konflikte in Organisationen. Göttingen: Verlag für Angewandte Psychologie.
RESCH, M. (1993): Wie verbreitet ist Mobbing in Deutschland? Arbeitspapier des Workshop 4 im Fach-Forum: No Mobbing! vom 16.2.1993. Hamburg.
RESCH, M. (1994): Wenn Arbeit krank macht. Frankfurt: Ullstein.
RHEINZ, H. (1994): Der Feind in meinem Büro. Süddeutsche Zeitung vom 29.1.1994, S. 68.
RICHTER, G. (1999): Innere Kündigung. Modellentwicklung und empirische Befunde aus einer Untersuchung im Bereich der öffentlichen Verwaltung. In: Zeitschrift für Personalforschung, 2/1999, S. 113-138.
RIZZO, J.R./HOUSE, R.J./LIRTZMAN, S.I. (1970): Role conflict and ambiguity in complex organizations. In: Administrative Science Quarterly, 15, S. 150-163.
ROETHLISBERGER, F./DICKSON, W. (1956): Management and the worker. An Account of a Research Program Conducted by the Western Electric Company, Hawthorne Works, Chicago. Cambridge, Massachusetts: Harvard University Press.
ROHRMANN, B. (1988): Gestaltung von Umwelt. In: FREY, D./HOYOS, C.G./STAHLBERG, D. (Hrsg.): Angewandte Psychologie. Ein Lehrbuch. Weinheim: Union.
ROSS, E.A. (1905): Foundations of sociology. New York.
RÜTTINGER, B. (1977): Konflikt und Konfliktlösen. München: Wilhelm Goldmann.

SACCO, W.P./DUMONT, C.P./DOW, M.G. (1993): Attributional, perceptual, and affective responses to depressed and nondepressed marital partners. In: Journal of Consulting and Clinical Psychology, 61, S. 1076-1082.
SCANLON, B./KEYS, B. (1983): Management and organizational behavior. New York usw.

SCHALLBERGER, U. (1996): Eine Kurzversion der Ratingskalen zur Erfassung der fünf „großen" Persönlichkeitsfaktoren von Ostendorf (1990). Unveröffentlichtes Arbeitspapier. Universität Zürich, Angewandte Psychologie.
SCHAUENBERG, B. (1991): Organisationsprobleme bei dauerhafter Kooperation. In: ORDELHEIDE, D./ RUDOLPH, B./BÜSSELMANN, E. (Hrsg.): Betriebswirtschaftslehre und Ökonomische Theorie, S. 329-356.
SCHEIN, E.H. (1984): Coming to a new awareness of organizational cultur. In: Sloan Management Review 25, Nr. 2, S. 3-11.
SCHINDLER, R. (1973): Das Verhältnis von Soziometrie und Rangordnungsdynamik. In: HEIGL-EVERS, A. (Hrsg.): Göttingen: Vandenhoek&Rupprecht, S. 30-36.
SCHLAUGAT, K. (1999): Mobbing am Arbeitsplatz. Eine theoretische und empirische Analyse. München: Rainer Hampp.
SCHMIDT, K.-H. (1996): Wahrgenommenes Vorgesetztenverhalten, Fehlzeiten und Fluktuation. In: Zeitschrift für Arbeits- und Organisationspsychologie, 40, N.F. 14 (2), S. 54-62.
SCHMIDT, K.-H./DAUME, B. (1993): Job characteristics and voluntary employee turnover: Direct and moderated relationships. In: European Work and Organizational Psychologist, 3, S. 29-42.
SCHMIDT, K.-H./DAUME, B. (1996): Beziehungen zwischen Aufgabenmerkmalen, Fehlzeiten und Fluktuation. In: Zeitschrift für Arbeits- und Organisationspsychologie, 40, N.F. 14 (4), S. 181-189.
SCHOLZ, C./HOFBAUER, W. (1990): Organisationskultur – die 4 Erfolgsprinzipien. Wiesbaden.
SCHWARZ, G. (1989): Unternehmenskultur als Element des Strategischen Managements. Berlin.
SCHWERTFEGER, B. (1992): Mobbingfieber. Wirtschaftswoche, 31 (24.7.1992), S. 46-49.
SEIDLER, D. (1997): Unternehmenskultur, Unternehmenskommunikation & Unternehmenskulturmanagement. Beiträge zur Wirtschaftskommunikation. Band 17. Tostedt: Attikon.
SELYE, H. (1988): Streß. Bewältigung und Lebensgewinn. München usw.: Piper.
SEMMER, N. (1980): Streß. In: ASANGER, R./WENNINGER, G. (Hrsg.): Handwörterbuch der Psychologie. Weinheim usw.: Beltz, S. 486-493.
SEMMER, N. (1984): Streßbezogene Tätigkeitsanalyse. Weinheim usw.: Beltz.
SJØTVEIT, J. (1992): Mobbing på arbeidsplassen som diskurs og som sosialt fenomen. Diplomarbeit (hovedfagsoppgave). Oslo: Universität Oslo.
SKOGSTAD, A./MATTHIESEN, S./HELLESØY, O. (1990): Hjelpepleiernes Arbeidsmiljøkvalitet. Bergen: Forskningssenter for Arbeidsmiljø, Helse og Sikkerhet (FAHS), Universitetet Bergen.
SOHM, H. (1995): Mobbing – ein Fall für den Vorgesetzten? Unveröffentlichte Diplomarbeit. Linz: Johannes-Kepler-Universität.
SONNENTAG, S. (1996): Arbeitsbedingungen und psychisches Befinden bei Frauen und Männern. Eine Metaanalyse. In: Zeitschrift für Arbeits- und Organisationspsychologie, 40, N.F. 14 (3), S. 118-126.
STAEHLE, W.H. (1991): Management. Eine verhaltenswissenschaftliche Perspektive. München: Vahlen.
STAUTE, J. (1997): Das Ende der Unternehmenskultur. Firmenalltag im Turbokapitalismus. Frankfurt/M. und New York: Campus.
STEERS, R.M./RHODES, S.R. (1978): Major influences on employee attendance: A process model. In: Journal of Applied Psychology, 63, S. 391-407.
STELZER, J. (1992): Mobbing. Terror im Büro. Forbes, 1992, 10, S. 76-79.
SZ (2002): Erfolgsfaktor Mitarbeiter. Umfrage: Hohe Motivation und Schulung wichtiger als Produkte. In: Süddeutsche Zeitung vom 4.12.2002.

TAJFEL, H./TURNER, J. (1986): The social identity theory of intergroup behavior. In: WORCHEL, S./AUSTIN, W.G. (Hrsg.): Psychology of intergroup relations. Chicago: Nelson, S. 7-24.
TANNENBAUM, R./SCHMIDT, W.H. (1958): How to choose a leadership pattern. In: HBR March/Apr. 1958, S. 95-101.
TESSER, A. (1988): Toward a self-evaluation maintenance model of social behaviour. In: BERKOWITZ, L. (Hrsg.): Advances in experimental social psychology (Vol. 21). San Diego: Academic Press, S. 181-227.
TEWES, U./WILDGRUBE, K. (1992): Psychologie-Lexikon. München usw.: Oldenbourg.
THYLEFORS, I. (1987): Syndabockar. Om utstötning och mobbning i arbetslivet. Stockholm: Natur och Kultur.
TOOHEY, J. (1991): Occupational Stress: Managing a Metaphor. Dissertation. Sydney: Graduate School of Management, Macquarie University.
TÜRK, K. (1981): Personalführung und soziale Kontrolle. Stuttgart.

ULICH, E. (1972): Arbeitswechsel und Aufgabenerweiterung. In: REFA-Nachrichten, Band 25, S. 265-278.

VARTIA, M. (1991): Bullying at workplaces. In: Towards the 21st Century. Work in the 1990s. International Symposium on Future Trends in the Changing Working Life, 13. - 15. August 1991, Helsinki, Finland, S. 131-135.
VARTIA, M. (1996): The sources of bullying – psychological work environment and organizational climate. In: HERRIOT, P. (Hrsg.): Mobbing and Victimization at Work. European Journal of Work and Organizational Psychology, 5, S. 203-214.

WALTER, H. (1993): Mobbing: Kleinkrieg am Arbeitsplatz. Frankfurt usw.: Campus.
WATZLAWICK, P./BEAVIN, J./JACKSON, D.D. (1990): Menschliche Kommunikation, Formen, Störungen, Paradoxien. Bern usw.: Huber.
WEIS, E. (1990): Pons-Kompaktwörterbuch englisch-deutsch, deutsch-englisch. Stuttgart: Ernst Klett.

WELLER, I./MATIASKE, W./HABICH, J. (2000): Mobbing, Arbeitszufriedenheit und Absentismus. In: Zeitschrift Führung+Organisation, 69. Jahrgang, 4/2000, S. 226-233.
WEVER, U.A. (1989): Unternehmenskultur in der Praxis. Frankfurt/M. und New York.
WHO-ICD 10 (1992): The ICD-10 classification of mental and behavioural disorders. Clinical descriptions and diagnostic guidelines. Geneva: World Health Organization.
WILSON, B.C. (1991): U.S. Businesses Suffer from Workplace Trauma. In: Personnel Journal (7), S. 47-50.
WISWEDE, G. (1979): Soziologie abweichenden Verhaltens. Stuttgart usw.: Kohlhammer.
WITHEY, M.J./COOPER, W. (1989): Predicting Exit, Voice, Loyalty, and Neglect. In: Administrative Science Quarterly 34, S. 521-539.
WITTENZELLNER, C. (1993): Wenn sich Intrigen häufen. In: IQ Management Zeitschrift, 10/93, S. 41-44.
WOLMERATH, M. (2001): Mobbing im Betrieb. Rechtsansprüche und deren Durchsetzbarkeit. Baden-Baden: Nomos.

YUKL, G.A. (1994): Leadership in organizations (3rd ed.). Englewood Cliffs: Prentice Hall.

ZAPF, D. (1991): Stressbezogene Arbeitsanalyse bei der Arbeit mit unterschiedlichen Bürosoftwaresystemen. In: Zeitschrift für Arbeits- und Organisationspsychologie, 35, S. 2-14.
ZAPF, D. (1997): Mobbing in Organisationen – Überblick über den Stand der Forschung. Manuskript, Universität Konstanz.
ZAPF, D. (1999): Mobbing in Organisationen – Überblick zum Stand der Forschung. In: Zeitschrift für Arbeits- und Organisationspsychologie, 43, N.F. 17 (1), S. 1-25.
ZAPF, D./BÜHLER, K. (1998): Stigmatization at work. Unveröffentlichtes Manuskript. Universität Frankfurt/M., Psychologisches Institut.
ZAPF, D./FRESE, M. (1991): Soziale Stressoren am Arbeitsplatz. In: GREIF, S./BAMBERG, E./SEMMER, N. (Hrsg.): Psychischer Streß am Arbeitsplatz. Göttingen usw.: Verlag für Psychologie – Hogrefe, S. 168-184.
ZAPF, D./KNORZ, C./KULLA, M. (1995): Causes, Coping, and consequences of various mobbing factors at work. Paper presented at the 7th European Congress of Work and Organizational Psychology, 19. - 22.4.1995. Hungary.
ZAPF, D./KNORZ, C./KULLA, M. (1996): On the Relationship between Mobbing Factors, and Job Content, Social Work Environment, and Health Outcomes. In: HERRIOT, P. (Hrsg.): Mobbing and Victimization at Work. European Journal of Work and Organizational Psychology, 5 (2), S. 215-237.
ZAPF, D./OSTERWALDER, P. (1998): Mobbing and organisational factors. Unveröffentlichtes Manuskript. Universität Frankfurt/M., Psychologisches Institut.
ZAPF, D./RENNER, B./BÜHLER, K./WEINL, E. (1996): Ein halbes Jahr Mobbingtelefon Stuttgart: Daten und Fakten. Unveröffentlichtes Manuskript. Universität Konstanz, Sozialwissenschaftliche Fakultät.
ZAPF, D./WEINL, E. (1998): Effects of harassing leadership behaviour. Unveröffentlichtes Manuskript. Universität Frankfurt/M., Psychologisches Institut.
ZIEGLER, E./UDRIS, I./BÜSSING, A./BOOS, M./BAUMANN, U. (1996): Ursachen des Absentismus: Alltagsvorstellungen von Arbeitern und Meistern und psychologische Erklärungsmodelle. In: Zeitschrift für Arbeits- und Organisationspsychologie, 40, N.F. 14 (4), S. 204-208.
ZUSCHLAG, B. (1994): Mobbing: Schikane am Arbeitsplatz. Erfolgreiche Mobbing-Abwehr durch systematische Ursachenanalyse. Göttingen: Verlag für Angewandte Psychologie.

Hinweise

Aus Gründen der Lesbarkeit wurde in den vorangegangenen Ausführungen grammatikalisch nur die männliche Person verwendet. Dieses stellt keine Wertung dar.

Bei Zitaten, die im Original kursive Hervorhebungen beinhalten, wurde die Betonung durch Fettdruck ersetzt. Außerdem wurde in Zitaten die alte deutsche Rechtschreibung belassen.

**Mobbing als mitarbeiter- und organisationsschädigendes Verhalten
Eine betriebswirtschaftliche Analyse der Ursachen und Folgen**
ISBN-Nr. 3-8324-7816-7

Diese und weitere Studien zum Thema Mobbing finden Sie im Online-Katalog unter www.diplom.de:

**Mobbing am Arbeitsplatz
Ansätze zur Prävention und Intervention**
K. Diedrich / Würzburg / 2003 / 130 Seiten / 198,00 EUR / Best.-Nr. 7414

**Mobbing am Arbeitsplatz
Ursachen, Verlauf, Folgen, Maßnahmen**
E. Weikert / Schmalkalden / 2002 / 121 Seiten / 198,00 EUR / Best.-Nr. 6089

**Auf der Suche nach dem Sündenbock - wenn HELFER mobben
Das Phänomen der aggressiven Ausgrenzung gestern und heute**
J. Liebig / Berlin / 1999 / 116 Seiten / 74,-- EUR / Best.-Nr. 2318

**Mobbing im Printmedium Zeitung
Eine inhaltsanalytische Untersuchung unter Berücksichtigung sozialpsychologischer und massenkommunikativer Aspekte**
B. Walter / Berlin / 1996 / 191 Seiten / 74,00 EUR / Best.-Nr. 1386

**Konflikte im Berufsleben
Eine Studie zum Einfluß von Formulierungsalternativen in Konfliktsituationen auf Konfliktwahrnehmung und -verhalten**
E. Biechele / Trier / 1996 / 180 Seiten / 248,00 EUR / Best.-Nr. 3674

Aussagekräftige Inhaltsangaben und Inhaltsverzeichnisse zu den Studien können kostenlos und unverbindlich unter www.diplom.de eingesehen werden. Zu den oben genannten Preisen stehen die Studien direkt unter www.diplom.de als Download zur Verfügung.

Die Studien können auch gegen 5,00 EUR Aufschlag als Printausgabe oder auf CD-ROM online unter www.diplom.de oder per Fax unter 040 / 6 55 99 222 bestellt werden. Die Versandkosten werden mit 5,00 EUR in Rechnung gestellt.

Studierende erhalten auf den Preis vieler Studien eine Ermäßigung von 50 %.